SOBREVIVER NÃO É O BASTANTE

SETH GODIN

SOBREVIVER NÃO É O BASTANTE

Por que **EMPRESAS INTELIGENTES** abandonam a preocupação e **ACEITAM A MUDANÇA**

ALTA BOOKS
E D I T O R A
Rio de Janeiro, 2023

Sobreviver Não É o Bastante

Copyright © 2023 da Starlin Alta Editora e Consultoria Eireli.
ISBN: 978-85-508-1747-7

Translated from original Survival Is Not Enough. Copyright © 2002 by Do You Zoom, Inc. ISBN 9780743233385. This translation is published and sold by permission of THE FREE PRESS, A Division of Simon & Schuster, the owner of all rights to publish and sell the same. PORTUGUESE language edition published by Starlin Alta Editora e Consultoria Eireli, Copyright © 2023 by Starlin Alta Editora e Consultoria Eireli.

Impresso no Brasil — 1ª Edição, 2023 — Edição revisada conforme o Acordo Ortográfico da Língua Portuguesa de 2009.

Dados Internacionais de Catalogação na Publicação (CIP) de acordo com ISBD

G585s   Godin, Seth
           Sobreviver Não É o Bastante: por que as empresas inteligentes abandonam as preocupações e aceitam a mudança / Seth Godin ; traduzido por Rafael Surgek. - Rio de Janeiro : Alta Books, 2023.
           288 p. ; 16cm x 23cm.

           Tradução de: Survival Is Not Enough
           Inclui índice.
           ISBN: 978-85-508-1747-7

           1. Administração. 2. Negócios. 2. I. Surgek, Rafael. II. Título.

                                                      CDD 658.4012
2022-2559   CDU 65.011.4

Elaborado por Vagner Rodolfo da Silva - CRB-8/9410

Índice para catálogo sistemático:
1. Administração : Negócios 658.4012
2. Administração : Negócios 65.011.4

Todos os direitos estão reservados e protegidos por Lei. Nenhuma parte deste livro, sem autorização prévia por escrito da editora, poderá ser reproduzida ou transmitida. A violação dos Direitos Autorais é crime estabelecido na Lei nº 9.610/98 e com punição de acordo com o artigo 184 do Código Penal.

A editora não se responsabiliza pelo conteúdo da obra, formulada exclusivamente pelo(s) autor(es).

Marcas Registradas: Todos os termos mencionados e reconhecidos como Marca Registrada e/ou Comercial são de responsabilidade de seus proprietários. A editora informa não estar associada a nenhum produto e/ou fornecedor apresentado no livro.

Erratas e arquivos de apoio: No site da editora relatamos, com a devida correção, qualquer erro encontrado em nossos livros, bem como disponibilizamos arquivos de apoio se aplicáveis à obra em questão.

Acesse o site www.altabooks.com.br e procure pelo título do livro desejado para ter acesso às erratas, aos arquivos de apoio e/ou a outros conteúdos aplicáveis à obra.

Suporte Técnico: A obra é comercializada na forma em que está, sem direito a suporte técnico ou orientação pessoal/exclusiva ao leitor.

A editora não se responsabiliza pela manutenção, atualização e idioma dos sites referidos pelos autores nesta obra.

Produção Editorial	Coordenação Comercial	Assistente Editorial	Equipe Editorial
Editora Alta Books	Thiago Biaggi	Henrique Waldez	Beatriz de Assis
			Betânia Santos
Diretor Editorial	**Coordenação de Eventos**	**Produtores Editoriais**	Brenda Rodrigues
Anderson Vieira	Viviane Paiva	Illysabelle Trajano	Caroline David
anderson.vieira@altabooks.com.br	comercial@altabooks.com.br	Maria de Lourdes Borges	Gabriela Paiva
		Paulo Gomes	Kelry Oliveira
Editor	**Coordenação ADM/Finc.**	Thales Silva	Marcelli Ferreira
José Ruggeri	Solange Souza	Thiê Alves	Mariana Portugal
j.ruggeri@altabooks.com.br			Matheus Mello
	Direitos Autorais	**Equipe Comercial**	Milena Soares
Gerência Comercial	Raquel Porto	Adenir Gomes	
Claudio Lima	rights@altabooks.com.br	Ana Carolina Marinho	**Marketing Editorial**
claudio@altabooks.com.br		Daiana Costa	Amanda Mucci
		Everson Rodrigo	Guilherme Nunes
Gerência Marketing		Fillipe Amorim	Jessica Nogueira
Andréa Guatiello		Heber Garcia	Livia Carvalho
andrea@altabooks.com.br		Kaique Luiz	Pedro Guimarães
		Luana dos Santos	Talissa Araújo
		Maira Conceição	Thiago Brito

Atuaram na edição desta obra:

Tradução	Diagramação
Rafael Surgek	Joyce Matos

Copidesque	Capa
Vanessa Schreiner	Paulo Gomes

Revisão Gramatical
Caroline Costa e Silva
Hellen Suzuki

Editora afiliada à:

ALTA BOOKS
GRUPO EDITORIAL

Rua Viúva Cláudio, 291 — Bairro Industrial do Jacaré
CEP: 20.970-031 — Rio de Janeiro (RJ)
Tels.: (21) 3278-8069 / 3278-8419
www.altabooks.com.br — altabooks@altabooks.com.br
Ouvidoria: ouvidoria@altabooks.com.br

DEZESSEIS ANOS ATRÁS, eu estava com um livro de Tom Peters. Em um frenesi induzido pela cafeína, provocado por um dia particularmente ruim no trabalho, eu o li de uma vez só e uma lâmpada se acendeu. Um novo conjunto de ideias preencheu minha mente e mudou minha maneira de ver o trabalho — para sempre.

Tive a mesma experiência quando li *Fast Company* pela primeira vez. E, novamente, quando descobri Don Peppers e Martha Rogers. Aconteceu o mesmo com Jay Levinson, Malcolm Gladwell e Zig Ziglar. Grandes ideias não surgem gradualmente em você... elas simplesmente aparecem, como cosmologias totalmente formadas, prontas para decolar.

Este livro é dedicado a todas as pessoas inteligentes que acenderam as luzes para mim.

Sumário

Prefácio, por Charles Darwin — xv

Introdução: Mais Do Que Sobrevivência — 1

    A História de Paul Orfalea: um Processo, Não um Plano — 4

    Sobreviver Não É o Bastante: um Resumo — 6

Capítulo 1   Mudança — 9

    Guilhotina ou Mesa de Tortura? — 9

    Surtando no Trabalho? — 11

    Empresas que Não Mudam Estão em Perigo — 14

    A Mudança É o Novo Normal — 16

    O que Acontece Quando os Jaguares Morrem? — 18

    O Problema das Fábricas — 20

    O que a Internet Tem a Ver com o Caos? — 22

    Empresas de Sucesso Odeiam a Mudança — 23

    A Promessa de Loops de Feedback Positivo e Fuga — 26

    A Fuga Não Dura para Sempre — Nada Dura — 28

    A Melhor Forma de Fuga É a Menos Óbvia — 29

    A Alternativa Evolutiva — 30

Capítulo 2   O que Todo CEO Precisa Saber sobre Evolução — 33

    A Competição Impulsiona a Mudança — 33

    As Grandes Ideias — 34

    O que É um Meme? — 35

Memes Não São Iguais a Genes	39
Periodicidade nos Memes	40
Genes versus Memes	43
Negar a Evolução Não a Faz Desaparecer	45

Capítulo 3 Medo e Zoom — 49

Quatro Razões pelas quais as Pessoas Ficam Paralisadas Diante da Mudança	49
A Primeira Barreira à Mudança: Comitês	50
A Segunda Barreira à Mudança: Críticas	51
Líderes de Mercado Têm Medo de Fracassar	54
A Mudança Equivale à Morte	56
Por que o Gerenciamento de Mudanças Não Funciona	58
Como Construir uma Organização Capaz de Aceitar Mudanças? Redefina a Mudança	60

Capítulo 4 E Você, Está em Zoom? — 63

Comece a Fazer Zoom Antes que a Crise Chegue	67
E Quanto à Corporação Criativa?	68
Primeiro Faça Zoom, Depois Pergunte	70
Comparando o Zoom com a Reengenharia	71
Não Mate o Dragão, Evite-o	72
Por qual Sofrimento Você Passará?	73

Capítulo 5 Sua Empresa Tem mDNA — 75

O Vocabulário de Genes e Memes na Natureza e no Trabalho	75
O Poder da Metáfora	78
Por que a Evolução Funciona	79
As Empresas Evoluem	81

Evolução Desde o Princípio	84
A Rainha Vermelha Vai Trabalhar	87
Um Bom Motivo para os CEOs Rejeitarem a Evolução como Alternativa — E Por que Eles Estão Errados	90
CEOs Gostam de Escolher Números de Loteria	93
Evolução no Walmart	96
Seleção Natural e Seleção Artificial	98
Fuga Multiplicada por Dez	100
A Mudança Incremental É Suficiente?	102

Capítulo 6 Estratégias Vencedoras, Combate à Estagnação e Sexo 105

Digitando na França	105
A Estratégia Vencedora	106
A Estratégia Vencedora Estagnada	111
Pessoas Competentes Abraçam a Estratégia Vencedora Atual	113
Intensificando a Nova Estratégia Vencedora	115
Extinção como Estilo de Vida	116
Seleção Sexual no Trabalho	118
Seis Maneiras pelas quais as Empresas Podem Usar Estratégias de Sinalização	121
Os Memes Mais Importantes São Trocados com Seu Chefe	123
Aceitando o Novo mDNA	124
Sexo É Importante	128
Selecionar Artificialmente o mDNA em Sua Empresa (Ou Seja, Demitir Pessoas)	130
Escolha Seus Clientes, Escolha Seu Futuro	132

Capítulo 7 Servos, Agricultores, Caçadores e Magos **135**

O Perigo de Citar Exemplos 135

A Amazon Testa e Ajusta Enquanto
o Walmart Se Enrola 136

Servos, Agricultores, Caçadores e Magos 139

A Vida de um Servo 141

Por que as Empresas Contratam Servos? 143

O Fim da Era dos Servos 144

Transformando Servos em Agricultores 145

Deixe Alguns dos Servos Trabalharem em Outro Lugar 147

Os Agricultores Sabem como Ajustar 149

A Amazon Sabe Cultivar 150

A Safra da QVC Bateu a Amazon 151

Pense como um Garçom 153

Caçadores Não Têm Terras 156

A AOL Sabe Caçar 157

Loops de Feedback Rápido para Caçadores 158

Muitas Empresas Não Têm Ideia de como Caçar 159

Escolha Seus Funcionários, Escolha Seu Futuro 160

Magos Inventam 162

Em Defesa da Folga 163

Capítulo 8 As Pessoas São o Elemento Fundamental **167**

Tudo Começa e Termina com o Indivíduo 167

Mudando Seu mDNA Pessoal:
Minha Irmã Trouxe Más Notícias 169

Encontre um Chefe Excelente 171

Se Você Quer Sopa, Peça Sopa 173

Começando a Jornada Rumo à Organização em Zoom	175
A Melhor Maneira de Impedir que Sua Empresa Entre em Zoom	177
O Clube do Zoom	178
Uma Lição Rápida para Evitar a Armadilha de Aquisição	179

Capítulo 9 Por que Isso Funciona Hoje: Feedback Rápido e Projetos de Baixo Custo — 181

Loops de Feedback Rápido	181
O Poder da Pergunta Incisiva	185
O Linux É Legal — Mas Não É o que Você Pensa	187
Tecnologia e Loops de Feedback Rápido	188
Eu Só Acredito Vendo — O Poder dos Protótipos	190
Uma Armadilha na Prototipagem	192
Dados Não São Informação — Mantendo a Promessa da TI	193
Colocando um Homem na Lua	195
Um Loop de Feedback Interrompido	197
Implementando o Hotwash	199
Plano para o Sucesso… e para o Fracasso	201

Capítulo 10 Táticas para Acelerar a Evolução — 203

Aprecie a Charrette	203
Animais Evoluem em um Cronograma Regular	204
Traga de Volta os Anos-modelo	206
Alterne as Equipes que Trabalham em Novos Modelos	206
O Melhor Ganha do Perfeito	208
Desacelerar Não É o Oposto de Se Apressar	209
O que Fazer Se seu Pessoal Estagnar	211
Uma Coisa que Vale a Pena Roubar do Supermercado	213

A Página da Web Eterna — 214
Todo Mundo Faz Brainstorm — 215
A Caixa de Sugestões Não Morreu — 216
Faça o Teste da Lixeira — 218
Vivendo com Janelas Quebradas — 218
Vamos Testar Isso! — 220
O mDNA Deve Prescrever? — 222
Caos Externo Significa Caos Interno? — 224
O Foco Não É Mais Suficiente — 226
Juntando Tudo: Hora de Decisão no Environmental Defense Fund — 228
Über-estratégia? — 234

As Questões Importantes — 235

Por que? — 235
Como você responde a mudanças pequenas e irrelevantes? — 235
Quantas pessoas precisam dizer "sim" para uma mudança significativa? — 236
Você tem vários projetos em desenvolvimento que apostam nos lados conflitantes de um possível resultado? — 236
Você está construindo os cinco elementos de uma organização em evolução? — 236
Você está investindo em técnicas que incentivam a evolução memética rápida? — 237
O que alguém precisa fazer para ser despedido? — 238
Quem são as três pessoas mais poderosas que estão entre as coisas que precisam mudar e a ação real de sua empresa? — 238
E se você despedisse essas pessoas? — 238
Qual é a estratégia vencedora de sua empresa? — 238

Cada gerente deve fazer com que sua equipe dedique parte do tempo à criação do futuro?	238
Você (pessoalmente) é um servo, um agricultor, um caçador ou um mago?	239
E as pessoas com quem você trabalha todos os dias?	239
Se você largasse o emprego hoje, poderia conseguir um emprego decente como agricultor ou caçador?	239
Se você pudesse contratar alguém no mundo para ajudar sua empresa, quem seria?	239
O que está impedindo você de contratar alguém tão bom?	239
Se um mago onisciente entrasse em seu escritório, descrevesse o futuro e lhe dissesse o que fazer para se preparar para ele, sua empresa seria capaz de mudar em resposta à visão dele?	240
Como sua empresa pode reduzir drasticamente o custo de lançamento de um teste?	240
Existem cinco áreas em sua empresa que se beneficiariam de loops de feedback rápido?	240
Você está construindo todos os seus sistemas em torno de testes e ignorância?	240
Você está se escondendo do mercado?	241
Você já experimentou sushi?	241
Se você pudesse adquirir o mDNA de outra empresa, qual você escolheria?	241
Por que você não faz isso?	242
As economias de escala são realmente tão grandes quanto você pensa que são?	242
Este projeto se beneficiará com o aprendizado que ele gera?	242
Em quais mercados seus esforços de marketing poderiam entrar em fuga?	242
Quanto tempo a alta gestão gasta com clientes insatisfeitos?	242

O que você faz com as reclamações?   243

O que você está medindo?   243

Você está sendo egoísta com seu mDNA pessoal?   243

Você institucionalizou o processo de compartilhar o que aprendeu?   244

Você está se concentrando demais?   244

Você é a primeira escolha entre os candidatos a emprego que apresentam o mDNA que você procura?   244

Você é a primeira escolha entre os empregadores que têm a estratégia vencedora que você busca?   245

O que você precisa fazer para se tornar a primeira escolha?   245

Você faz zoom?   245

Glossário   **247**

Nota do Autor   **259**

Agradecimentos   **261**

Índice   **263**

Prefácio, por Charles Darwin

A evolução é um fato, não uma teoria.

Como nascem muitos mais indivíduos de cada espécie do que aqueles que podem sobreviver; e já que, consequentemente, há uma luta frequente e recorrente pela existência, segue-se que qualquer ser, se variar ligeiramente de alguma maneira lucrativa para si mesmo, sob condições de vida complexas e, às vezes, variáveis, terá uma chance melhor de sobreviver e, portanto, de ser selecionado naturalmente. Com base no forte princípio da herança, qualquer variedade selecionada tenderá a propagar sua forma nova e modificada.

Se observarmos períodos de tempo longos o suficiente, a geologia declara, de modo evidente, que todas as espécies sofreram mudanças; e mudaram da maneira que minha teoria determina, pois se modificaram de uma forma lenta e gradativa.

Não vejo limites para esse poder de adaptar lenta e lindamente cada forma às relações mais complexas da vida.

Empresas que podem evoluir lenta e constantemente triunfarão.

A seleção natural apenas pode atuar tirando vantagem de pequenas variações sucessivas; ela nunca pode dar um salto, mas deve avançar em passos mais curtos e lentos.

Nenhuma estratégia vencedora dura para sempre.

Nenhuma lei fixa parece determinar o período durante o qual qualquer espécie ou gênero perdura.

E a maioria das empresas desaparecerá.

Nascem mais indivíduos do que conseguem sobreviver. Um grão na balança determinará qual indivíduo viverá e qual morrerá — qual variedade ou espécie aumentará em número e qual diminuirá ou, finalmente, se extinguirá.

A boa notícia é que você pode ensinar truques novos a cães velhos.

Nossos cultivos mais antigos, como o trigo, ainda costumam produzir novas variedades; nossos animais domesticados mais antigos ainda são capazes de passar por aperfeiçoamento ou transformações rápidas.

A má notícia é que a competição é acirrada.

A luta será quase invariavelmente mais acirrada entre os indivíduos da mesma espécie, pois estes frequentam as mesmas regiões, requerem a mesma alimentação e estão expostos aos mesmos perigos.

Empresas que entram em zoom têm uma vantagem competitiva.

Os descendentes modificados de qualquer espécie serão mais bem-sucedidos à medida que se tornam mais diversificados estruturalmente, sendo capazes, assim, de chegar a lugares ocupados por outros seres.

Infelizmente, nada é garantido.

Nenhum homem pode prever quais grupos acabarão por prevalecer; sabemos muito bem que muitos grupos, anteriormente desenvolvidos de maneira mais ampla, estão extintos atualmente.

As pessoas têm dificuldade em aceitar esses fatos porque são difíceis de ver em tempo real.

A razão principal para isso [...] é que sempre demoramos a admitir qualquer grande mudança cujas etapas intermediárias não vemos [...]. A mente não é capaz de compreender o significado completo de um período de 100 milhões de anos; não é capaz de incluir e perceber os efeitos completos de muitas pequenas variações, acumulados durante um número quase infinito de gerações.

SOBREVIVER
NÃO É O
BASTANTE

Introdução

MAIS DO QUE SOBREVIVÊNCIA

São 3h da manhã e está quente. Não consigo dormir. Meu notebook não consegue acessar a internet por meio do sistema telefônico sobrecarregado aqui no Cleveland Holiday Inn. Frustrado, ansioso e exausto, entro em meu carro e dirijo pelas ruas desertas do norte de Ohio.

Ao virar da esquina, passo por uma Kinko's[1]. As luzes estão acesas. Eles estão sempre abertos. Entro e encontro centenas de milhares de dólares em produtos eletrônicos, todos apenas esperando por mim. Impressoras coloridas, aparelhos de fax e uma sala inteira cheia de computadores rápidos com conexão T1 à internet. Cinco minutos e vinte dólares depois, verifiquei meu e-mail e imprimi um memorando. É hora de dormir um pouco.

Mas não consigo dormir. Sento-me por horas, pensando sobre aquela Kinko's.

Como a Kinko's passou de uma loja minúscula na Califórnia para um home office 24 horas em Cleveland? (E havia oito unidades em um raio de cerca de 25km do meu hotel.) Demorou algumas décadas, mas a empresa cresceu, mudou e expandiu — quase como um organismo, espalhando-se pelo país até preencher todos os nichos que pôde encontrar.

---

1 Atual FedEx Office, uma loja da FedEx que oferece serviços postais, coworking, impressão e fotocópias. (N. do T.)

Ao mesmo tempo em que a Kinko's crescia, dezenas de seus concorrentes encolhiam silenciosamente e desapareciam, sendo extintos.

Observe o desenvolvimento de qualquer negócio, isso certamente será surpreendente: como é não planejado, irregular e aleatório. Alguns negócios crescem, escoam, se transformam e se expandem; outros alcançam determinado ponto e congelam. Por que algumas empresas prosperam, enquanto outras, embora semelhantes, desaparecem? Eu sabia que devia haver um padrão e uma dinâmica por trás de todo esse caos aparente, mas estava tendo dificuldade para encontrá-lo.

Há muito tempo sou fascinado pelo trabalho de Charles Darwin, e me ocorreu que as empresas eram muito parecidas com as **espécies**. Elas estavam mudando e evoluindo bem diante de nossos olhos. No entanto, ao contrário dos animais, as empresas se preocupam tanto com essa mudança que isso causa uma desolação profunda.

Por que há tanta dor em nossa vida corporativa? É quase como se as pessoas estivessem acreditando na palavra de Charles Darwin, focando a "sobrevivência do mais apto" em vez de algo além disso. Se tudo o que você faz no trabalho é torcer para sobreviver, não é possível que seu dia seja muito divertido.

Todos estamos trabalhando muito, por mais horas do que gostaríamos, apreensivos com o futuro, incertos sobre nossos papéis e objetivos. Trabalhamos muito para ter a esperança da mera sobrevivência. Nosso objetivo deve ser vicejar e prosperar, não apenas sobreviver.

Darwin escreve extensivamente sobre a extinção. Não queremos enfrentar a ideia de que nossa empresa está prestes a se extinguir. Ninguém quer se extinguir, mas a alternativa — mudar — é difícil. Passar por todas as incertezas e o caos para sobreviver mal e parcamente (ou pior, se extinguir) não parece justo.

Não sabemos como falar sobre mudança e **evolução**. Sabemos que ela está atuando agora, que é real, essencial e dolorosa, mas não temos palavras para isso. Acredito que haja um objetivo além da sobrevivência, que possamos realmente vicejar e encontrar alegria em trabalhar em meio a todo o caos que nos cerca. Que podemos esperar por mudanças e turbulências como uma oportunidade para aumentar nosso sucesso. Minha esperança é que este livro forneça as palavras para descrever esses fenômenos, bem como uma compreensão de como eles funcionam.

Não existe nenhum feitiço ou encantamento secreto guardado a sete chaves. A solução está escrita em todos os lugares para os quais se olha, do parque ao zoológico e ao caixa do supermercado local. E a ideia de que a evolução pode se aplicar também aos negócios não é novidade. Jack Welch e a GE têm feito isso há anos e ficarão felizes em ensiná-lo sobre isso.

Então por que nem todos usam essa abordagem de sucesso? Porque temos um reflexo **genético** para evitar mudanças. O segredo deste livro é que seu sucesso não será devido a seus planos. O que importa é o processo utilizado por você.

Estou propondo uma maneira bastante radical de pensar sobre os negócios, mas que não é novidade para um biólogo evolucionista. Por consequência disso, haverá muitos termos estranhos e desvios ocasionais à medida que você lê estas páginas. Espero que tenha paciência comigo, porque o resultado final é que você pode usar um par de lentes totalmente diferente para ver seu trabalho, sua carreira, sua empresa e, até mesmo, as empresas em que você investe. (Leia a nota do autor no final deste livro para uma explicação completa sobre a precisão científica.)

Se você tentar encaixar essas ideias no filtro que rege a maneira como trabalha hoje, elas não farão sentido. Esse é um tipo de paradigma muito diferente para o trabalho diário das empresas e requer uma postura e abordagem diferentes.

Meu objetivo ao escrever este livro é explicar esse paradigma e convencê-lo acerca da razão de administrar seu negócio por meio dele. As táticas se revelarão conforme você se encaminha para um novo tipo de organização.

Os benefícios são simples: menos estresse no trabalho, menos caos em sua vida cotidiana e, ocasionalmente, se você tiver sorte, um sucesso esmagador que compensa muito.

Assim que você detiver as palavras certas, estou confiante de que encontrará maneiras de deixar o poder da evolução trabalhar. Quando isso acontecer, descobrirá que pode atingir um sucesso explosivo, tanto coletivo quanto individual, que pode transformar ainda mais sua empresa.

A maioria de nós vê a mudança como uma ameaça e a sobrevivência como o objetivo. Ela não é uma ameaça, é uma oportunidade. A sobrevivência não é o objetivo, mas, sim, o sucesso transformador. Se você der uma chance a isso, verá que é algo emocionante. Este livro contém uma ideia sobre ideias. Um ideiavírus sobre a mudança. Espero que você veja que vale a pena propagá-lo.

A História de Paul Orfalea: um Processo, Não um Plano

Um de meus empresários favoritos é um cara chamado Paul Orfalea. Paul é brilhante e bem-sucedido, mas é incrivelmente modesto e também muito honesto a respeito de suas condições.

Paul é uma pessoa que tem uma dislexia profunda. Ele não aprendeu a ler até entrar no ensino fundamental e não fez nada no ensino médio que pudesse ser associado à ideia de sucesso. Ele foi para a faculdade, mas não se importava nem um pouco com as aulas. Era o cenário perfeito para um empresário.

Paul abriu uma pequena empresa de fotocópias (tão pequena que precisava empurrar a máquina de xerox para fora, a fim de que houvesse espaço para os clientes) no campus de sua faculdade. Ele vendeu canetas e papel e fez cópias. Essa loja cresceu e se tornou a Kinko's, uma rede com mais de mil unidades, que ele conseguiu vender por mais de 200 milhões de dólares para um grupo de investimentos.

O segredo do sucesso da Kinko's é surpreendentemente simples. "Minha leitura ainda era ruim e eu não tinha habilidades mecânicas, então pensei que qualquer pessoa que trabalhasse para mim poderia executar esse trabalho com mais qualidade", explica Paul. Ele estabeleceu uma estrutura única de copropriedade que lhe permitiu expandir o negócio com mais flexibilidade do que um modelo franqueado poderia fazer. O resultado final é que, por anos, as lojas Kinko's eram de propriedade parcial de uma pessoa da região em que ela se localizava.

Paul descreveu seu trabalho para mim desta forma: "Eu apenas vou de loja em loja, vejo o que eles estão fazendo certo e, em seguida, conto isso a todas as outras lojas."

Ao permitir que empreendedores locais fizessem milhões de experimentos de baixo custo todos os anos (três experimentos por dia em cada loja geram esse efeito) e, em seguida, comunicar os que davam certo às outras lojas, ele foi capaz de colocar em movimento o processo que fez surgir aquela loja 24 horas que encontrei em Cleveland. A loja de Cleveland não fazia parte de um plano específico; era basicamente o resultado de um processo específico.

É necessário muito pouco conhecimento especializado para abrir uma empresa de fotocópias. Ainda assim, a Kinko's ultrapassou de modo drástico qualquer outro concorrente ao reinventar, todos os dias, o que seria uma empresa de fotocópias. A Kinko's não possuía a patente de uma nova tecnologia. Em vez disso, tinha uma postura sobre a mudança que tratava as inovações e o caos como coisas boas, não como ameaças.

"Eu apenas vou de loja em loja, vejo o que eles estão fazendo certo e, em seguida, conto isso a todas as outras lojas."

Quanto mais bem-sucedida a Kinko's se tornava, maior a probabilidade de receber candidaturas a empregos e acordos de parceria com pessoas que faziam dela ainda mais bem-sucedida. Quanto mais lojas Kinko's houvesse, a probabilidade de as pessoas procurarem por uma era maior. Quanto melhor o trabalho executado pela Kinko's, mais bem-sucedida ela se tornava.

A loja transformou-se em um sucesso. Trabalhar lá era divertido porque a empresa atraía pessoas que poderiam contribuir para seu crescimento. A Kinko's parou de se preocupar em sobreviver e passou a curtir a jornada.

É interessante ver que, desde a aquisição da Kinko's por um grupo de investidores, a nova administração adquiriu as unidades dos proprietários individuais e instalou um sistema de comando e controle. O Kinkos.com está se reagrupando, e toda a rede está vivenciando um crescimento mais lento, apesar das condições econômicas e técnicas externas que deveriam ter permitido que ela crescesse a uma velocidade ainda maior.

Paul estava certo. Todos somos mais espertos do que qualquer um de nós.

Sobreviver Não É o Bastante: um Resumo

1. A mudança é o novo normal. Em vez de pensar no trabalho como uma série de tempos estáveis interrompidos por momentos de mudança, agora as empresas devem reconhecer o trabalho como uma mudança constante, com momentos ocasionais de estabilidade, apenas.
2. Se você e sua empresa não estão tirando vantagem da mudança, esta o derrotará.
3. A estabilidade representa más notícias para esse novo tipo de empresa. Para que se obtenha sucesso, a mudança é necessária.

4. A mudança apresenta novas oportunidades para as empresas conquistarem grandes mercados. Ela é inimiga do líder atual e também representa oportunidades para os indivíduos progredirem em suas carreiras.
5. As empresas que lançam produtos e serviços que representam mudanças significativas podem descobrir que eles levam a um sucesso rápido e em **fuga**.
6. As empresas que provocam mudanças atraem funcionários que desejam fazer mudanças. As empresas que têm medo da mudança atraem funcionários que também têm medo dela.
7. Muitos funcionários temem mudanças, e isso é racional — afinal, pode levar a resultados ruins. Todavia, atualmente, a probabilidade de obter um resultado ruim ao não mudar é maior do que ao mudar!
8. A administração não pode forçar os funcionários a superar o medo da mudança por meio da motivação de curto prazo.
9. Ao redefinir o que é mudança, as empresas podem alterar a dinâmica de "mudar é igual a morte" para "mudar é igual a oportunidade".
10. A forma como as espécies lidam com a mudança é evoluindo.
11. As empresas podem evoluir de maneiras semelhantes às espécies.
12. As empresas evoluirão se a administração permitir.
13. Existem três maneiras pelas quais as espécies evoluem: **seleção natural**, **seleção sexual** e **mutação**.
14. As empresas podem fazer a mesma coisa usando **agricultores**, **caçadores** e **magos** para iniciar mudanças em suas organizações.
15. Empresas que aceitam a mudança pela mudança em si, empresas que veem um estado de fluxo constante como um equilíbrio estável, **estão em zoom**. E as empresas em zoom evoluem com mais rapidez e facilidade porque não obstruem as forças da mudança.

16. Depois de treinar a organização para evoluir regularmente e sem esforço, a mudança deixa de ser uma ameaça. Em vez disso, torna-se um ativo, porque faz com que os concorrentes sejam extintos.
17. Muitos CEOs rejeitam a evolução e fazem o que podem para impedi-la.
18. Se sua empresa depende muito de sua **estratégia vencedora**, você não evoluirá tão rapidamente.
19. Um grande sucesso ocorre quando um **loop de feedback positivo** reforça o sucesso inicial.
20. **Loops de feedback rápido** lhe ensinam o que está funcionando e, mais importante, fazem com que você mude o que não está.
21. Todos em sua empresa podem trabalhar para reinventar o que você faz em paralelo, aumentando drasticamente a velocidade da inovação dentro da organização.
22. Os testes do mundo real de baixo custo e baixo risco têm maior probabilidade de entregarem um alto retorno sobre o investimento.
23. A postura de sua empresa em relação ao processo de mudança é muito mais importante do que as mudanças reais que você implementa.
24. Se você tem funcionários que não adotam essa postura, eles o atrasarão e farão com que você tome decisões erradas.
25. Uma empresa em zoom atrairá zoomers, permitindo-lhe entrar em **fuga**, aumentando drasticamente sua vantagem sobre seus concorrentes em um ambiente em mudança.

Para ajudá-lo a lidar com os novos termos que aparecem neste livro (em **negrito** na primeira vez em que aparecem), você encontrará um glossário com mais detalhes no final da obra.

Capítulo 1

MUDANÇA

A mudança está fora de nosso controle, e a maneira como lidamos com ela é antiquada e ineficaz. Nossas organizações presumem que vivemos em um ciclo de tempo diferente, mais lento.

Guilhotina ou Mesa de Tortura?

Meu primeiro emprego foi limpar a gordura da grelha de cachorro-quente no Carousel Snack Bar, perto de minha casa em Buffalo. Na verdade, não era uma grelha. Era mais uma série de espetos giratórios sob uma lâmpada. Eu também tinha que fazer o café e limpar o lugar todas as noites. Para mim, rapidamente ficou óbvio que eu não tinha muito futuro no ramo de alimentação.

Eu não precisava tomar muitas decisões em meu trabalho. E a gerente da lanchonete não esperava exatamente que eu iniciasse a mudança. Na verdade, ela não queria que ninguém a iniciasse. (Minha sugestão de abrir um ramo de frozen yogurt caiu em ouvidos moucos, assim como meu apelo de que seria muito mais barato preparar os cachorros-quentes sob demanda do que mantê-los na prateleira sob a lâmpada o dia todo.)

Ela acreditava que qualquer mudança, qualquer inovação, qualquer risco levariam a um resultado terrível para ela.

Depois que eu bati um recorde ao quebrar três jarras de café em um turno, minha carreira no ramo alimentício acabou. Eu estava na rua, desempregado com a tenra idade de dezesseis anos. Mas aprendi muito naquele primeiro emprego — e essas lições continuam sendo reforçadas.

Quase todos os dias, vou a uma reunião onde encontro minha chefe na lanchonete. Ok, não é exatamente ela, mas é alguém parecido: um intermediário corporativo que está tentando desesperadamente conciliar o status quo com um desejo apaixonado de sobreviver. Minha chefe não queria prejudicar o próprio emprego. Ela via todos os dias e cada interação não como uma oportunidade, mas como uma ameaça — não para a empresa, mas para o próprio bem-estar. Se ela tivesse um mantra, seria "Não estrague tudo".

Em sua empresa, ela enfrentou duas escolhas: morrer de uma morte horrível, porém rápida, na guilhotina, ou morrer lentamente na mesa de tortura — que é uma maneira tão dolorosa de morrer, se não mais, e que certamente a deixaria Mortinha da Silva. Mas, em seus pesadelos, apenas uma dessas duas opções parecia aterradora — a guilhotina.

Tenho que admitir: eu tenho os mesmos pesadelos.

Você já passou uma noite inteira preocupado com o que seu chefe (ou seu corretor de investimento, ou um cliente importante) diria na reunião da manhã seguinte? Já ficou preocupado com algum momento derradeiro de total perdição? Esse é o medo da guilhotina.

"Em sua empresa, ela enfrentou duas escolhas: morrer de uma morte horrível, porém rápida na guilhotina, ou morrer lentamente na mesa de tortura — que é uma maneira tão dolorosa de morrer, se não mais, e que certamente a deixaria Mortinha da Silva."

Mas quase ninguém tem medo da mesa de tortura. Não temos medo de uma demissão que ocorrerá daqui a dois anos se não fizermos upgrade em nossos computadores antes que os concorrentes o façam. Não temos medo de estagnar e morrer lentamente. Não temos mais medo da morte súbita, embora a guilhotina seja, provavelmente, uma maneira muito melhor de morrer.

Por muito tempo, tive raiva de minha antiga chefe e de pessoas como ela. Fiquei incomodado por essas pessoas estarem sofrendo tanto. Acima de tudo, eu estava frustrado por estarem reduzindo o ritmo da mudança em suas empresas. Agora percebo que eu estava errado. Não era culpa dela. Ela não podia evitar ficar surtada e estressada. Ela não queria ser assim. A gerência fez com que ela ficasse assim. Eles a obrigaram a fazer isso por causa de suas políticas, de seus sistemas de inspeção, da mentalidade de comando e controle, que a impediam de fazer mudanças que ela sabia que estavam certas.

Ninguém gosta de mudanças.

A mudança real, arrasadora, que o deixa acordado a noite toda, não é divertida. Na maioria das empresas, é uma grande ameaça, uma chance de fracasso, de ver as ações despencarem, de ver divisões inteiras serem cortadas, de ouvir clientes gritar e berrar. Nossas empresas são organizadas como grandes máquinas projetadas para resistir a grandes mudanças a cada passo.

O problema é que hoje não temos escolha. Não podemos deixar a inovação para os peixes pequenos, as startups que não têm nada a perder. Ou mudamos nossos negócios, ou eles morrem.

Surtando no Trabalho?

As empresas não são organizadas para mudanças. Nunca precisaram ser. Crescer e lucrar em tempos estáveis foi uma estratégia fantástica.

Quando forçadas a entrar em uma era de mudanças rápidas, a resposta das empresas organizadas para um ambiente estável é pedir aos gerentes e funcionários que ajam como um amortecedor entre a empresa e o mundo externo em mudança. Lamentavelmente, isso não está funcionando.

Você está trabalhando mais horas do que costumava trabalhar? Muitas pessoas estão. E, somando-se a esses dias longos, muitas vezes parece que seu dia está preenchido com uma emergência após a outra. Passamos tanto tempo apagando incêndios e antecipando com ansiedade a próxima crise que quase não sobra tempo para fazer nosso trabalho real.

Embora seja fácil encontrar recursos para lidar com uma crise temporária (na verdade, você pode até desfrutar da adrenalina que um prazo dá), não podemos repetir a mesma coisa sempre. Os contadores são capazes de lidar com o último dia de prazo da declaração de imposto de renda porque sabem que só acontece uma vez por ano. É uma emergência temporária. Infelizmente, estar surtado de trabalho não é mais um fenômeno temporário. As mudanças agora são constantes, e as ideias fundamentais sobre as quais construímos nossas empresas e nossas carreiras estão saindo de moda rapidamente. Elas estão desaparecendo tão rápido que, pela primeira vez, você tem que lidar com as implicações da mudança em vez de esperar pela aposentadoria, uma promoção ou um novo emprego. O mundo está mudando enquanto você atua, e isso não é divertido.

"Não podemos trabalhar por mais horas. Não podemos absorver mais estresse ou suportar mais ansiedade no trabalho. Podemos, por outro lado, redefinir radicalmente o que fazemos no trabalho e construir organizações que são projetadas para ter sucesso, independentemente do que o futuro em constante mudança gera."

Em um dado momento da jornada, decidimos que nosso trabalho era absorver o estresse que vem com a mudança. Nosso trabalho é trabalhar por mais horas, assumir mais riscos pessoais, absorver mais estresse. A frustração e o estresse não são atípicos. Eles são, no entanto, desnecessários.

Não podemos trabalhar por mais horas. Não podemos absorver mais estresse ou suportar mais ansiedade no trabalho. Podemos, por outro lado, redefinir radicalmente o que fazemos no trabalho e construir organizações que são projetadas para ter sucesso, independentemente do que o futuro em constante mudança gera.

Seu trabalho não deve ficar entre as regras antigas da empresa e as novas regras do mundo exterior. Em vez disso, a empresa precisa mudar de dentro para fora. Ela precisa aprender a entrar em zoom.

Uma empresa em zoom adota a mudança como uma oportunidade competitiva, não como uma ameaça. Uma empresa em zoom reage a novas oportunidades e não paralisa diante de um futuro incerto.

Toda empresa estava em zoom quando era jovem. Mas o sucesso estragou a maioria das organizações, e agora elas estão muito inchadas, muito engessadas e com muito medo de entrar em zoom novamente. Se sua empresa está sob estresse, ela tem apenas duas opções: mudar ou exigir que pessoas como você absorvam o estresse. A primeira opção é produtiva, estimulante e lucrativa; a segunda leva a um surto infeliz.

Já que o caos que enfrentamos veio até nós gradualmente, é fácil acreditar que podemos adaptar a maneira como lidamos com ele de maneira gradativa. Isso não é verdade. A maneira como costumávamos fazer negócios — dependendo de bens físicos altamente lucrativos e ciclos gerenciáveis de mudança — acabou.

Em *Marketing de Permissão,* escrevi sobre uma grande transição de poder entre consumidores e profissionais de marketing. Antigamente, os profissionais de marketing estavam no comando. Eles controlavam como e quando se comunicavam com os consumidores. Construímos toda a nossa cultura de consumo em torno da ideia de que anúncios repetitivos na televisão e na mídia impressa poderiam atrair os consumidores a gastar dinheiro e gerar lucro para as empresas. As empresas que investiram em interromper pessoas tornaram-se incrivelmente lucrativas. Os profissionais de marketing estavam no comando. Eles controlavam o mercado, e os consumidores eram um rebanho. Esses dias acabaram. As empresas não são mais capazes de gerenciar a atenção do consumidor; é a atenção do consumidor que as gerencia.

Neste livro, apresento um argumento muito mais amplo. Antigamente, as empresas comandavam. Bons gerentes administravam as mudanças. Eles controlavam como e quando uma empresa responderia ao mundo externo. Esses dias acabaram. Você não pode gerenciar a mudança. É a mudança que gerencia você.

Se você está infeliz, estressado, esgotado e/ou perdendo dinheiro em nosso mundo caótico, talvez seja hora de considerar uma abordagem radicalmente diferente. É possível construir uma empresa que aceite as mudanças em vez de lutar contra elas. Uma empresa que atrai pessoas que querem se mover rápido, não devagar. Uma empresa que muda mais rápido do que seu ambiente, conquistando uma vitória esmagadora atrás da outra.

Empresas que Não Mudam Estão em Perigo

Vencedores mudam; perdedores, não. Digital, Wang, Western Union, Compaq, Penn Central, PointCast, Infoseek — todas estão em minha lista de perdedores, porque todas hesitaram e perderam oportunidades enormes. Cada uma delas foi a rainha da cocada preta até serem destronadas, tendo lutado o tempo todo em vão para fazer o mundo ficar do jeito que estava.

A Federal Express é diferente. Fale com David Shoenfeld, ex-vice-presidente mundial de marketing e atendimento ao cliente da FedEx e, mais cedo ou mais tarde, o ZapMail será assunto. Cerca de quinze anos atrás, alguém na FedEx teve a brilhante ideia de colocar aparelhos de fax muito caros nos principais escritórios da empresa e fazer com que esses escritórios atuassem como intermediários para o envio de faxes no mesmo dia. Eles puseram David no comando disso. Uma grande promoção para ele na época. Infelizmente, o ZapMail foi um grande fracasso. No momento em que a FedEx o desligou, o ZapMail oficialmente custara à empresa cerca de US$300 milhões.

Você poderia pensar que isso teria destruído a vontade da gestão da FedEx de aceitar a mudança — que, para sempre, quando alguém surgisse com uma ideia de negócios revolucionária, outra pessoa mencionaria o ZapMail, e todos revirariam os olhos e virariam as costas. Quer saber? O pessoal da FedEx faz exatamente o oposto. Eles estão muito orgulhosos do ZapMail, de sua disposição para assumir riscos, do erro que confirmou sua vontade de mudar.

No Carousel Snack Bar, aprendi três lições que são tão válidas agora, 24 anos depois, quanto foram na época. A primeira é que nunca se deve aceitar um emprego que exija que você leve a própria flanela para o trabalho. A segunda é que empregos em que você não inicia a mudança nunca são tão desafiadores, divertidos ou bem pagos quanto aqueles em que você faz isso. E a terceira é que as empresas que não mudam desaparecem (no local onde era a lanchonete agora é uma loja de calçados).

É fácil ver essas lições dando resultado na internet, mas a mudança não envolve apenas esse meio. Quando a internet vira coisa do passado, as empresas ainda estão mudando. Lembra-se da DeSoto, PierceArrow, Dusenberg, Packard e da American Motors? Que tal Borland, Spinnaker Software, Ashton-Tate e (por pouco) Apple? Ou A&M Records? Ou Orion Pictures?

É possível mudar com muita frequência? Todos conhecemos algum tio louco que teve quarenta projetos de negócios diferentes nos últimos quarenta anos. Bares de sucos, day trading, suplementos alimentares, limpeza de carpetes... o tio está sempre mudando. Não acho que corremos o risco de nos tornarmos ele. Há uma diferença entre inventar moda e mudar, e a maioria de nós sabe disso. Qualquer pessoa que já teve uma empresa fechada sabia o que fazer. Simplesmente não foi capaz de executar o plano.

A Mudança É o Novo Normal

> "Excelentes empresas não acreditam na excelência — apenas na melhoria e na mudança constantes." Ou seja, as empresas excelentes de amanhã valorizarão a impermanência — e prosperarão em meio do caos.
>
> Tom Peters, *Thriving on Chaos*[1], 1987

No primeiro capítulo de *Thriving on Chaos*, Tom Peters elaborou uma sucessão de argumentos turbulentos que estava atingindo o mundo quinze anos atrás. Ele escreveu sobre a compra da AMC pela Chrysler, a compra da United Technologies pela GE, a entrada da Hyundai nos EUA, o influxo de IPOs, a viagem alucinante da People Express Airline, a loucura na indústria de bens embalados e a maravilha do Minit-lube.

Peter Drucker e outros pensadores de longo prazo querem que acreditemos que cada geração acredita que ela, e somente ela, está passando por mudanças enormes. Afinal, sobrevivemos à Revolução Industrial, a duas guerras mundiais, à bomba atômica e ao sitcom *A Ilha dos Birutas*. A mudança da atualidade certamente não é mais radical do que as mudanças pelas quais já passamos.

Os computadores e as redes que os conectam são a razão pela qual as mudanças atuais são fundamentalmente diferentes daquelas que as empresas já sofreram antes. Mudar em um mundo conectado sempre tem mais repercussões. Agora, a mudança leva a mais mudança. A turbulência se espalha. Bob Metcalfe, o inventor da Ethernet, cunhou uma lei que ainda existe: o poder de uma rede aumenta com o quadrado do número de computadores (ou de pessoas) conectados a ela. Duas pessoas e um aparelho de fax é algo interessante. Duzentos milhões de pessoas com uma conta de e-mail mudam o mundo.

---

1 "Prosperando no Caos", em tradução livre.

Há cinquenta anos, uma recessão como a que ocorreu no local que era chamado de zona internacional de Tânger era sentida em Tampa após alguns anos (se é que isso aconteceria). Hoje, bastam alguns minutos. Quando Tom Peters escreveu sobre mudanças constantes quinze anos atrás, ele estava prevendo o início de um mercado computadorizado. Mas não havia redes naquela época. Nem internet. Nem conexão wireless. Nem comércio de ações computadorizado.

Atualmente, a **entropia** comanda. É tanto uma lei da nova economia quanto uma lei da ciência: as coisas raramente se mantêm ordenadas por conta própria. Como Stephen Hawking apontou, embora seja possível que uma xícara caia da mesa e se parta em 1 milhão de pedaços, é muito improvável que esses milhões de peças voltem a pular sobre a mesa e se reconstituam em uma xícara.

Os sistemas, é claro, podem combater a entropia. As pessoas sabem como separar um monte de molas aleatórias e transformá-las em relógios. O Sol "sabe" como separar uma série de explosões solares aleatórias e domesticá-las em uma fonte coerente de calor e luz. Embora o mundo do qual estamos falando seja um sistema orgânico, isso não impede a ocorrência de atos aleatórios. E eles estão ocorrendo tão frequentemente quanto costumavam ocorrer.

No entanto, agora é pior. Muito pior. Porque quando uma xícara cai da mesa, isso afeta todas as xícaras do mundo. O que significa que, da mesma forma que a neve e as pedras se juntando a uma avalanche, as mudanças estão acontecendo com muito mais frequência do que antes. Agora temos que lidar com as demais mudanças, não apenas com as nossas.

Nos últimos vinte anos, ocorreram quatro mudanças estruturais significativas nos negócios. Essas mudanças significam que não estamos no mesmo barco que estávamos até então. Em vez disso, significam que estamos enfrentando ajustes permanentes ao status quo:

1. A velocidade com que tomamos decisões é, agora, o fator que limita a velocidade dos negócios. São as nossas decisões que

estão no caminho crucial para fazer as coisas acontecerem. O tempo de espera para muitas das coisas que precisamos fazer (desde abrir uma empresa até obter uma remessa de couro) diminuiu. Tudo na empresa espera — não por uma remessa ou um processo, mas por uma decisão.

2. A internet tornou as informações quase gratuitas e onipresentes, alimentando ainda mais a necessidade de velocidade. E podemos enviar essas informações digitalmente, o que significa que elas não se degradam com a distância ou o manuseio.
3. Uma visão de mundo provinciana criou ilhas de estabilidade. Essas ilhas estão desaparecendo. Existe apenas um mercado para o mundo inteiro.
4. A lei de Metcalfe (as redes ficam mais poderosas quando conectam mais pessoas) atingiu o infinito. A rede invasiva de telefones, faxes, e-mails e a web agora nos conecta virtualmente a todos.

Em 1987, Tom Peters sentiu um desenrolar que segue até hoje. Porém, ele está ficando mais pronunciado e não há como voltar atrás. A mudança é o novo normal, e as organizações aceitarão isso ou desaparecerão.

O que Acontece Quando os Jaguares Morrem?

Eu estava lendo o *New York Times* alguns meses atrás e encontrei um anúncio de opinião do Greenpeace. A chamada dizia: "O que acontece quando os jaguares morrem?"

Como não estava particularmente preocupado com os jaguares, virei a página e continuei lendo. Mas, após alguns minutos, minha curiosidade não desistia da pergunta. O que aconteceu? Então voltei e li o anúncio.

Jaguares, ao que parece, vivem no México. Sua comida favorita são coelhos. Quando os jaguares morrem (devido à invasão de seu hábitat por pessoas), os coelhos se multiplicam como, bem, como coelhos. E, quando o número de coelhos aumenta drasticamente, a pastagem se transforma em deserto. Em outras palavras, uma pequena mudança no status de um animal (o jaguar) pode fazer com que milhões de hectares se tornem um deserto.

O ecossistema é muito responsivo. Mate uma safra e espécies inteiras que dependem dela se extinguem, assim como o ecossistema em que sua empresa opera. Uma pequena mudança — digamos, a disponibilidade de dados de preços competitivos para sua base de clientes — pode ter implicações na maneira como sua empresa deve conduzir todas as operações para obter sucesso. Por exemplo, o negócio de impressão comercial não é mais dirigido por gráficas locais e vendedores amigáveis. Já que um cliente pode descobrir quanto deve custar um trabalho, cada impressora (seja online ou não) deve responder a um cenário completamente diferente.

Ecossistemas instáveis são inimigos dos negócios tradicionais, especialmente dos líderes de mercado. Eles otimizaram um plano para extrair o valor máximo do ecossistema como ele está *hoje*. Quando o ecossistema muda, não apenas a empresa perde sua capacidade de extrair esse valor, mas o tamanho da empresa começa a efetivamente jogar contra isso.

Então, se você vai fazer apostas sobre o futuro do ecossistema em que sua empresa se encontra, ficaria confortável em apostar que o sistema permanecerá estável? Em 1963, a Bucyrus-Erie Company construiu a maior escavadeira elétrica de decapagem já construída, projetada para extrair carvão de sua mina, no Kansas. Esse dispositivo era tão grande (tinha 48 metros de altura e pesava mais de 4 milhões de quilogramas) que teve que ser construído no local e, desde o início, foi projetado para viver e morrer naquele pedaço de terra.

Em 1963, o ecossistema de mineração de carvão barato no Kansas era estável o suficiente para que a Bucyrus-Erie sentisse que investir os milhões de dólares do custo do dispositivo era uma aposta segura. Esse é o mesmo motivo pelo qual é tão fácil comprar um avião da Boeing — praticamente qualquer banco do mundo lhe dará um empréstimo, tendo apenas o avião como garantia. Os bancos têm confiança de que ninguém inventará algo que torne aquele avião obsoleto tão cedo.

Mas quantos ecossistemas são tão estáveis quanto a mineração de carvão ou as aeronaves? Dez anos atrás, ninguém teria apostado contra a NBC, a Merck, a Sunbeam, a Mary Kay Cosmetics ou a Knight Ridder. Mesmo assim, hoje o futuro de todas essas empresas está em jogo.

O Problema das Fábricas

Desde que começamos a levar a agricultura e as fábricas a sério, os empresários abraçaram a ideia de que os investimentos em instalações físicas valerão a pena. Vá a uma reunião na Universal Pictures e eles adorarão lhe mostrar a parte interna. Visite a fábrica de berços de hospital do meu pai e você verá puncionadeiras e linhas de pintura. A Universidade de Harvard tem edifícios imponentes cobertos de hera. A Random House está erguendo um enorme arranha-céu no centro de Manhattan.

No cerne do capitalismo, está a ideia de que um empresário pode pegar dinheiro dos investidores e gastá-lo em uma infraestrutura que pagará dividendos nos próximos anos. Ter uma fábrica maior e melhor sempre foi a melhor maneira de enriquecer.

No entanto, existem dois grandes problemas com as fábricas. A primeira é que, em tempos de mudanças rápidas, a infraestrutura deixa de ser uma vantagem e passa a ser um obstáculo. Manter essas fábricas operantes e pagar dividendos muitas vezes forçam a empresa a conter a inovação.

O segundo problema é que as empresas realmente lucrativas não dependem mais das fábricas. Desde 1970, o peso médio de um dólar (corrigido pela inflação) das exportações dos Estados Unidos caiu 50%. Em outras palavras, estamos enviando ideias, não coisas.

Se uma fábrica não precisa estar perto do usuário final (por causa do frete barato) e não precisa estar perto do cliente (por causa da facilidade de comunicação de longa distância), então a localização não é, de fato, uma vantagem competitiva. O proprietário de uma fábrica frequentemente trabalha no ramo de commodities.

"Ser centrado em fábricas não aumenta seus lucros, mas os diminui."

Enquanto escrevo isto, estou curtindo a música de uma banda chamada Timbuk 3, de Atlanta. O CD foi fabricado por uma empresa japonesa, em Indiana, e está sendo tocado em um CD player coreano por meio de um amplificador feito no estado de Washington. Por fim, a música sai de alto-falantes estéreo de mármore maciço de 70kg feitos na Tailândia (que têm tweeters que foram feitos na Dinamarca). Meu palpite é que, a cada passo ao longo do caminho, o "fabricante" tinha uma escolha de fábricas que ele poderia usar para fazer cada componente. E, provavelmente, não era o dono delas.

Ainda precisamos de fábricas? É evidente que sim. De que outra forma vamos fazer tudo isso? Meu ponto é que, embora o mundo ainda precise de fábricas, isso não significa que você tenha que ser dono delas. Ter uma fábrica provavelmente se tornará um nicho de negócio lucrativo, uma forma boa de ganhar a vida. Mas as empresas que se movem rapidamente e que apresentam alto crescimento e ampliação não precisam ser proprietárias delas.

Já que as fábricas não são mais regionais, porque o fornecedor final não é mais o fabricante, o modelo que era centrado nelas morreu. Ser centrado em fábricas não aumenta seus lucros, mas os diminui. Ser centrado em fábricas não *diminui* seu tempo de produção para o mercado, apenas o *aumenta*.

O que a Internet Tem a Ver com o Caos?

Este não é um livro pontocom. Um ano atrás, a internet desfaria tudo o que foi feito e mudaria tudo o que precisava ser mudado. Ideias antigas, como lucros, perdas e receita, estavam obsoletas, e era melhor nos acostumarmos a uma economia muito diferente. Controltop.com (sim, era uma empresa real e, sim, eles vendiam meias-calças modelo control top) e outros de sua laia, de alguma forma, reescreveriam as regras da economia.

Agora que todos nós passamos pela correção tão proclamada, há um novo coro de vozes. Esse coro nos lembra de que tudo era exagero, que as coisas agora voltaram ao normal e que as vozes da mudança estavam erradas, erradas e erradas.

Como acontece na maior parte da dialética, o futuro está em algum lugar no meio-termo. A internet está mudando tudo, mas as mudanças serão menos visíveis do que esperávamos. Veja esta declaração pós-crash (março de 2001) do *New York Times*: "A internet, com suas inúmeras conexões online, acelera a transmissão de ideias, boas e ruins, e simplifica seu alcance. Ela permitiu que os gerentes de negócios espiassem todos os elos da **cadeia de suprimentos** que alimentam seus processos de fabricação e mudassem de direção com uma agilidade que seria inimaginável apenas alguns anos atrás." O artigo fala sobre 8 mil pessoas perdendo seus empregos na Solectron (em um dia).

Antigamente, a Solectron poderia levar um ano ou mais para se adaptar e se ajustar a uma desaceleração da economia e do mercado de placas de circuito. Agora, com todas as empresas conectadas umas às outras, leva minutos, não meses ou anos, para que as notícias ruins cheguem. De muitas maneiras, a cadeia de suprimentos agora está tão turbulenta quanto o mercado de ações. E as empresas que estão no final dessa cadeia podem ser afetadas o tempo todo.

Costumava haver uma pausa nos sistemas que conectam as empresas umas às outras. Demorava muito tempo para registrar os pedidos, esgotar o estoque e para o departamento de compras descobrir o que o departamento de vendas estava fazendo. Agora toda essa pausa está sendo drenada do sistema. Com todos os departamentos conectados em rede, os responsáveis pelas compras podem observar uma desaceleração nas vendas em minutos em vez de meses.

A internet é a razão pela qual as mudanças estão se acumulando exponencialmente. É a razão pela qual esse caos não é como todo o caos que veio antes. Não por causa das compras com um clique na Amazon.com ou da busca por motoristas de táxi turcos no Yahoo! Mas porque a internet conecta todas as empresas e todos os consumidores em uma web instantânea, na qual o tempo de resposta é quase zero.

Empresas de Sucesso Odeiam a Mudança

Em tempos estáveis, as empresas têm sucesso quando se tornam muito boas em alguma coisa. Maximizar a capacidade de agir como fábricas — que absorvem matéria-prima e dinheiro de um lado e expelem produtos e serviços do outro — é o segredo do sucesso.

Desde o início da Revolução Industrial, o objetivo da maioria das empresas tem sido crescer e se tornar mais eficiente. Essas empresas trabalham para eliminar a variabilidade nos produtos que fabricam, para evitar riscos, serem confiáveis, previsíveis e escalonáveis. Elas investem em infraestrutura e manuais de políticas para reduzir a variabilidade e aumentar a eficiência.

Em tempos de mudança, no entanto, as regras parecem ser muito diferentes. O que funcionou em tempos estáveis é exatamente o que levará uma empresa à falência quando as coisas estiverem mudando. Em vez de ser grande, eficiente e evitar riscos, parece que as empresas que se saem melhor (no longo prazo) em tempos de mudança e volatilidade são as pequenas e que apresentam perfil de risco. A eficiência fica em segundo plano em relação à coragem (e à sorte). Os manuais de políticas internas tornaram-se, na verdade, um obstáculo.

A mudança não é algo novo. Mesmo empresas estáveis conviviam com mudanças. Porém, era como a gravidade — ela estava sempre lá, era previsível e podíamos lidar com isso. Até mesmo a mudança era estável!

Agora vivemos em tempos turbulentos. Tudo em nosso mundo — do marketing à tecnologia, à distribuição, aos mercados de capital — está mudando mais rápido do que nunca (e nem sempre na mesma direção). Ainda assim, a maioria das empresas não tem ideia do que está causando essa mudança, como ela pode afetá-las e, mais importante, o que fazer a respeito disso.

Observamos as ações da empresa em queda, mas não fazemos nada até que os índices estejam muito baixos. Em seguida, o conselho demite o CEO, o novo CEO conduz demissões em massa, e a empresa continua mancando até que alguém a compre. Ou vemos uma nova tecnologia revolucionando um setor após o outro, mas a ignoramos e esperamos que ela suma antes de chegar até nós. Um dia ela chega, e nosso concorrente a utiliza para nos derrubar com um produto novo e inovador.

Empresas de sucesso odeiam mudanças. Pessoas com ótimos empregos odeiam mudanças. Elas abominam confusão, caos e mudanças nos ambientes competitivos. Os líderes de mercado procuram e valorizam sistemas confiáveis.

Mas os iniciantes e os empreendedores amam mudanças. A turbulência embaralha as peças do tabuleiro e dá a eles a chance de ganhar participação no mercado e lucros. E como sempre há mais concorrentes do que líderes de mercado, há uma grande demanda por mudanças. Mais inovação. Mais concorrência. Mais mudanças. *Mas isso não vai sumir. Vai piorar.*

Os tempos estáveis nos obrigam a pensar em nossas empresas como máquinas. Elas são perfeitamente ajustadas, fáceis de copiar, de dimensionar e de possuir. Construímos máquinas em uma linha de montagem, seguindo regras específicas e com foco em como torná-las mais baratas e com uma confiabilidade cada vez maior.

Se sua empresa é uma máquina, você pode controlá-la. Você pode construir outra maior. Pode designar operadores para ela e treiná-los para que a operem cada vez mais rápido.

"Nossas organizações não são máquinas independentes, situadas no meio de um ambiente estável. Em vez disso, trabalhamos para empresas que são organismos vivos, respirando e mutáveis, em interação com milhões de outros organismos vivos, respirando e mutáveis."

Em tempos de mudança, esse modelo está errado. Nossas organizações não são máquinas independentes, situadas no meio de um ambiente estável. Em vez disso, trabalhamos para empresas que são organismos vivos, respirando e mutáveis, em interação com milhões de outros organismos vivos, respirando e mutáveis.

Gerentes e funcionários estão procurando uma maneira de dar sentido a essa turbulência. Precisamos de uma metáfora para nos ajudar não apenas a lidar com a mudança externa, mas a *aceitá-la* para ter sucesso.

Esse não é um negócio com o qual estamos acostumados. É um novo princípio, que parecerá pouco natural no início. Precisaremos de um novo vocabulário até mesmo para discuti-lo. Pegando emprestado o campo da biologia evolutiva, tentarei delinear uma nova definição de negócio de sucesso. Precisamos reinventar o que significa liderar (ou trabalhar em) uma organização.

A Promessa de Loops de Feedback Positivo e Fuga

Sobreviver à mudança é uma meta nobre; porém, e se aceitar a mudança não apenas nos ajudasse a sobreviver, mas nos desse melhores resultados?

Antes de seguir com a leitura deste livro, no qual descrevo uma maneira diferente de lidar com a mudança, considere o lado positivo dela. Em vez de forçá-lo a apagar incêndios e a lidar com emergências, é possível que a mudança apresente a você e à sua organização novas e gigantescas oportunidades.

Os cientistas falam sobre loops de feedback positivo. São sistemas nos quais as entradas são amplificadas e se tornam as saídas — e, então, retornam e se tornam as entradas novamente. Aquele som estridente que vem de um microfone mal projetado é chamado de feedback porque o som amplificado do microfone sai dos alto-falantes e volta direto para o microfone. No entanto, os loops de feedback positivo podem ter resultados benéficos.

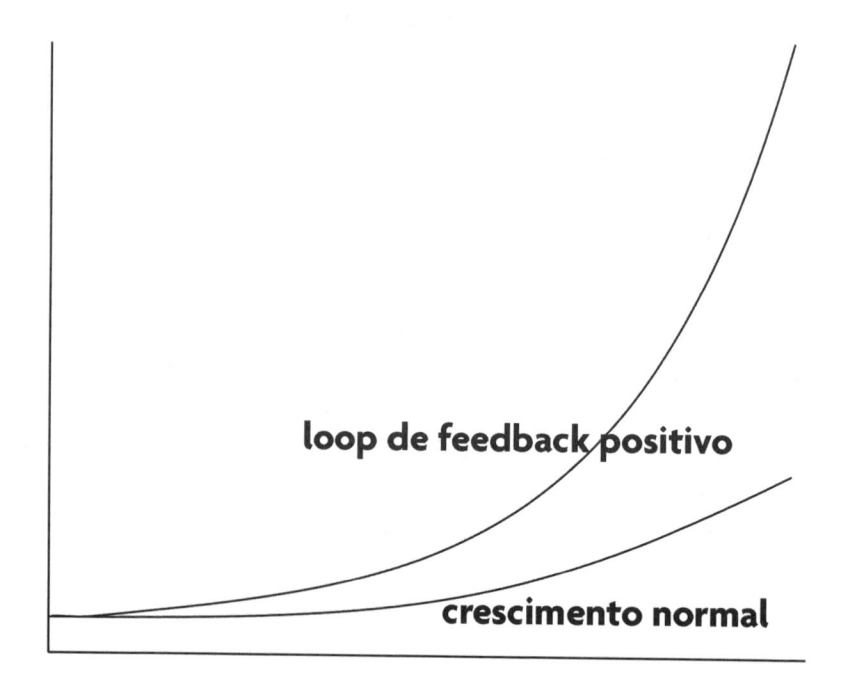

O dinheiro no banco encontra um loop de feedback positivo como o do gráfico anterior porque você ganha juros sobre seu dinheiro, depois juros sobre os juros e, por fim, ainda mais juros sobre esses juros.

Quando uma avalanche começa no topo de uma montanha, são apenas algumas pedras caindo de um precipício. No entanto, cada uma dessas pedras começa a fazer com que outras mais rolem, e a avalanche aumenta em força até se tornar poderosa o suficiente para destruir uma vila inteira. Esse é um loop de feedback positivo.

Uma empresa tem sucesso, em grande parte, porque é bem-sucedida. Uma vantagem inicial torna-se uma vantagem intransponível, porque a inicial é, em si, um fator para o sucesso da empresa.

À medida que os mercados se tornam mais caóticos, eles criam oportunidades para novos players obterem uma vantagem antecipada. Com planejamento e sorte, essa vantagem pode se transformar em uma grande vantagem, especialmente se um loop de feedback positivo reforçar essa liderança.

Quando as pessoas começam a interagir umas com as outras em um loop de feedback positivo, este é amplificado, entrando em um estágio chamado de fuga. O pioneiro da ciência evolucionária, Sir Ronald Fisher, cunhou esse termo para designar um sistema evolucionário que avança cada vez mais rápido, reforçado pela seleção sexual.

Todos estamos familiarizados com o fenômeno da fuga. Um livro começa a ser vendido e, de repente, as pessoas começam a comprá-lo *só porque outras pessoas estão comprando*. As pessoas vendem itens no eBay porque é onde estão todos os compradores. Mas todos os compradores estão lá porque os vendedores sabem que esse é o local onde os encontrarão!

Claro, a fuga também pode funcionar na outra direção. Uma ação na NASDAQ começa a cair, o que leva a notícias e boatos sobre a queda, o que leva ainda mais investidores a entrar em pânico e a vender suas ações. O preço da ação diminuirá cada vez mais rápido, com os investidores fugindo e os caçadores de pechinchas comprando, até que ela finalmente alcance o equilíbrio novamente — às vezes, por apenas 10% do valor original da ação. Esse loop de feedback drenou todo o dinheiro do mercado de ações.

Durante a Grande Depressão, muitos bancos fecharam por causa de uma fuga. Os consumidores confiam em um banco, desde que haja muito dinheiro depositado e eles acreditem que outros consumidores também têm essa confiança. Entretanto, uma vez que as filas começaram a se formar fora do banco, os investidores, que antes não estavam em pânico, passaram a ter dúvidas. Afinal, eles pensaram, se todos nessa fila receberem seu dinheiro de volta, pode não sobrar o suficiente para mim no cofre. Obviamente, se ninguém se sentisse assim, não haveria uma fila, em primeiro lugar. No entanto, quando algumas pessoas começam a ter dúvidas, isso reforça o medo em toda a população, tornando o problema pior e amplificando-o por meio de um loop de feedback positivo de pensamento negativo.

O departamento de marketing gostaria que a empresa fosse rápida o suficiente para lançar produtos que aproveitassem esses loops de feedback positivo. Seu CFO deseja uma empresa ágil o suficiente para acumular esses sucessos, porque pode transformar suas ações em um sucesso descontrolado.

A Fuga Não Dura para Sempre — Nada Dura

A Cisco é um bom exemplo. Ela se estabeleceu, desde o início, como líder em infraestrutura de internet. Isso fez com que os investidores que buscavam apostar nesse setor investissem na empresa, o que elevou o preço de suas ações. Essa alta deu à Cisco uma moeda (uma ação valiosa) que poderia ser usada para comprar outras empresas. Na última década, ela adquiriu centenas de empresas, o que reforçou ainda mais sua posição de liderança e, por sua vez, atraiu mais investimentos e fez subir ainda mais o preço das ações.

As ações da Cisco chegaram a US$80 por ação. De acordo com o colunista James Surowiecki, da revista *The New Yorker*, isso deu à empresa uma avaliação que pressupunha que ela seria maior do que a economia norte-americana é hoje em apenas 25 anos. A fuga levou as pessoas a quererem comprar a ação da Cisco a qualquer preço, ignorando o fato óbvio de que nenhuma empresa pode crescer para sempre na velocidade em que a Cisco cresceu nos primeiros anos. Assim que o mercado percebeu que a histeria em massa havia se instalado, as ações caíram vertiginosamente, mais de 80%.

Apesar dos limites de fuga, a Cisco apresentou um aumento surpreendente de 89.000% (isso não é um erro de digitação) no preço de suas ações durante a década de 1990. Se você conseguir isso, bom trabalho! A fuga não pode durar para sempre, mas é divertido enquanto dura. Se você descobrir como desencadear uma fuga, poderá fazê-lo novamente, criando uma série interminável de sucessos descontrolados.

A Melhor Forma de Fuga É a Menos Óbvia

Existe um loop de feedback positivo que pode mudar sua empresa e a maneira como ela lida com as mudanças. Ela pode atrair um tipo diferente de funcionário e criar uma organização em fuga.

Peguei um voo pela TWA semana passada, e toda a experiência foi exaustiva. Os atendentes, abatidos em virtude dos anos trabalhando para uma empresa à beira da falência, pareciam esgotados. Os aviões, obsoletos em manutenção estética por falta de investimento, pareciam cansados. A comissária de bordo, que permaneceu na companhia aérea por ser mais velha, parecia cansada. Quando cheguei em casa, eu precisava de um cochilo.

Que tipo de pessoa se candidata a um emprego na TWA atualmente? É alguém que deseja aceitar a mudança, agir rapidamente e assumir riscos? Duvido. A TWA está reforçando sua visão de mundo de fábrica sempre que contrata alguém.

Compare esse loop de feedback negativo com aquele que existia na Kinko's há anos. Que tipo de pessoa se candidatou (e conseguiu) um emprego como gerente na Kinko's? A empresa conseguiu reforçar sua abordagem básica para mudar as pessoas que contratava. Quanto mais pessoas em zoom eles contratavam, maior a probabilidade de a própria empresa entrar em zoom. Infelizmente, a nova administração está fazendo o possível para eliminar os zoomers (eles demitiram a maior parte da divisão kinkos.com, no qual a maioria dessas pessoas trabalhava) e adotar um modelo centrado na fábrica.

Se você fosse um engenheiro de rede renomado na década de 1990, o lugar óbvio para trabalhar era a Cisco. Se fosse um empresário que construiu uma empresa de rede durante os anos 1990, o lugar óbvio para vender sua empresa era a Cisco. Pessoas excelentes querem trabalhar para empresas de crescimento rápido. O poder desse loop de feedback positivo é, no entanto, subestimado. Assim como os mercados gravitam em torno dos líderes, o mesmo ocorre com os funcionários. E funcionários inteligentes e apressados são os alicerces de seu sucesso futuro.

A Alternativa Evolutiva

Agora que vimos o impacto que o ambiente em mudança está tendo em nossas organizações (e, mais importante, em nós), deixe-me apresentar um ponto de vista muito diferente. O restante deste livro descreve em detalhes essa maneira alternativa de fazer negócios.

Como descrevi, a mudança está fora de nosso controle, e a maneira como lidamos com a mudança é antiquada e ineficaz. Nossas organizações partem do pressuposto de que vivemos com o ciclo de tempo mais lento de outrora. Construímos fábricas e tentamos torná-las perfeitas.

Se tentarmos controlar algo que está fora de nosso controle, falharemos. O fracasso levará à sobrecarga, ao estresse e, em última instância, ao fim de nossa organização.

A perfeição é impossível quando há mudanças rápidas; portanto, somos forçados a buscar uma maneira diferente e uma metáfora melhor. Empresas inteligentes podem aprender com os animais, que respondem à competição no meio ambiente por meio da evolução.

A evolução (evolução real — modificações herdáveis ao longo de muitas gerações) é a tática mais poderosa à nossa disposição para lidar com a mudança. Organizações e indivíduos podem colocar em prática essa técnica orgânica comprovada, permitindo que a mudança ocorra, e não combatendo-a.

Uma mutação é um erro ou uma característica aleatória criada quando um **gene** ou uma ideia é transferida. Ao encontrar mutações positivas e incorporar novas técnicas de sucesso à composição de uma empresa, as organizações podem derrotar seus concorrentes mais lentos. É nosso medo de mudar uma **estratégia vencedora** (as táticas que usamos para ter sucesso) junto com nossa confiança em táticas de comando e controle que se combinam para nos tornar extremamente infelizes.

Existe uma maneira diferente. Começamos contornando nosso medo da mudança, treinando as pessoas para fazer pequenas mudanças sem esforço o tempo todo. Eu chamo isso de zoom. Então, podemos construir uma empresa em zoom e que atrai zoomers. À medida que a empresa ganha força, ela entrará em fuga, distanciando-se de seus concorrentes e dominando os mercados ao aceitar a mudança que, inevitavelmente, ocorrerá.

Capítulo 2

O QUE TODO CEO PRECISA SABER SOBRE EVOLUÇÃO

> À medida que as mudanças continuam a criar mais turbulência, as organizações podem aprender com os animais, que respondem à competição no ambiente por meio da evolução.
>
> A evolução — modificações **hereditárias** que passam por muitas gerações — é a força mais poderosa que temos para lidar com as mudanças.

A BIOLOGIA EVOLUCIONÁRIA é infinitamente fascinante, mas não há espaço para entrar em muitos detalhes aqui. Em vez disso, tratarei dos fatos essenciais como os vejo, porque eles proporcionam uma analogia essencial de como os negócios podem não apenas sobreviver, mas prosperar em tempos de mudança.

A Competição Impulsiona a Mudança

Dois mochileiros estão terminando uma longa viagem pelas Montanhas Rochosas canadenses. Ao fazerem uma curva, encontram uma pequena família de ursos-pardos, incluindo dois filhotes. As mães ursas-pardas são bastante protetoras, então os dois mochileiros não pensam duas vezes, dão meia-volta imediatamente e começam a correr, e a ursa-parda furiosa vai ao encalço deles.

Depois de algumas centenas de metros, um mochileiro se vira para o outro e diz, ofegante: "Pare." O outro para por um segundo, olhando incrédulo enquanto o primeiro põe a mochila no chão e começa a tirar as botas de caminhada. Quando o amigo o vê calçando o tênis de corrida, grita: "O que você é, louco? Você nunca vai conseguir correr daquela ursa, nem com tênis!"

"Quando há competição, há evolução."

Assim que termina de amarrar os cadarços, o primeiro mochileiro se levanta e começa a correr. "Não tenho que ganhar dela na corrida, tenho que ganhar de você."

A evolução não é generosa. Se você é um panda, há competição por comida com seus irmãos e irmãs. Há competição entre as espécies. Há predadores que adorariam ter você como almoço. E também há um hábitat em constante mudança.

Com o tempo, os organismos na Terra enfrentaram mudanças cataclísmicas. Eras glaciais. Meteoros. Massacres perpetrados por dinossauros, pragas e lava. Continentes inteiros se movendo, vales inundando. E, durante todo esse processo, uma coisa permaneceu constante: quando há competição, há evolução.

As Grandes Ideias

Existem seis ideias da biologia evolutiva que gostaria de compartilhar:

1. Cada vez que um organismo acasala, os genes de ambos os pais se embaralham e se combinam. Essa reorganização é a ação que gera novos organismos e permite que a evolução ocorra. Essa é a única vez que os genes são alterados, mas isso acontece todas as vezes. Por mais que o organismo tente, ele não pode mudar seus genes.

2. Os genes fazem com que a prole se pareça com os pais.
3. Os genes que são bem-sucedidos têm maior probabilidade de se espalhar por uma população.
4. A escolha de quais genes são passados para as gerações futuras é influenciada por três fatores: seleção sexual, seleção natural e mutação.
5. A evolução é um fenômeno bottom-up, com cada gene e cada organismo conduzindo o processo. Os elefantes não precisam da permissão de seus chefes para acasalar.
6. Os organismos que se reproduzem com mais frequência respondem melhor às mudanças no ambiente. As moscas-das-frutas sobrevivem melhor às mudanças do que os tigres.

O que É um Meme?

Uma olhadela nos últimos cem anos da história humana é tudo o que você precisa para perceber que nossa sociedade está evoluindo rapidamente. Tudo, desde a tecnologia a roupas e a forma como organizamos nossas empresas, mudou bastante com o tempo. Enquanto nosso corpo continua a evoluir lentamente, algo está acontecendo com nossas ideias. Parece que um tipo secundário de evolução está em movimento.

Os seres humanos portam cérebros enormes, que apresentam uma porcentagem em relação ao tamanho corporal que supera em muito a de quase todas as outras criaturas. Alguns biólogos evolucionistas acreditam que nosso cérebro grande veio da seleção sexual. As mulheres eram mais propensas a acasalar com homens capazes de conversar, compartilhar boatos ou pintar uma gravura. O resultado disso foi uma prole com cérebros ainda maiores.

Em outras palavras, nosso cérebro funcionava exatamente como a cauda de um pavão. Quanto mais apto um ser humano era (mais saudável, mais evoluído para competir no meio ambiente), mais recursos ele poderia aplicar no desenvolvimento do cérebro. Como escreveu Geoffrey Miller, as mulheres vão atrás de cérebros grandes. (Os homens também têm parte nisso, e parece que eles também optaram por cérebros grandes.)

Isso criou um loop de feedback positivo, reforçando um aumento em fuga do tamanho do cérebro humano. Os machos herdaram cérebros grandes e as fêmeas também, além de uma atração por homens com tais cérebros. Isso criou um mamífero (nós) cujo cérebro é muito desproporcional ao nosso tamanho.

Por volta de 1 milhão de anos, ou mais, os memes eram usados por nossos genes como uma forma de propagandear a saúde e o tamanho de nosso cérebro (e, portanto, de nosso corpo), da mesma forma que fazem os chifres grandes dos alces. Homens (e mulheres!) que eram bons em criar e transmitir memes eram mais propensos a poder escolher os parceiros e ter filhos que geralmente herdavam essa habilidade.

Por muito tempo mesmo, não aproveitamos muito nosso cérebro. Usamos esse órgão para encontrar parceiros de reprodução, mas não para aumentar nosso tempo de sobrevivência, construindo ocas, lanças ou lavanderias.

Anos depois que nosso cérebro ficou maior, aumentamos nossa capacidade de brincar com ideias mais abstratas. Aprendemos a imitar, a comunicar, a transmitir as ideias que nos ocorreram. Richard Dawkins chama essas ideias de "**memes**".

Um meme é uma unidade de inovação (uma ideia), da mesma forma que um gene é uma unidade de hereditariedade física. É uma regra, um conceito ou uma ideia que pode ser transmitida de uma pessoa para outra, da mesma forma que um gene pode ser transmitido de pai para filho. Existem memes grandes, pequenos, **memeplexos** e toda uma sorte de terminologias confusas para os memes.

Aqui estão alguns exemplos:

A Macarena era um meme. Ela se espalhava quando alguém insistia para que você se levantasse e dançasse em fila com uma multidão de pessoas. Esse foi um meme particularmente virulento — atravessou a população inteira em questão de meses. E, então, foi sumindo até morrer.

Apertar as mãos também é um meme. As pessoas que você encontra podem apertar sua mão perfeitamente, apesar de, possivelmente, não saberem como essa tradição surgiu, por que fazem isso ou que tipo de aperto de mão você prefere. É uma ideia que foi comunicada em todo o mundo e que é transferida de pessoa para pessoa quando somos muito jovens.

As receitas são um meme. Uma vez que alguém inventa uma receita incrível de **tofu crocante**, essa pessoa pode escrevê-la e repassá-la a qualquer um que saiba cozinhar. Essa pessoa provavelmente será capaz de preparar tofu obtendo quase o mesmo resultado.

Uma vez que o meme é imortalizado em um livro de receitas, ele se espalha amplamente e se torna parte do **pool de memes**. Torna-se parte do catálogo, a fundação dos memes na qual as pessoas que sabem cozinhar se amparam. Variações como tofu e parmesão crocante obviamente seriam construídas com base no meme original de tofu crocante.

Meu livro *Unleashing the Ideavirus* ["Liberando o Ideiavirus", em tradução livre] trata-se de um conjunto de memes sobre como as ideias se propagam. O próprio livro se tornou um memeplexo popular, espalhando-se por e-mail para mais de 1 milhão de computadores. Como a versão e-book era gratuita, foi fácil para as pessoas espalharem o meme. Ele se movia, intacto, de pessoa para pessoa.

Meu último exemplo é a evolução do Corvette. Acesse www.auto.com/newmodels/qchist6a.htm e você verá fotos dos carros com os quais muitos de nós crescemos. É óbvio que teria sido impossível para a General Motors lançar o Corvette 2000 em 1955. Não apenas a tecnologia era muito primitiva para produzir aquele carro, mas o público teria se recusado a comprá-lo.

A cada passo ao longo do caminho, cada Corvette alterava seus memes para responder às pressões competitivas (e da moda) da época. Por sua vez, os memes usados pelo Corvette criaram novas pressões competitivas sobre todos os outros fabricantes de automóveis. Em uma velocidade muito maior do que a evolução genética, a **evolução memética** do Corvette é óbvia para qualquer pessoa que observe os últimos 35 anos de desenvolvimento desse carro.

Como o ritmo e o impacto da criação do meme aumentam quando há mais memes com os quais competir, ocorre um loop de feedback positivo que se autorreforça. Assim, a cada dia que passa, reforçamos nossa capacidade de criar e transmitir ideias (e, ao contrário das penas de pavão, os memes funcionam para ambos os sexos). Assim como para a avalanche e para o livro best-seller, também há um loop de feedback positivo para os memes, e eles estão em estado de fuga.

Os memes aumentam o efeito de fuga porque, ao contrário dos chifres de alce, eles podem se transformar, crescer e se propagar rapidamente. Os memes são incrivelmente agressivos em comparação com os genes. Enquanto os genes que tornam os chifres de um alce grandes têm que esperar que outra geração se desenvolva antes de poderem ser melhorados por meio da seleção sexual, os memes se aprimoram diariamente. A internet, naturalmente, é a melhor coisa que já aconteceu para os memes, porque ela acelerou ainda mais sua velocidade e encurtou a duração de uma "geração" de memes, o que leva a ainda mais fugas.

"Atualmente, a velocidade da evolução memética é a velocidade da nossa evolução. Quanto mais rápido podemos espalhar e alterar os memes, mais rápido nossos sistemas evoluem."

Atualmente, a velocidade da evolução memética é a velocidade da nossa evolução. Quanto mais rápido podemos espalhar e alterar os memes, mais rápido nossos sistemas evoluem.

A evolução memética é uma bela ideia. As ideias evoluem com o tempo, assim como as espécies. Essas ideias são constituídas de elementos essenciais (memes), assim como os organismos são movidos por seus genes. Conforme veremos, os memes podem evoluir muito rapidamente, mas nem sempre.

Memes Não São Iguais a Genes

Às vezes, a analogia fica bastante prejudicada.

Os genes, por exemplo, constituem o **DNA**, uma estrutura padronizada para a transferência daqueles. Os memes não têm nada em comum. Mais importante, todos os genes têm um comprimento de dados semelhante. É fácil olhar para uma cadeia de DNA e dizer: "Isso é um gene." Os memes, a seu turno, geralmente incluem outros memes. Podemos dizer: "Os memes evoluem"; mas não podemos dizer: "Os genes evoluem". Não está claro qual seria a menor unidade de um meme nem qual é a maior. Até mesmo a definição precisa do que é um meme é controversa.

Um meme não existe sem um simpático cérebro humano que o compreenda, enquanto um gene é uma entidade independente. Os memes também não se embaralham durante a reprodução, tal qual os genes.

Ao contrário dos genes, os memes ficam em estase. É daí que vem o desafio das mudanças de paradigma: os seres humanos constroem um memeplexo em torno de um meme central (o Sol gira em torno da Terra) e, então, quando se demonstra que o meme central é falso, temos muitos problemas para lidar com todas as mudanças que teremos que fazer nos memes secundários, que circundam aquele que mudou. Em suma, temos que construir um novo memeplexo.

Com todas essas deficiências, por que se preocupar em falar sobre memes? Acho que a razão mais importante é que os memes são a força motriz de nossa evolução. E como sabemos muito sobre a forma genética de evolução das espécies, podemos aplicar esse entendimento à maneira como nossas ideias e organizações mudam ao longo do tempo. Os memes nos oferecem uma maneira de aplicar nosso conhecimento em genética ao novo tipo de evolução que as pessoas e suas organizações estão vivenciando.

Periodicidade nos Memes

Como os memes mudam ao longo do tempo?

Se houver uma analogia válida entre genes e memes, então precisamos entender a periodicidade da mudança dos memes. As espécies evoluem ao embaralhar seus genes toda vez que se reproduzem. Nós medimos as gerações porque gerar descendentes é o momento seminal na evolução de uma espécie. No entanto, os memes não têm prole. Então, se eles não se embaralham no nascimento, onde está a periodicidade?

Na figura a seguir, os círculos representam carros sem airbags. Os triângulos são carros com airbags instalados. A caixa preta é o processo que envolve o design, a criação e a compra de um carro — a seleção natural (esse recurso faz com que o carro venda mais do que o da concorrência?), a seleção sexual (esse recurso incentiva executivos de outras montadoras a incluí-lo em seus carros?) e a mutação (esse recurso foi adicionado em algum momento do processo de produção?).

Ao representar as compras de automóveis como uma caixa (rotulada como NSM para seleção Natural, Sexual e Mutação), podemos ilustrar a aparência de uma população à medida que ela muda:

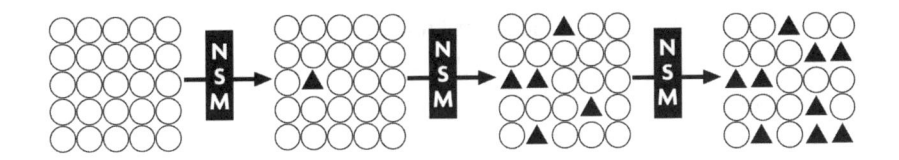

Enquanto os carros com airbags forem mais adequados ao meio ambiente do que os carros sem esse acessório, mais triângulos serão inseridos na população. À medida que os carros mais antigos são substituídos, a porcentagem da população que tem carros com airbags aumenta. A cada compra de carros novos, as chances de os fabricantes adotarem o meme airbag são maiores; então é mais provável que esses carros tenham airbags.

O crescimento no número de triângulos é impressionante, mas o que controla a velocidade disso? Que tipo de população propaga um meme como esse com mais rapidez?

No exemplo anterior, vimos o que acontece em oito anos-modelo, com uma população que compra um carro novo a cada dois anos. Durante esse período, a pessoa média comprou quatro carros.

E se as pessoas comprassem carros uma vez por ano em vez de a cada dois anos? Então, nesse mesmo período, teríamos oito gerações, e não quatro:

Claro, alguns carros permanecem como usados e outros duram apenas alguns meses em uma locadora de automóveis, mas isso não muda o resultado dessa ilustração. Um novo meme se espalha pela população mais rapidamente quando a periodicidade é maior.

Trapaceei um pouco nesse exemplo. Os airbags são um meme especial, incorporado em um item físico (um carro) que a maioria das pessoas tem em série — um de cada vez. Os memes são muito mais confusos do que os genes. Por esse motivo, chamaremos o conjunto de memes de um organismo de **mDNA**, para distingui-lo do DNA, mais elegante, que está no cerne dos seres vivos. Não existe uma cadeia padronizada de mDNA contendo determinado número de memes que os force a assumir um estado específico.

"Um novo meme se espalha pela população mais rapidamente quando a periodicidade é maior."

O aspecto mais forte da evolução memética é que não precisamos dar à luz para recombinar um conjunto de memes. Isso significa que os memes podem se mover e mudar muito mais rápido do que os genes. No entanto, o mesmo fator que faz os memes se moverem tão rapidamente também impede seus movimentos.

Conforme dito anteriormente, ao contrário dos genes, às vezes os memes ficam em estase. Cada vez que um organismo se reproduz, todos os genes estão à sua disposição. Todos eles são recombinados, mantidos ou descartados aleatoriamente. Embora ainda existam genes inadequados remanescentes em nosso genoma (como os da fibrose cística), a seleção natural os mantém sob intensa pressão até que desapareçam.

Os memes inadequados, por outro lado, parecem ser capazes de perdurar por muito mais gerações do que os genes inadequados. Parte do motivo pelo qual os memes são mais confusos do que os genes é que as pessoas podem se apegar a um meme por toda a vida e, depois, passá-lo para as gerações futuras. Não há periodicidade absoluta, nem um momento em que todos os memes estão à sua disposição.

É como um jogo de pôquer em que o crupiê nunca precisa embaralhar as cartas.

Se uma das quarenta estações de rádio mais populares atualiza sua playlist todas as semanas, em vez de todos os meses, novas faixas serão tocadas com mais frequência. Se um chef voltar à escola de culinária ano após ano, seus pratos mudarão com mais frequência do que os de um chef que tem uma enorme pilha de cardápios impressos e nunca lança uma criação especial.

Em suma, empresas em zoom têm uma periodicidade muito alta no que diz respeito à evolução memética. Elas embaralham as cartas com frequência, até encontrarem uma mão de sua preferência. Elas não lutam contra o poder da evolução, e isso lhes dá uma vantagem cada vez maior.

Genes versus Memes

Os genes anseiam por estabilidade e segurança. A evolução genética é lenta e depende intensamente de um método de transmissão biológica que leva a maioria da prole a ser muito semelhante aos pais. Quanto mais estável o ambiente, maior a probabilidade de que um organismo que já evoluiu para um nicho específico prospere.

Os genes não se importam com o bem da humanidade, só com eles próprios; querem se espalhar de forma egoísta, reproduzindo-se, criando descendentes que passarão os genes adiante com sucesso.

"Os melhores criadouros de memes são lugares repletos de novos desafios e de mudanças múltiplas."

Os genes mais passados adiante são aqueles que habitam organismos bem-sucedidos. E os organismos obtêm mais sucesso quando o ambiente para o qual evoluíram funciona como eles esperavam.

Os animais são covardes, basicamente. Os genes que eles carregam foram selecionados para a sobrevivência e para a **fecundidade** (a probabilidade de serem passados adiante); isso significa que eles evitam riscos estúpidos e ambientes assustadores. Se tivessem escolha, os genes prefeririam viver no Jardim do Éden para sempre. Eles sabem que dessa maneira terão uma prole maior.

Assim como os genes, os memes são egoístas. Eles não se importam com o sucesso de sua empresa, da Igreja Católica ou da situação do Rio Hudson. Eles são diferentes dos genes em um aspecto crucial: odeiam estabilidade.

Os melhores criadouros de memes são lugares repletos de novos desafios e de mudanças múltiplas. A adoção da internet, por exemplo, abriu caminho para dezenas de milhares de novos memes sobre comunicação e negócios se espalharem amplamente.

Em ambientes que estão em constante mudança, muitas pessoas estão abertas a uma nova ideia, uma nova estratégia, uma nova forma de vencer. Assim, nos comunicamos com mais frequência, testamos novas técnicas e ficamos felizes ao compartilhar nosso sucesso com os outros. É nesses ambientes que os memes se espalham mais rapidamente e têm maior impacto. Compare os memes que correm por um colégio no primeiro dia após as férias de verão com o ar parado em um mosteiro centenário.

Os memes estão se espalhando cada vez mais rápido (graças à mídia eletrônica), e isso só nos deixa mais famintos por novos memes. Os genes humanos não têm um ciclo de feedback positivo de reforço; portanto, são bastante estáveis. Contudo, os memes estão em um estado de fuga e parecem irrefreáveis.

O conflito entre genes e memes atinge nosso próprio ser. Aquele frio que você sentiu na boca do estômago na primeira vez em que levantou a mão na faculdade de negócios é a melhor evidência que posso oferecer. Os genes o trouxeram até aqui, evitando conflitos com o chefe e outros competidores poderosos, mas os memes querem desesperadamente compartilhar uma nova ideia e vê-la se espalhar.

Não tenho conhecimento de nenhum local onde o conflito entre genes e memes seja mais profundo do que nas organizações. O trabalho é o que chamamos de lugar para onde os genes vão para encontrar comida e sobreviver. E os genes sempre nos levaram a trabalhar, obcecados em minimizar riscos e encontrar alimentos e recursos suficientes para sobreviver.

Conforme entramos em um novo milênio, parece que os memes alcançaram (e até mesmo ultrapassaram) os genes. O trabalho agora pertence às nossas ideias e à maneira como as manipulamos, e nossos genes estão destinados a ficar gritando em segundo plano.

Um loop de feedback positivo foi criado para nossos memes. Quanto mais criamos, maiores são as apostas para nos estabelecermos como a vanguarda dos criadores de memes. Isso leva a uma espiral de crescimento sempre ascendente, na qual as pessoas estão constantemente trabalhando para superar a competição na criação de mais e mais memes. Isso é arriscado, instável e não põe comida na mesa todas as noites. Não é de admirar que os genes odeiem isso.

Negar a Evolução Não a Faz Desaparecer

O motor simples da evolução — mudanças hereditárias na espécie que ocorrem por milhares de gerações — é capaz de produzir resultados extraordinários. Nenhuma fábrica jamais produziu algo tão maravilhoso quanto um pássaro, mas este evoluiu de um organismo unicelular simples, um passo de cada vez.

Darwin percebeu que as pessoas tinham dificuldade em visualizar qualquer coisa que estivesse acontecendo ao longo de 100 milhões de anos. Atualmente, em um mundo cujo objetivo do McDonald's é levar comida até você em menos de sessenta segundos, isso é ainda mais verdadeiro.

O aumento do poder do meme como motor da evolução intelectual muda a discussão sobre o tempo. Poderíamos ir às Ilhas Galápagos e observar a evolução dos tentilhões por uma década. Todavia, agora podemos sentar em casa, ligar a TV na CNN e assistir à evolução acontecer diante de nossos olhos. Não a evolução que levou aos lêmures e porcos-espinhos, mas a que levou aos cards de Pokémon.

Em 1906, São Francisco sofreu um terremoto e foi totalmente destruída pelo fogo. Onze anos depois, todas as coisas da cidade foram substituídas. Por que, apesar de ser fácil para nós substituir algo que desaparece ou consertar algo quebrado, não somos capazes de melhorar o que está sendo utilizado no momento?

Nos duzentos anos antes do incêndio, São Francisco evoluiu. Passou de uma cidade com sete colinas arborizadas a uma cidade vibrante pós-corrida do ouro. Ela evoluiu um passo de cada vez. E, então, acabou-se, parou de evoluir.

Quando existe um vácuo, novos memes aparecem para resolver o problema vigente. Após o terremoto, sem precisar demolir uma cidade, o povo de São Francisco pôde se concentrar na construção de uma nova. Um lote vazio representa uma oportunidade para alguém imitar o sucesso de outra pessoa (com modificações) e, quanto mais rápido o fizer, mais sucesso terá. Quem desenvolveu São Francisco fez isso rapidamente, porque cada sucesso levava a novos, não havendo nada que freasse essas pessoas.

Atualmente, os negócios estão em um ponto de inflexão. A evolução memética está levando as empresas a mudar cada vez mais rápido, mas a maioria dos gerentes e dos CEOs faz tudo o que pode para impedir que suas empresas evoluam. Eles negam que a evolução seja uma força poderosa para a mudança, raramente pensando em sua utilidade.

Todas as empresas que conheço — Kinko's, Starbucks, Viacom — tornaram-se um sucesso ao evoluir. Elas se metamorfosearam, cresceram e mudaram até se tornarem bem-sucedidas. E, em seguida, cada empresa parou de evoluir por vontade própria. Como quase todas as empresas de sucesso, elas criaram barreiras destinadas a congestionar o caminho da evolução. Elas têm políticas, comitês e investidores. Investiram em fábricas e nas pessoas que as administram. Essas barreiras são praticamente universais e fazem parte do próprio tecido estrutural de suas organizações.

Os pinguins não evoluem de propósito. Eles não fazem reuniões sobre a evolução. Não discutem as rotas mais eficazes para seu futuro na ilha. Em vez disso, a evolução está embutida em seu cotidiano e incorporada em seus ciclos reprodutivos. Como a evolução é automática, ela acontece, quer os pinguins encontrem tempo para ela ou não.

A diferença entre um pinguim e sua empresa é simples: enquanto vocês dois evoluíram até o ponto em que poderiam ter sucesso, o pinguim continua a evoluir, e sua empresa tenta frear isso desesperadamente.

Sua organização, ao contrário do pinguim, é construída sobre a ficção de que alguém está no comando, que o mundo é estável e que você escolhe o que acontece em seguida.

Infelizmente, a mudança é incessante e inflexível, então a melhor estratégia é acolhê-la e evoluir. Lutar contra ela é uma batalha perdida. Gerenciar a mudança é uma tarefa impossível. Evoluir com sucesso, entretanto, é vencer. Sempre. Você e seus funcionários podem escolher conscientemente evoluir ou não.

Se você trabalha para uma empresa que não anseia por mudanças, que as vê como uma ameaça em vez de uma oportunidade, então essa empresa está fracassando, e a velocidade desse fracasso aumenta a cada dia. Agora você tem competidores, que ficarão mais fortes por meio da turbulência e, com o tempo, vencerão.

"O pinguim continua a evoluir, e sua empresa tenta frear isso desesperadamente."

Capítulo 3

MEDO E ZOOM

A evolução é a melhor maneira de uma espécie responder à mudança. As organizações lutam muito para impedi-la porque têm medo da mudança.

A maneira de permitir que a evolução faça seu trabalho é contornar nosso medo da mudança em vez de tentar superá-lo. O zoom nos ajuda a fazer pequenas mudanças sem medo.

Quatro Razões pelas quais as Pessoas Ficam Paralisadas Diante da Mudança

De acordo com pesquisas divulgadas no *Psychological Bulletin*, são quatro os atributos que contribuem para a paralisação do indivíduo diante da mudança. Dê uma olhada nesta lista e veja se alguma destas quatro situações existe em sua organização:

- Pressão por causa de prazos.
- Estafa.
- Medo.
- Chefes que desejam um desfecho para uma situação, não a incerteza.

Se existe uma empresa estabelecida no país que não enfrenta esses quatro fatores todos os dias, nunca fiquei sabendo.

Compare isso com a postura de muitas startups, especialmente aquela que se dá de modo lento e velado (a fim de que as pessoas não percam os empregos) ou aquela que é típica de estudantes universitários:

- Os prazos são confidenciais e, se forem perdidos, não são tão custosos.
- Os funcionários estão com os níveis de estresse tão altos que não aparentam estar exaustos.
- Eles são destemidos porque têm muito pouco a perder.
- Seus chefes estão aceitando a incerteza porque não têm a menor ideia de como fazer as coisas da maneira "certa". A estratégia de tentativa e erro torna-se uma estratégia de negócios.

A Primeira Barreira à Mudança: Comitês

Se houver três pessoas em um grupo, quantos apertos de mão são necessários para que todos se apresentem e a reunião possa começar? A resposta é muito fácil — três. Se houver cinco pessoas, a resposta será dez. E se houver dez pessoas, a resposta é 45. Novamente, a lei de Metcalfe entra em cena: para 100, você precisará de 4.950 apertos de mão. E é por isso que as grandes empresas são tão lentas para processar as mudanças.

Em uma startup, se duas ou três pessoas concordam em tentar algo, isso será feito. Não há necessidade de aparar todas as arestas ou gastar muito tempo defendendo uma ideia enquanto se tenta obter a adesão de um grande comitê.

Todavia, se houver dez pessoas em uma força-tarefa, serão necessárias 45 reuniões individuais apenas para fazer com que todos interajam. Se Bob, da contabilidade, não está satisfeito com um elemento de sua ideia, é mais fácil simplesmente descartar esse elemento do que discutir com o colega.

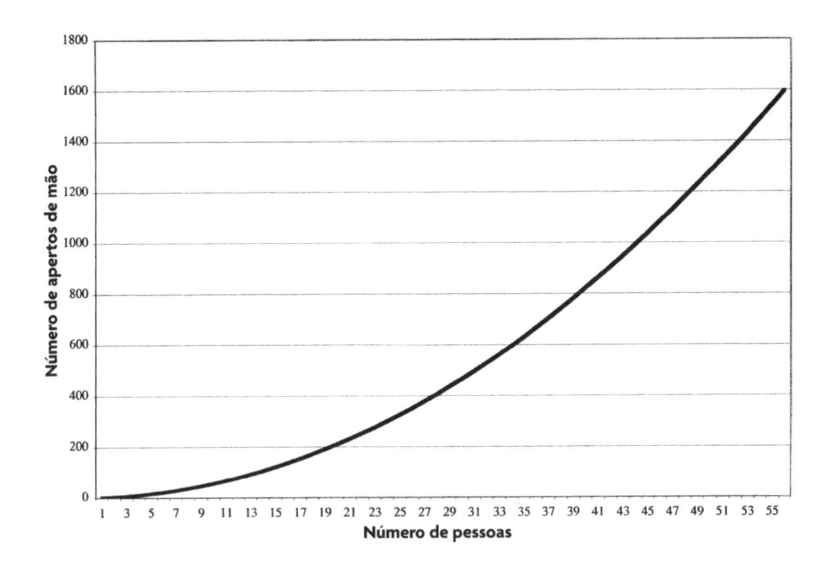

A maioria das organizações facilita que qualquer membro do comitê diga não a uma mudança, mas exige um sim unânime para que qualquer coisa progrida. Quanto maior o comitê, mais tempo leva para um meme mudar.

A Segunda Barreira à Mudança: Críticas

Por que é tão difícil mudar a estratégia vencedora no meio do trajeto? Por que precisamos de empreendedores, investidores de risco e startups para demonstrar a uma grande empresa o que ela já sabia? Às vezes, parece que a única maneira de uma grande empresa mudar é uma empresa nova começar a ameaçar seu mercado. E, muitas vezes, no momento em que a grande empresa percebe o que está acontecendo, ela perde sua melhor chance de hegemonia de mercado. A grande empresa ainda pode vencer. Contudo, ela teria ganhado mais se tivesse mudado antes.

A teoria dos jogos nos proporciona a melhor maneira de entender por que empresas inteligentes fazem coisas estúpidas. É porque o padrão que uma empresa de sucesso exige de uma nova estratégia vencedora é muito mais alto do que o padrão requisitado por qualquer outra.

"O padrão que uma empresa de sucesso exige de uma nova estratégia vencedora é muito mais alto do que o padrão requisitado por qualquer outra."

A teoria dos jogos é simples. Se sua empresa tiver sucesso, o custo de adoção de uma nova estratégia inclui o custo de (pelo menos conceitualmente) desistir do foco nesse sucesso. Um concorrente que não tem nada a perder corre menos riscos com a mesma oportunidade.

Isso leva a um fenômeno pouco documentado, mas paralisante para muitas empresas. Mark Henry Sebell chama isso de bazuca humorística. Quem condena a maioria das novas estratégias vencedoras antes de serem ouvidas de forma justa são os julgamentos internos, a cultura organizada de críticas da empresa. O termo se refere ao colega de trabalho sorridente que vai contra sua nova ideia com uma piada cuidadosamente elaborada. Magoa menos do que uma rejeição direta, mas continua sendo uma rejeição.

Se você vive com medo de receber críticas, é mais provável que evite correr riscos que possam ser criticados. Propor uma alternativa para uma estratégia vencedora em uma empresa bem-sucedida é assustador, e a maioria das empresas tem uma cultura que incentiva a crítica, não a nova ideia.

A crítica corporativa interna assume muitas formas, a maioria delas é injusta e desinformada. Aqui vão cinco maneiras de ser um crítico injusto:

- Fale de forma generalizada. O filme que você viu ontem à noite é "o pior filme que já vi na minha vida". Reúna o máximo possível de pensamentos negativos em uma frase.
- Critique não apenas o item em questão, mas também o histórico da pessoa ou da empresa responsável. Se você puder

apontar sua desaprovação a outro item da mesma fonte, faça isso sem pensar duas vezes.
- Critique a motivação do criador. Talvez ele esteja fazendo isso apenas pelo dinheiro. Talvez haja alguma agenda política secreta. Melhor ainda, a pessoa por trás disso certamente é um aspirante a Robert Redford ou a Dan Quayle.
- Critique o gosto e o julgamento de qualquer pessoa que discorde de suas críticas.
- Faça ameaças em suas críticas. Ameace "contar a todos" ou destruir pessoalmente a reputação ou a propriedade do criador.

A professora Teresa Amabile, da Harvard Business School, no artigo "Brilliant but Cruel" [Brilhante, mas Cruel], testou uma questão fascinante: como as pessoas decidem se uma pessoa é inteligente? Ela mostrou resenhas críticas de livros aos participantes do experimento, algumas positivas, outras terrivelmente negativas. Os leitores presumiram que as críticas negativas tinham uma probabilidade muito maior de serem escritas por alguém mais inteligente do que quem escreveu as críticas positivas. Em outras palavras, pensamentos negativos equivalem à inteligência.

Além disso, a maioria das organizações torna mais fácil dizer não a um projeto do que aprová-lo. Se você disser não, não precisa justificar sua decisão nem se desculpar se o projeto falhar. Se você disser sim, terá que se esforçar mais e assumir mais riscos, apenas para descobrir que seus colegas mais conservadores são mais recompensados por dizer não.

Acho que a crítica comporta três maldições que fazem as empresas puxarem o freio de mão da inovação (e pior, deixar seus melhores funcionários — os inovadores — na defensiva):

- As empresas de sucesso temem críticas externas.
- Os inovadores de sucesso estão mais sujeitos a críticas severas.

- Os funcionários menos inovadores de uma empresa criticam os inovadores de maneira injusta.

Em sua empresa, isso provavelmente significa que, embora existam inúmeras maneiras de alavancar os sucessos iniciais a novos, a alta administração tem medo de fazer isso, de correr o risco de ser criticada por clientes, concorrentes ou pela Wall Street. "Não podemos fazer A, B ou C. Corremos o risco de fracassar!"

Dizer a alguém para não ter medo de fracassar não adianta muito. Nós *temos* medo do fracasso e não há nada que possamos fazer a respeito disso, exceto redefinir o que é fracasso. Lançar um produto que não vende não é necessariamente um fracasso, especialmente se a outra opção é não lançar um novo produto nunca.

"Nós temos medo do fracasso e não há nada que possamos fazer a respeito disso."

Líderes de Mercado Têm Medo de Fracassar

Por que a onipresente Howard Johnson's desapareceu? Por que a Kraft ficou tão para trás no ramo de alimentos orgânicos e não processados? Por que a CBS esperou anos antes de lançar qualquer coisa na TV a cabo ou na internet? Porque os líderes de mercado têm medo.

Quer você trabalhe para a JCPenney, Walmart, Toyota ou Ben & Jerry's, a empresa sempre terá pessoas que tecerão críticas injustas (e severas) acerca de sua ideia nova.

Por quê?

Porque, à medida que as empresas amadurecem e crescem, é muito mais provável que contratem pessoas para realizar tarefas em vez de contratar pessoas que descobrem como *mudar* suas tarefas para melhor. E essas pessoas estão lá porque aceitam o status quo. Elas *gostam* de seus empregos, por isso trabalham neles.

Portanto, qualquer coisa que se queira mudar deve ser injustamente comparada a qualquer coisa que está acontecendo no momento. E a comparação acontece desta forma: *o pior resultado possível gerado por sua proposta* deve ser melhor do que *o melhor resultado possível da atividade que está sendo realizada no momento.*

Se a Microsoft é boa em alguma coisa, é em evitar a armadilha da preocupação com as críticas. Ela fracassa constantemente. Eles são esfolados em praça pública por causa de produtos ruins. Mesmo assim, persistem, versão após versão, até conseguirem algo bom o suficiente. E, então, podem alavancar a força que ganharam em outros mercados para fazer cumprir seus padrões.

A maioria das outras empresas não tem essa chance de dominar um mercado após o outro. No início, quando não tinham nada a perder, era fácil lançar uma inovação empolgante. Mas agora não.

Estive em algumas reuniões que foram absolutamente surreais. Alguém propunha uma campanha por e-mail que poderia aumentar drasticamente a lucratividade e a participação de mercado de uma empresa, ao mesmo tempo que diminuiria os custos de atendimento ao cliente. Em seguida, a VP de atendimento ao cliente pede a palavra e diz: "Mas e as pessoas que querem nos ligar e, em vez disso, recebem este e-mail? O que acontece com elas?" Nesse instante, a matemática básica mostraria que ela está falando sobre uma parte ínfima do público. E pior, uma auditoria rápida mostraria que praticamente *todo mundo* que liga fica aborrecido com o tempo na fila de espera. Portanto, embora sua proposta possa ofender poucos clientes, o crítico ignora milhares deles que ficam mais felizes.

Não estou propondo que você queime a largada e experimente qualquer ideia maluca que surgir em sua cabeça, ignorando as críticas construtivas que podem torná-la melhor. Estou pedindo aos críticos que, antes de irem a uma reunião, prometam seguir estas duas regras:

- Critique uma ideia com base em quão bem ela atende aos seus objetivos. Se você não gosta dos objetivos, critique-os separadamente.
- Compare a ideia com o status quo de forma razoável, levando em consideração as características ruins deste. Não é justo aceitar os problemas vigentes só porque eles já são seus.

Se você não gostar da ideia, sua tarefa é sugerir algo melhor até o final da semana. A ausência de solução não é uma solução.

A Mudança Equivale à Morte

Temos medo de morrer.

Há uma boa razão genética para isso. Organismos que não temem a morte têm maior taxa de mortalidade em comparação com os que a temem. Eles se jogam de penhascos, não conseguem armazenar comida suficiente para o inverno e se envolvem em todos os tipos de atividades perigosas. A morte é uma boa maneira de eliminar seus genes.

Como resultado, os organismos que têm medo da morte têm muito mais probabilidade de viver o suficiente para serem capazes de se reproduzir, passando esse medo adiante, para os filhos.

Além dos genes que têm medo da morte, evoluímos para carregar genes que têm medo da mudança. Os organismos que evitaram situações repletas de mudanças repentinas tinham menos probabilidade de serem mortos e, portanto, mais chance de transmitirem esse gene para os filhos.

Não é por acaso que a maioria das espécies foge do desconhecido. É uma estratégia de sucesso. Os humanos, em geral, não são diferentes. Temos situações cheias de mudanças repentinas e inesperadas. Essa não é uma falha de caráter — é a natureza humana e uma grande razão pela qual nossa espécie sobreviveu o suficiente para que estivéssemos aqui.

"Organismos que evitaram situações repletas de mudanças repentinas tinham menos probabilidade de serem mortos e, portanto, mais chance de transmitirem esse gene para os filhos."

Pouquíssimas pessoas compram um caixão antes de precisar dele — embora isso possa economizar milhares de dólares em patrimônio. Enfrentar nossos medos e aceitar a inevitabilidade de um desfecho ruim não nos deixam felizes, então tentamos evitá-los.

De acordo com um estudo, 38% de todos os trabalhadores temem a dificuldade em encontrar outro emprego rapidamente, caso percam o atual... e 16% recusam uma sugestão para melhorar a eficiência no trabalho, porque temem que isso custe o emprego de um colega. Com resultados autorrelatados como esses (índices quase certamente baixos), o profundo abismo do medo dentro das empresas é óbvio. As pessoas veem a mudança no trabalho da mesma forma que veem a morte. Pode ser inevitável, mas isso não significa que você tenha que ansiar por ela.

"As empresas podem evoluir sempre que quiserem."

Entretanto, uma ótima ideia não o matará.

A diferença espetacular entre genes e memes é esta: para que uma espécie evolua, os ancestrais devem se tornar irrelevantes e, por fim, morrer. A evolução genética acontece no futuro, não para você. Não é possível mudar seus genes, só se pode gerar os genes de sua prole. O melhor que você pode fazer é melhorar a espécie, tendo filhos com genes melhores. Essa prole aprimorada assumirá o controle depois que você partir.

Por outro lado, os memes podem evoluir diante de nossos olhos sem mexer com nossos genes.

As organizações nada mais são do que coleções de memes, bem como dos ativos e das pessoas que os implementam; portanto, ela pode evoluir sem matar ninguém. Se uma empresa tivesse que esperar que todos os funcionários morressem ou fossem demitidos antes que pudesse mudar, viveríamos em um mundo muito mais lento.

Em vez disso, as empresas podem evoluir sempre que quiserem. Bob Dylan pode evoluir cada vez que escreve uma nova música. A Enron pode evoluir quando decidir mudar seu foco da produção de energia para os mercados de dados e financeiro.

Esse é um novo tipo de mudança. Uma mudança que não precisa ser igual à morte. A memética nos permite manipular ideias e processos e permite que a organização evolua sem exigir que morramos em determinado momento. Isso significa que a morte de um meme não é grande coisa. A morte de um meme ao qual estamos apegados não é o mesmo que a morte de um de nossos genes!

Por que o Gerenciamento de Mudanças Não Funciona

Duas das melhores histórias de sucesso em mudança dos últimos tempos são a da IBM e a da Corning.

A IBM conseguiu se transformar de uma enfadonha fabricante de computadores mainframe e software em uma empresa de serviços, liderando o caminho em uma série de áreas, da infraestrutura da internet ao design de chips. Durante o mesmo período, a Corning deixou de ser uma fabricante muito sonolenta de vidros e placas para se tornar uma campeã de alta tecnologia, produzindo cabos de fibra ótica e cerâmicas de alta tolerância.

Ambas as mudanças, no entanto, não vieram sem uma quantidade considerável de sofrimento. Ambas as empresas estavam fadadas ao desastre quando líderes fortes intervieram e as forçaram a se transformarem. Embora isso tenha dado certo nesses casos, existem inúmeras empresas nas quais a transição falhou.

O líder de cada empresa viu o problema e criou uma emergência. Ao declarar lei marcial, ele foi capaz de forçar as pessoas na empresa a agirem.

Se uma empresa não começa a reagir a mudanças externas até que esteja no meio de uma crise, provavelmente não há escolha. Ele está enfrentando uma emergência, e a gestão de mudanças é a única opção. Mas será que as empresas não têm escolha a não ser esperar até que enfrentem a extinção e apenas respondam a isso com desespero?

A IBM e a Corning tiveram sorte. Elas têm grandes líderes e esses líderes escolheram caminhos que funcionaram. Porém, e se eles estivessem errados? Se sua última e melhor chance de mudança tivesse sido um fracasso, essas empresas outrora excelentes teriam desaparecido. Foi o que aconteceu com a Digital, a Data General, a Wang e com milhares de outras empresas.

Isso se assemelha um pouco à cirurgia plástica. Você pode fazer uma plástica no nariz e seu rosto ficará melhor. Mas, se você não gostar da aparência de seu nariz novo, não pode voltar à sala de cirurgia para refazê-lo. Mudanças grandes e dolorosas são eventos raros e não podem ser repetidos indefinidamente.

No entanto, o mercado está exigindo que mudemos continuamente. Para termos sucesso, precisamos fazer cirurgias plásticas com regularidade.

A gestão de mudanças não sabe como responder a esse desafio. Ela trata de minimizar os danos e maximizar a cura, além de pressupor que podemos gerenciar as mudanças; esse tipo de gestão presume que a mudança irá embora e que haverá um novo equilíbrio.

Tradicionalmente, a gestão de mudanças trata de explicar o motivo destas, reassegurando aos funcionários-chave que há um futuro melhor à espera e, então, faz tudo o que for necessário para ajudar a organização a sobreviver durante esse período. Ao criar um senso de urgência combinado com uma promessa de segurança futura, os gerentes de mudança trabalham para persuadir a organização a aceitar, ainda que a contragosto, as mudanças.

A gestão de mudanças depende de emergências. Mas a mudança não é mais uma emergência: ela é normal.

Como Construir uma Organização Capaz de Aceitar Mudanças? Redefina a Mudança

Se a mudança equivale à morte, então nenhuma sessão de treinamento no mundo será capaz de criar um ambiente de mudança constante. Sim, talvez seja possível persuadir as pessoas a participarem de um ou dois esforços de gestão de mudança, mas isso só acontecerá se lhes for prometido que, no final do processo, haverá um novo patamar, um período de "normalidade". Temos uma aversão genética muito forte à mudança, e desencadear esse reflexo quase sempre leva ao estresse e ao insucesso em mudar qualquer coisa.

Contudo, na organização que estou descrevendo, a mudança é o novo normal e a gestão de mudanças não dará certo. Provavelmente é possível motivar alguém a tocar em uma cobra uma vez, mas isso é um desafio diferente de encorajar uma pessoa a se tornar um tratador de cobras.

Picasso evoluiu memeticamente dezenas de vezes em sua longa carreira. Ele passou por fases distintas, se esforçou, aprendeu, fez experimentos e era um artista muito diferente à época de sua morte. No entanto, durante toda a carreira, ele nunca mudou seus genes.

Picasso congelava de medo — como um cervo diante de faróis — toda vez que mudava de estilo? É improvável. Se o pintor tivesse definido sua passagem de um gênero para outro como "mudança", seu gene para evitar mudanças teria se ativado e ele teria se tornado um pedreiro ou conseguido um emprego tão seguro quanto.

É fácil pensar em inovadores como Picasso ou em empreendedores como Thomas Edison como ousados, que correm riscos, mas essas pessoas insistem reiteradamente que não sentem que estão correndo riscos. A maioria dos inovadores e empreendedores apenas redefine o que esse risco significa. Edison sabia que, se inventar coisas fosse seu trabalho comum, ele poderia facilmente passar de invenção em invenção sem se estressar. Picasso adotou essa mesma abordagem para sua arte.

O objetivo do processo de zoom é redefinir a mudança no trabalho como algo que não faça com que o gene de aversão à mudança seja ativado e propague ondas de medo e pânico. Se pudermos contornar esse reflexo, seremos capazes de definir um ambiente no qual novos memes apareçam rotineiramente como algo "normal".

Capítulo 4

E VOCÊ, ESTÁ EM ZOOM?

> Zoom significa esticar seus limites sem ameaçar sua base. Trata-se de lidar com novas ideias, novas oportunidades e novos desafios sem acionar o reflexo de evitar mudanças.

ISSO NÃO É NOVIDADE ALGUMA PARA VOCÊ, que já contorna seu reflexo de evitar mudanças todos os dias: sempre que compra um CD novo ou lê uma edição nova do *New York Times*, você não precisa lutar contra todas as emoções que associamos a "mudanças". Você está em zoom — fazendo a mesma coisa de sempre, só que de um jeito diferente. Se os relatos no jornal fossem os mesmos todos os dias, ou se as músicas no rádio nunca mudassem, você odiaria isso. Essas coisas mudam, mas está tudo bem, porque você aceitou os termos dessa mudança.

Comer em um restaurante tailandês diferente, viajar por uma companhia aérea nova — para a maioria de nós, essas coisas não representam uma "mudança". Essa é a essência da exploração; é o tipo de coisa que temos muita vontade de fazer. É por isso que o ramo de guias turísticos está crescendo e o turismo aventureiro é um setor em crescimento. Esses produtos e serviços proporcionam uma aventura segura — a chance de fazer a mesma coisa de sempre, só que de um jeito diferente.

O objetivo é transformar esses tipos de zoom em algo que tenha mais impacto. Em vez de apenas fazer isso no *New York Times*, você pode aprender a fazer isso com novos modelos de negócios, mercados ou processos de produção.

Entrar em zoom, como você provavelmente notou, não é a mesma coisa que evoluir. Você precisa fazer isso antes de evoluir, porque realizar mudanças frequentes nos memes que adota permitirá que você descubra quais deles servem para você. Entrar em zoom é sobre mudanças frequentes de memes, mudanças constantes, sem esforço, mas não necessariamente mudanças visando um objetivo. Isso vem mais tarde.

Existem todos os tipos de zoomers e todos os tipos de categorias nas quais você pode aprender a entrar em zoom. O falecido John Hammond era um dos melhores zoomers do mundo. Hammond foi o cara da Columbia Records que descobriu Billie Holiday, Count Basie, Aretha Franklin, Bob Dylan e Bruce Springsteen. O que o tornou um zoomer? Ele definiu, "a mesma coisa de sempre, apenas diferente", de forma bastante ampla. O produtor não passou seus dias tentando encontrar cantores folk, cantores de jazz ou cantores brancos de funky crossover. Não, Hammond apenas procurava cantores.

Ao optar pelo zoom em uma área tão ampla, ele foi capaz de ouvir qualquer pessoa, a qualquer momento, sem despertar seu medo genético de uma mudança real. Ele não se atormentou com regras e padrões rígidos; só queria encontrar algo incrível, pois tinha um "alcance de zoom" amplo. Se perguntassem a ele se achar todos esses tipos diferentes de cantores demandava "mudar" todos os dias, aposto que o produtor teria dito não; Hammond não via os dias como eventos altamente estressantes e cheios de mudanças, mas como partes de seu zoom constante.

Observe que os gostos ecléticos de Hammond para a música não significavam necessariamente que ele sempre encontraria um superstar. Em sua carreira sexagenária, ele encontrou diversos artistas que não conseguiram causar um impacto no mundo. O zoom apenas permitiu que ele agisse como uma mosca de fruta, embaralhando seus memes com frequência até encontrar uma combinação que funcionasse.

Martha Stewart foi capaz de transformar sua carreira como escritora em um império midiático de US$100 milhões. Tudo fazia parte do mesmo processo. Ela não conseguiria ter feito isso se tivesse definido sua zona de conforto para incluir apenas livros. Ao ressignificar a mudança, Stewart foi capaz de concentrar sua energia na construção do empreendimento, em vez de lutar contra seu impulso genético de fugir.

Compare a abordagem dela com a adotada pela revista *Rolling Stone*. Seus editores estavam muito arraigados no paradigma das revistas para enxergarem que poderiam ter sido a MTV. A direção da revista pensou que um movimento nessa direção seria um risco enorme, uma mudança que não valia o esforço. Eles não estavam passando por uma situação difícil que os fizesse querer uma mudança, então focaram a revista, em vez de tentar o zoom para algo novo.

A Omaha Steaks percebeu que, independentemente de como vendesse seus pratos — por telefone, correio ou pela internet —, era tudo a mesma coisa, só que diferente. Por outro lado, a Lands' End demorou anos (e muitas reuniões) para começar a vender produtos online.

A varejista The Limited muda sua mercadoria em cada uma de suas lojas pelo menos uma vez por mês — havendo necessidade ou não. Isso significa que eles acertam o tempo todo? De forma alguma. Na verdade, eles tiveram vários anos de azar. Independentemente da qualidade dos memes que tentam, eles descobriram como fazer zoom. Nas lojas da Limited, introduzir um novo estilo de roupa é fácil: os gerentes não precisam pedir aprovação de hierarquias muito superiores.

Por que existe tanto sofrimento no mundo dos negócios? Um dos motivos é que a maioria das empresas, agora, está além de seu alcance de zoom. Tudo o que é novo é visto como uma ameaça; nada é uma oportunidade. Aumentando o alcance do zoom — aprendendo a fazê-lo e, depois, contratar pessoas que querem entrar em zoom com você —, sua empresa pode crescer, se adaptar e talvez até se transformar.

Aqui está uma coisa importante a lembrar sobre o zoom: ele não pode ser feito em resposta a uma crise. Se uma empresa enfrenta um desastre, não pode pedir a seu pessoal que entre em zoom. Eles verão a crise e perceberão que a mudança está sendo solicitada a eles, e mudar é assustador.

Pergunte à maioria dos gerentes por que eles não praticam o zoom e a resposta será uma combinação de dois fatores. O primeiro é que perderão o emprego, porque o chefe não apoia essa empreitada. E o segundo é que eles estão muito ocupados com seus problemas atuais e não têm tempo — e se eles alocassem tempo a essa tarefa, o empreendimento central entraria em colapso e todos perderiam seus empregos.

Isso parece fazer sentido, mas não é verdade.

Adultos com medo da mudança dirão qualquer coisa para evitar o problema real — eles estão com medo. Uma rápida ida à universidade local expõe a falha da maioria dos argumentos que as pessoas apresentam para o medo de aprender a entrar em zoom. É extremamente improvável que professores universitários com estabilidade sejam demitidos. Eles têm muito tempo para trabalhar em novos projetos. Portanto, as duas razões principais que as pessoas alegam para não aceitarem a mudança não existem em uma faculdade.

Poderia se pensar que isso levaria a um caldeirão de zoom, um campus cheio de pessoas ansiosas por mudar radicalmente muitos elementos de suas rotinas. Em vez disso, você descobre tanto medo da mudança na universidade quanto na maioria das empresas — as pessoas não estão tentando evitar riscos estimáveis quando resistem à mudança, mas sim o medo.

A diferença entre gestão de mudanças e zoom é simples. A primeira trata de uma mudança grande e urgente, com um propósito, um evento único, seguido de um período dc cura.

"Não é necessário se recuperar do zoom, assim como não é necessário se recuperar da respiração."

O zoom, por outro lado, é uma mudança constante, sem nenhuma razão ou objetivo específico, que é seguida de cada vez mais mudanças a serviço da evolução. Não é necessário se recuperar do zoom, assim como não é necessário se recuperar da respiração.

Comece a Fazer Zoom Antes que a Crise Chegue

O "zoom" não consiste apenas de uma porção de manobras semânticas? Por que perder tempo com uma ou duas palavras? A resposta do zoomer: palavras são importantes. Elas fornecem uma lente por meio da qual é possível ver por que você (e sua empresa) estão achando tão difícil agir tão rapidamente quanto desejado.

Toda empresa entra em zoom. Algumas mais do que as outras. Se sua empresa fizer mais zoom do que seus concorrentes, você estará gerando mudanças, e eles estarão sempre sentindo dificuldade em acompanhá-lo. Aumentar o alcance de zoom é um desafio, mas constrói um ativo que gera retorno todos os dias para sua empresa.

O melhor momento para começar o zoom é antes que a empresa esteja diante de uma grande mudança que ameace sua existência. Adquira o hábito de, primeiramente, realizar mudanças pequenas e frequentes. Em seguida, caminhe para coisas cada vez maiores.

Ninguém enlouquece se a cor do palito do sanduíche BLT mudar. Todavia, muitas mudanças menores podem resultar em uma grande mudança ao longo do tempo.

Aqui estão cinco coisas simples que você pode fazer para praticar o zoom.

1. No jantar desta noite, coma algo que você nunca provou. Então experimente outra coisa nova no dia seguinte.
2. Amanhã, no trajeto para o trabalho, ouça um álbum de um gênero musical que você odeia ou que é novo para você.

3. Toda semana, leia uma revista que você nunca leu antes.
4. Uma vez por semana, encontre-se com alguém de fora de sua área de especialização. Vá a uma feira de negócios sobre um tema no qual você não tem nenhum interesse.
5. Mude o layout de seu escritório.

Parece estúpido, não é? Como um livro ruim de autoajuda. Mas se você conseguir dominar essas cinco etapas, será muito mais provável que tenha confiança para inventar cinco novas etapas. Gradualmente, você pode aumentar os círculos de mudança que consegue aceitar tranquilamente. Então, descobrirá que a arte do zoom facilita ver tudo como uma oportunidade. Em outras palavras, você descobrirá que é mais fácil contratar Bob Dylan quando pensava que estava procurando Count Basie.

E Quanto à Corporação Criativa?

Tom Peters cativou nossa imaginação há uma década, com sua insistência em que transformássemos o trabalho em um lugar "louco de pedra", divertido, criativo e novo. Ele insistiu que nomeássemos um Vigário da Vitalidade e fizéssemos mais barulho no trabalho. Peters afirmou que nossas empresas estão travadas, e, se não descobrirmos como ser mais leves, relaxar e endoidar um pouco, estamos mortos.

Eu levei suas palavras a sério. Em qualquer ambiente, eu era o mais maluco, o mais esquisito, o mais disposto a ir além (exceto por um funcionário meu que ia trabalhar usando chinelos roxos; mas essa é outra história). Duas coisas sobre isso me surpreenderam:

- Ser esquisito operava maravilhas. Expandir o limite do alcance de zoom de uma organização parecia sempre dar certo.
- A maioria das pessoas tem *muita* dificuldade em tomar iniciativas e se arriscar. Isso as estressa.

No entanto, ser esquisito não funciona.

Seus colegas de trabalho vão se afastar. Eles verão o comportamento "esquisito" como irritante ou desagradável. O obstáculo à aceitação geral da recomendação de Peters é que ela ameaça o status quo. O problema é simples: testar novas hipóteses de forma agressiva e se aventurar em novas áreas pode ser lucrativo, porém somos geneticamente programados para fugir de atividades como essas. Tom Peters acertou em cheio — salvo a parte em que a maioria das pessoas não consegue fazer isso. Não dá.

O trabalho é um lugar de comedimento, estabilidade, segurança e que leva comida para casa, ou seja, para nossos genes. Mesmo no meio da revolução da internet, as empresas mais bem-sucedidas eram, em certo nível, as mais enfadonhas. É preciso mais do que móveis roxos e uma letra maiúscula no meio do nome da empresa para ser esquisito.

"O obstáculo à aceitação geral da recomendação de Peters é que ela ameaça o status quo."

É muito difícil institucionalizar a esquisitice. É muito difícil medir o insight, a criatividade e o pensamento inovador. Pedir que as pessoas tomem iniciativas de maneiras diferentes em circunstâncias diferentes é demais. Seria ótimo se todos gostassem, mas nem todos gostam, nem passarão a gostar.

A magia do zoom é que ele permite que as pessoas com quem você trabalha treinem a si mesmas para crescer *incrementalmente,* de maneira gradativa. Na atualidade, para melhorar nossa capacidade de aprender coisas novas, podemos usar as mesmas técnicas de melhoria incremental que usamos em uma fábrica. É por isso que o zoom é, na verdade, a maneira mais rápida de chegar aonde Tom está indo — essa prática evita o medo e os obstáculos da jornada mais direta. Agora todo mundo é esquisito. O que significa, é claro, que ninguém é.

Primeiro Faça Zoom, Depois Pergunte

As empresas que já estão em zoom não enfrentam muitas dificuldades para evoluir. Uma vez que as mudanças se espalham facilmente por uma empresa, como ondas passando sem deixar um rastro de funcionários irritados, confusos e atordoados, elas começam a levá-la a lugares novos e bons muito rapidamente.

O desafio não é aprender a evoluir, é estar em zoom.

A primeira coisa que as organizações que não fazem zoom perguntam sobre uma mudança proposta é: "Você pode garantir que dará certo?" Eles querem uma garantia de que qualquer mudança pela qual você os fará passar é melhor do que o lugar em que estão atualmente.

Boas ideias não faltam. Mesmo quando os concorrentes de uma empresa consolidada estão ganhando participação de mercado e maximizando os lucros, é fácil encontrar pessimistas que insistem que não há provas suficientes para fazer toda a organização passar por uma mudança — eles têm certeza de que a ameaça não é nem um pouco ameaçadora.

Um exemplo claro é a forma como as organizações sem fins lucrativos reagiram à internet. Poucas demonstraram como conseguem usar esse meio para arrecadar fundos, coordenar voluntários e redigir subsídios. No entanto, a maioria delas ainda está em cima do muro, esperando que o novo meio mostre a que veio[1]. Enquanto elas esperam sentadas por evidências que nunca serão suficientes, os concorrentes (outras instituições de caridade pedindo doações, voluntários, subsídios) preenchem essa lacuna.

Organizações sem fins lucrativos grandes e estabelecidas raramente aprendem a fazer zoom. Elas não são recompensadas por isso,

---

1 A obra original foi publicada em 2002, portanto ainda havia certa dúvida sobre os caminhos que a internet trilharia. Atualmente, ela está em praticamente todos os lugares do planeta (N. do T.)

não estão organizadas para isso e não contratam para isso. Como resultado, ficam paralisadas.

A inércia impede que um objeto em repouso se mova. Assim que um objeto começa a se mover, no entanto, o momento o mantém em movimento.

A mesma inércia funciona para as empresas. Colocar uma empresa em movimento é muito mais difícil do que mantê-la assim. Em vez de aceitar um ciclo em que quase todo o nosso tempo é gasto vivendo com o sofrimento de iniciar e vender mudanças, as empresas precisam abandonar o ciclo e aceitar a ideia de mudar o tempo todo. Alguns de seus colegas de trabalho não conseguirão conviver com isso e irão embora. Isso apenas resultará em uma empresa que muda ainda mais rápido. E se você atrair novos funcionários que aceitam essa nova dinâmica, está no caminho certo.

"Colocar uma empresa em movimento é muito mais difícil do que mantê-la assim."

A fuga dura para sempre? É claro que não. As empresas ficam grandes demais, desaceleram, os mercados mudam de maneiras cada vez mais inesperadas. Nem mesmo a Microsoft crescerá para sempre. Mas essa é uma ótima ponte para se atravessar assim que é alcançada. A maioria de nós nem chega perto.

Comparando o Zoom com a Reengenharia

A maioria das empresas que passaram por reengenharia fez isso para deixar a "máquina" mais eficiente. Isso geralmente implica demitir pessoas. De acordo com a CSC Index, uma empresa de consultoria fortemente envolvida em reengenharia, mais de 70% dos funcionários envolvidos nesses esforços presumiram que o objetivo era levar a demissões.

O zoom é quase diametralmente o oposto a essa posição. Uma organização em zoom não está preocupada em fazer a máquina atual funcionar melhor. Está preocupada em ser flexível o suficiente para colocar seus ativos para trabalhar na construção da máquina de amanhã. A administração de uma empresa em zoom deve comunicar às pessoas que trabalham nela que a meta não é ficar menor, e sim mais flexível. Empresas flexíveis fazem melhor uso de seus ativos, e o primeiro que maximizam é o pessoal.

Não é possível encurtar o caminho até a grandeza.

Claro, nem todos têm emprego garantido. Algumas pessoas insistem em ficar sentadas quietas ou em sempre seguir ordens. Se não conseguem mudar para uma nova função, estão atrasando a empresa. Porém, quase todos em uma organização podem entrar em zoom se quiserem. Isso leva ao lançamento de sucessos em fuga, o que leva a melhores contratações, a um zoom ainda mais rápido e à continuação do ciclo de fuga. Embora seja fácil temer qualquer processo de mudança, o processo de zoom é muito mais otimista do que a abordagem da reengenharia de redução da produtividade.

"Não é possível encurtar o caminho até a grandeza."

Não Mate o Dragão, Evite-o

Jeanie Daniel Duck é sócia do Boston Consulting Group, e seu livro, *O Monstro da Mudança nas Empresas,* trata basicamente do motivo pelo qual as empresas têm tanta dificuldade em implementar mudanças. Ela descreve um processo de várias etapas pelo qual toda empresa passa à medida que se move de um ponto a outro.

Segundo ela, tudo começa com a estagnação. Isso causa um sofrimento que faz com que a alta gestão tome uma decisão. As empresas inteligentes, então, se preparam para a mudança, começam a implementá-la e, se tiverem sorte, sobrevivem aos "conflitos, confrontos e fracassos" que se seguem. Elas perseveram durante a crise e abandonam o esforço de mudança ou fazem com que ela dê frutos.

"Apenas abandone o monstro da mudança. Ignore os platôs e aceite a ideia de uma entidade em constante mudança, na qual a mudança não é ameaçadora, apenas faz parte do trabalho."

Tem sido assim até hoje. Não mudamos até que seja necessário, sobrevivemos à mudança, e, então, tudo volta ao normal.

Mas agora as coisas *não voltarão* ao normal. Isso costumava ser verdade. Os platôs eram tão extensos que pareciam lugares calmos, onde poderíamos evitar mudanças por um tempo. Agora a mudança está acontecendo cada vez mais rápido e vem com algo a mais: iniciar e processar a mudança é difícil e custoso.

Apenas abandone o monstro da mudança. Ignore os platôs e aceite a ideia de uma entidade em constante mudança, na qual a mudança não é ameaçadora, apenas faz parte do trabalho.

Por qual Sofrimento Você Passará?

As centenas de anos de comercialização baseada em ativos, no modelo comando e controle, afetaram todos nós. De funcionários unitários a grandes corporações, a maioria das pessoas aborda o mundo usando o mesmo paradigma: vá para a escola. Obtenha um diploma. Consiga um emprego, dois ou três. A essa altura, você já se rotulou. Você é gerente de projetos, caixa ou contador. Com o tempo, você vai subindo a escada, aprimorando suas habilidades, aumentando o valor de patrimônio pessoal, ficando especialista nas coisas que sabe fazer. Você tem uma estratégia vencedora e está aderindo a ela.

O objetivo é que o mundo permaneça razoavelmente estável até que você tenha dinheiro suficiente para se aposentar.

Você vai trabalhar para uma empresa. Essa empresa valoriza muito os ativos físicos, quase da mesma forma os ativos intelectuais e não o bastante os ativos pessoais. A empresa tem uma estratégia vencedora, e o objetivo de todos nela é extrair recursos o suficiente dessa estratégia a fim de que, quando a empresa for à falência (como acontece com todas), estaremos todos mortos.

> "A alternativa é se reorganizar para mudanças, passar pela dor e pelo sofrimento de apenas mais uma delas e, então, realizá-las de uma vez."

A cada etapa, conforme nossos ativos se tornam mais valiosos, nos tornamos mais apegados à estratégia vencedora que torna esses ativos valiosos.

À medida que ficamos mais viciados na estratégia vencedora, ficamos muito menos propensos a reconhecer que pode não ser mais a melhor estratégia. Isso significa que a mudança no cenário competitivo é dolorosa. Demissões doem. Tecnologias novas são uma ameaça. Novos concorrentes e um cenário diferente são coisas a se temer.

Por enquanto, a maioria de nós escolheu viver com esse medo. É duradouro, certo e crônico. Porém, há uma alternativa. A alternativa é se reorganizar para mudanças, passar pela dor e pelo sofrimento de apenas mais uma delas e, então, realizá-las de uma vez.

Se sua nova estratégia vencedora é que nada é garantido, que a mudança não é apenas inevitável, mas bem-vinda, então você não ficará desapontado. Imagine isso.

Capítulo 5

SUA EMPRESA TEM mDNA

> As organizações podem colocar em prática as táticas comprovadas de evolução, abraçando a mudança, não lutando contra ela. Ao incorporar a adoção de novos memes bem-sucedidos no mDNA de uma empresa, as organizações podem derrotar os concorrentes mais lentos.

O Vocabulário de Genes e Memes na Natureza e no Trabalho

Palavras como zoom, meme e mDNA e termos como **Rainha Vermelha** e **Catraca de Muller** normalmente não são ouvidos no mundo corporativo dos Estados Unidos. É exatamente por isso que você precisa ensiná-los às pessoas com quem trabalha. Se não houver palavras para descrever uma nova maneira de pensar, certamente voltaremos à anterior. Sim, você ainda pode olhar para essa nova maneira de fazer negócios através de uma lente antiga, mas isso significa construir o entendimento do que é fazer negócios em torno de memes antigos em vez de elaborar uma maneira nova.

Temos uma novidade para revelar: este não é um livro didático de **genômica**, então usei de licença poética com muitas dessas definições. Não as use quando fizer a prova final de Introdução à Evolução.

Natureza	Empresa
Gene — bloco básico de construção de um organismo; a unidade funcional da hereditariedade	**Meme** — bloco de construção básico da estratégia vencedora de uma organização e suas táticas; a unidade funcional de transferência de ideias
DNA — molécula que carrega o código genético; comumente usado por leigos para descrever a soma de todos os genes e, também, os efeitos de proteína desses genes	**mDNA** — soma de todos os memes, as pessoas e os ativos de uma organização
Genômica — estudo dos genes e sua função	**Zoometria** — estudo (e influência) do mDNA
Comprimento de geração — contribui para a rapidez ou a lentidão com que uma espécie se adapta por meio da evolução genética	**Periodicidade** — afeta a rapidez ou a lentidão com que uma empresa se adapta por meio da evolução memética
Extintos — espécies que não evoluíram e perderam seu nicho ecológico para um organismo mais apto	**Estratégia vencedora estagnada** — tendência de uma organização de rejeitar memes aprimorados (o que sempre leva à perda de um nicho de mercado e, em última instância, à falência, uma forma de extinção)
Seleção sexual — escolher companheiros de forma que afete as características dos descendentes futuros na espécie	**Seleção sexual** — contratação e demissão de funcionários e clientes de forma que afete o futuro da organização
Seleção natural — apenas animais adaptados vivem o suficiente para se reproduzirem	**Seleção natural** — apenas as empresas com estratégias vencedoras são capazes de contratar pessoas, vender produtos e ganhar dinheiro
Pool de genes — as variações disponíveis para uma espécie por meio de acasalamento aleatório	**Pool de memes** — as variações de negócios disponíveis para uma empresa, uma vez que varia sua estratégia vencedora

Natureza	Empresa
Aptidão — sucesso reprodutivo vitalício de um organismo individual	**Aptidão** — sucesso de uma empresa por meio de uma estratégia vencedora específica (o crescimento pode ser medido em lucros, funcionários contratados, disseminação de memes)
Mecanismo de sinalização — sinais que comunicam a aptidão de um organismo a um parceiro ou competidor em potencial	**Mecanismo de sinalização** — dicas que comunicam a aptidão de uma empresa a um potencial funcionário, concorrente ou cliente
Nicho ecológico — espaço no ecossistema no qual um organismo pode prosperar	**Nicho de negócio** — espaço no ambiente competitivo no qual uma empresa pode prosperar
Mutação — erro na transmissão de uma informação genética durante a reprodução	**Mutação** — mudança abrupta (acidental ou intencional) em um meme que faz parte da estratégia vencedora de uma empresa
A Rainha Vermelha — mudança competitiva no ecossistema gerado pelas respostas à evolução de uma espécie, criando um ciclo de coevolução	**A Rainha Vermelha** — mudança competitiva no mercado gerada pelas respostas à evolução de uma empresa, criando um ciclo de coevolução
Catraca de Muller — diminuição contínua na aptidão de uma espécie assexuada devido ao acúmulo de mutações	**Catraca de Muller** — diminuição contínua da aptidão de uma organização devido à estagnação ao contratar apenas pessoas que concordam com você e trabalhar apenas para clientes que não o pressionam
Teoria do Soma Descartável — as espécies não se beneficiam de evoluir para estender a vida de um organismo além de certo ponto	**Teoria do Soma Descartável** — a vantagem competitiva devido à longevidade de uma empresa diminui se levar a uma estratégia vencedora estagnada
Fuga — evolução rápida que ocorre quando existe um loop de feedback positivo entre a seleção sexual e a herança	**Fuga** — evolução rápida que ocorre quando uma empresa consegue encontrar clientes e funcionários novos que reforçam sua estratégia vencedora de fazer zoom e evoluir

O Poder da Metáfora

As táticas que precisamos implementar para lidar com a mudança não são muito óbvias, naturais ou fáceis de adotar. Sem uma metáfora orientadora, é improvável que você experimente o que estou propondo. Mas, se ela servir, se você conseguir encontrar uma maneira de aproveitar o poder de uma das melhores invenções da natureza, será muito mais fácil vender essa nova abordagem eficaz para colegas e investidores. Então, com as advertências que vou apresentar daqui a pouco, aqui vai a metáfora:

Se definirmos DNA como genes, proteínas e código genético que, quando combinados, definem um organismo e determinam muito do desenvolvimento deste, então, o organismo que você chama de empresa tem DNA. (Chamo de mDNA porque a analogia não é perfeita e quero distinguir memes de genes.)

Seu mDNA é composto de regras, processos, políticas, posição no mercado e pessoas em uma empresa.

Sem esse mDNA, sua empresa esqueceria, no dia a dia, o que foi, o que fez e como fez. As fábricas que você possui, as políticas que segue, as marcas que comercializa hoje — tudo isso determina como você fará negócios amanhã.

Todos os dias, o corpo substitui as células ausentes da pele, cria novos fios de cabelo e processa a insulina. Ele não conseguiria fazer isso de maneira confiável ou de forma consistente, a menos que seu DNA dissesse como fazer.

Da mesma forma, quando você for trabalhar amanhã, a grande maioria das tarefas do dia já está definida. Você não começa do zero, porque sua empresa tem mDNA.

"As fábricas que você possui, as políticas que segue, as marcas que comercializa hoje — tudo isso determina como você fará negócios amanhã."

O mDNA determina quem você vai contratar. Ele permite que os funcionários tomem decisões sem passar cada questão ao CEO. O mDNA inclui instruções sobre tudo, desde preços até serviços e quais empresas adquirir. Ele pode não ser armazenado em um filamento facilmente legível, como o DNA humano, mas está lá mesmo assim.

Ao contrário do DNA humano, o mDNA pode sofrer mutação com a frequência que a empresa desejar. O mDNA deve mudar antes que a organização possa fazer isso. É impossível tentar mudar uma empresa (e as pessoas que trabalham nela) sem transformar o mDNA.

Por que a Evolução Funciona

A evolução entre os animais funciona por dois motivos:

1. Existem muitos animais.
2. Eles têm muito tempo disponível.

Com literalmente bilhões de moscas-das-frutas se reproduzindo todos os dias, por exemplo, é muito provável que, mais cedo ou mais tarde, algumas delas tenham sorte e gerem uma mosca-das-frutas melhor. Adicione a isso o fato de que bilhões de moscas-das-frutas têm milhões de anos para dar um jeito nisso. Ao longo de milênios, elas geraram descendentes que são mais inteligentes, mais rápidos, mais resistentes e mais fortes... de alguma forma, mais adaptados ao ambiente competitivo em que vivem. A seleção natural garante que as moscas-das-frutas mais aptas se reproduzam.

Conforme Jostein Gaarder, autor de *O Mundo de Sofia*, afirmou: "A evolução é uma loteria em que vemos apenas os bilhetes vencedores."

Ao mesmo tempo, as fêmeas das moscas-das-frutas são exigentes quanto à escolha dos machos. Com geração após geração absorvendo os resultados da seleção sexual da geração anterior, o motor da evolução garante que o pool genético esteja sempre evoluindo e que as moscas-das-frutas estejam sempre em ótima posição para lidar com a competição e as mudanças em seu ambiente.

Por fim, lembre-se de que leva apenas uma semana ou mais para que uma geração de moscas-das-frutas passe de recém-nascida a fértil. Esse ciclo evolutivo rápido aumenta ainda mais a adaptabilidade delas.

Parece um pouco com o mercado em que sua empresa compete, não é? Sempre há novas empresas dispostas a tentar qualquer coisa para se firmar e antigos concorrentes que lançam periodicamente um novo produto ou uma tecnologia nova. Se você é apenas uma mosca-das-frutas (empresa) competindo contra milhões de outras, é inevitável que outra pessoa desenvolva algo útil.

"Se quer ensinar um esquilo a nadar, você pode gritar, berrar e oferecer a ele pequenas guloseimas. Ou pode perceber que um esquilo não tem o DNA para nadar e, em vez disso, trabalhar para fazer com que nasça um esquilo nadador. É muito menos sofrido — para você e para o esquilo."

Porém, ao contrário das moscas-das-frutas, que não têm consciência disso e estão presas aos genes com os quais nasceram, sua empresa pode pegar emprestado um meme de sucesso assim que você o descobrir. (Contudo, a maioria das empresas raramente faz isso.)

- O que aconteceria se, em vez de lutar contra qualquer mudança nos memes que compõem seu mDNA, uma empresa facilitasse a mudança dele? Esse mDNA elástico, flexível, estaria mais aberto a sofrer mutações quando o ambiente competitivo exigisse isso dele.

- Acrescente a isso uma dose saudável de seleção sexual. As empresas poderiam perceber que atrair um novo mDNA na forma de novas contratações mais adequadas (e, inversamente, livrar-se do mDNA ruim na forma de muitas demissões) melhoraria de maneira drástica e permanente o pool de memes da empresa.
- Por fim, considere o impacto de encurtar a duração de uma geração. Em vez de se reorganizar a cada dez anos, conseguir um novo CEO a cada vinte ou adotar novas políticas a cada três, uma empresa poderia se ver como um organismo em constante reprodução. Ao encurtar as gerações em uma ordem de grandeza ou mais, a empresa evolui muito mais rápido.

Se quer ensinar um esquilo a nadar, você pode gritar, berrar e lhe oferecer pequenas guloseimas. Ou pode perceber que um esquilo não tem o DNA para nadar e, em vez disso, trabalhar para fazer com que nasça um esquilo nadador. É muito menos sofrido — para você e para o esquilo.

As Empresas Evoluem

Você trabalha em um pântano ou em uma floresta equatorial. Depende de seu ponto de vista.

De qualquer forma, é um ambiente repleto de vida. O mercado é incrivelmente fértil, gerando uma nova vida (negócios) e novas variações o tempo todo. Uma selva, um pântano, uma floresta tropical — todos estão cheios de vida, cheirando à fecundidade e, como resultado, são espaços de muita evolução. Assim como sua empresa.

Se o seu negócio for bem-sucedido, você estará constantemente lutando contra novos concorrentes e novas ameaças competitivas. Ao longo do tempo, sua empresa muda em resposta a essa competição.

Se você está estressado no trabalho, se sua empresa está enfrentando dificuldades para mudar, é porque a administração está tentando mudar o comportamento dos funcionários sem antes mudar os memes da empresa.

Algumas espécies se adaptam mais facilmente do que outras. Você se lembra da mosca-da-fruta e do ornitorrinco? Uma espécie que se adapta bem é definida como aquela que se organiza para mudar o próprio DNA sempre que o ambiente exigir. É provável que isso ocorra em espécies com um ciclo geracional curto (muitos bebês, frequentemente), ou em espécies com genes que sofrem mutações produtivas, ou, ainda, aquelas que apresentam seleção sexual útil. Independentemente de como isso aconteça, as espécies mais adaptáveis superam as que não são.

Todos os tipos de fatores ambientais contribuem para a evolução de sua empresa. Se você tem uma loja de som em Buffalo, Nova York, a concorrência da loja Stereo Advantage, realmente incrível, em toda a cidade o força a descobrir maneiras de cortar custos e cobrir os preços sem sacrificar o serviço. Por outro lado, se sua loja de som está competindo em Palo Alto, Califórnia, você está descobrindo por tentativa e erro que sofás confortáveis e vendedores esnobes são o segredo de seu sucesso.

A Saturn, a lendária divisão de carros pequenos da General Motors, evoluiu em isolamento deliberado. Definitivamente não é a Oldsmobile. Enquanto todas as outras marcas da GM fazem parte da nave-mãe, a Saturn decidiu seguir o próprio curso. Eles construíram suas fábricas e escritórios em Tennessee, não em Michigan. Trouxeram gerentes e funcionários que pudessem construir uma relação de respeito mútuo em vez de repetir a relação normalmente antagônica entre a gerência e a mão de obra, em torno da qual todas as outras fábricas de automóveis norte-americanas são construídas. A montadora da Saturn tem cerca de três classificações básicas de trabalho, enquanto uma montadora da GM convencional tem setenta ou mais. A montadora da Saturn tem três ou quatro níveis de hierarquia, enquanto a da GM tem seis ou mais.

A Saturn tem diferentes cargos, escalas de pagamento, regras de trabalho, cultura corporativa, hierarquia de estacionamentos, linhas de produtos, expectativas de qualidade e publicidade. Exceto pelo fato de que eles também fazem carros, é difícil encontrar muitas semelhanças entre a GM e a divisão que eles criaram.

Parte da razão pela qual a Saturn evoluiu tão rapidamente foi que toda a equipe entrou sem um status quo a defender. De acordo com uma ex-funcionária da Saturn: "Você tinha que gostar de riscos porque, como um funcionário novo, eles não podiam dar nenhuma garantia de segurança no emprego... Era preciso estar disposto a entrar em uma unidade nova que potencialmente desapareceria em três meses."

Ao longo dos anos, a Saturn se afastou cada vez mais da GM. Embora a intenção fosse ser um laboratório para o melhor dentre as crias, pensando que isso poderia, em contrapartida, melhorar a GM, a divisão, em vez disso, age quase como uma concorrente. A administração da GM parece se esforçar para não interagir com a Saturn — é como se as duas empresas, que começaram como um único organismo, tivessem evoluído para se tornarem duas espécies diferentes.

Quando Anna Kretz, a funcionária horista citada anteriormente, foi questionada sobre quanto do aprendizado da Saturn ela conseguiu levar consigo, como experiência, quando foi transferida para um novo emprego em outro ponto da General Motors, ela deu uma resposta surpreendente e de uma só palavra: "Nada." As técnicas e informações não podiam ser transferidas, assim como um alce é incapaz de fecundar um burro.

Reflita, também, sobre a história de Cynthia Trudell, que foi nomeada diretora e presidente da Saturn pela GM em 1999. Depois de apenas dois anos como insider da GM (e outsider da Saturn), ela jogou a toalha e deixou a empresa para dirigir uma operação de construção de barcos. A Saturn tem, agora, o próprio mDNA, e outras organizações e funcionários com uma visão diferente do mundo não podem acasalar com ela.

A GM não podia fazer zoom, então criou uma divisão que podia. Essa divisão evoluiu muito naturalmente, sem a GM lá, impedindo-a de evoluir. O resultado final, porém, não foi o que a GM esperava. Eles criaram uma espécie nova, e a reintegração das empresas se mostrou muito mais difícil do que ela esperava.

Evolução Desde o Princípio

O sistema gigante que chamamos de "negócios" é, na verdade, muitos sistemas menores, todos entrelaçados.

A mudança começa com você, o funcionário. Você trabalha em um departamento ou grupo. Esse grupo forma uma divisão, que constitui uma empresa. A empresa faz parte de um sistema, que pode ser denominado setor industrial ou mercado vertical. Por fim, a empresa, todos os concorrentes e os outros setores do ramo lá fora completam o quadro.

Em cada etapa do caminho, há um código memético, a competição, o mDNA e a evolução. Quando uma divisão começa a acumular mais vendas, ela consegue mais funcionários, torna-se mais influente dentro da empresa, faz a carreira das pessoas que trabalham lá progredir e muda o tecido da matriz (ao mesmo tempo que perturba o equilíbrio competitivo do mercado). A Enron, por exemplo, evoluiu do bombeamento de gás natural para a venda de dados e a criação de mercados. O mDNA da empresa mudou radicalmente nos últimos dez anos, à medida que um dos empreendimentos se tornou muito mais bem-sucedido.

Embora a maioria dos executivos goste de começar do topo e ir traçando um caminho abaixo na organização, a evolução não pensa dessa forma. Em vez disso, é o organismo individual que conduz o processo. Se uma espécie animal começa a dominar um ecossistema, isso não aconteceu por causa de uma decisão centralizada. Aconteceu porque alguns animais eram mais aptos do que os concorrentes e passaram essa aptidão para os descendentes.

Seu currículo, combinado com as pessoas que você conhece, sua marca e reputação pessoais e as regras que você segue constituem o mDNA que você leva para o trabalho todos os dias. Você é o elemento-chave na evolução de sua organização, pois são você e seus colegas que determinam os rumos da empresa.

Se você e seus colegas entrarem em zoom, evoluirão mais rápido, ficarão mais aptos e vencerão com mais frequência. Esse exemplo pode, então, se espalhar por toda a organização.

Subindo um degrau na escada, sua empresa consiste no mDNA e nas estratégias vencedoras de todos os seus funcionários, trabalhando juntos, separadamente ou em desacordo uns com os outros. Assim como seu fígado nem sempre está preocupado com a sensação estranha na articulação do joelho, não é incomum que vários segmentos de uma empresa estejam em guerra entre si, cada um trabalhando para derrotar o outro na competição por recursos.

"Se você e seus colegas entrarem em zoom, evoluirão mais rápido, ficarão mais aptos e vencerão com mais frequência."

Subindo mais um degrau, mercados inteiros também evoluem. Uma tecnologia nova pode afetar um ramo inteiro, que pode reagir alterando seu mDNA. O comportamento da indústria farmacêutica na África, ao ajustar os preços dos medicamentos para a AIDS, é um bom exemplo de um mercado mudando seu mDNA. Cada empresa farmacêutica está, agora, ajustando suas condutas para lidar com as novas realidades de mercado de governos e ONGs que estão se envolvendo na precificação de produtos farmacêuticos.

Então você tem o mDNA de seu negócio pessoal interagindo em um espaço competitivo com outras pessoas que gostariam de ter seu trabalho. Você evolui para conseguir empregos cada vez melhores e vencer a concorrência.

Seus colegas de trabalho se juntam a você para criar uma organização que pode ganhar mais do que seu quinhão de recursos dentro de sua empresa. Se você tiver sucesso, contrata mais pessoas, faz projetos mais legais e, também, melhora seu mDNA pessoal.

Enquanto isso, sua empresa está competindo com outras e evoluindo para se tornar mais apta para a batalha que você enfrenta, não apenas com concorrentes já consolidados, mas também com as empresas que podem entrar em seu campo.

E assim por diante. A evolução de sistemas complexos como esses envolve muitos elementos para o atormentado gerente intermediário processar em um quadro branco.

Mas isso não é o caos.

Se você olhar para a evolução genética da maneira errada, parece nada mais do que ruído. Bilhões de organismos sem ninguém no comando, todos se reproduzindo o mais rápido que conseguem e competindo por um nicho ecológico ou outro.

Mas, no plano mais aproximado, a evolução faz todo o sentido. Dois organismos competem, e o vencedor passa seus genes adiante. No plano mais afastado, isso também faz sentido. Ao longo de milhões de anos, essa turbulência aparentemente sem sentido produziu o olho humano, o alce, o gambá e *Apollo 11*. É apenas nessas perspectivas intermediárias que a evolução parece desorganizada e oscilando à beira do desastre.

O mesmo se aplica à organização em evolução. Se as "regras" forem estabelecidas corretamente, o trabalho que acontece no nível micro fará todo o sentido. As decisões tomadas, os trade-offs que ocorrem, serão todos racionais e testáveis. No sentido mais amplo, a organização irá prosperar e entrar em fuga — e repetir isso à medida que aumenta a liderança sobre seus concorrentes.

É apenas no meio, na mesa do atormentado gerente intermediário, aquele que deseja o controle e não tem nenhum, que parece ser um desastre total. Até agora, a maioria dos esforços de gerenciamento de mudanças corporativas tem se concentrado no meio, porque é onde o volume encontra o poder. Não é de admirar que poucas organizações tenham aceitado a ideia de zoom. As pessoas que precisam aceitá-la são as que mais precisam mudar.

A Rainha Vermelha Vai Trabalhar

Na natureza, a evolução está em toda parte. Muitos **parasitas** evoluem dentro de outros organismos. Os ecossistemas evoluem em resposta a esses organismos, e os competidores evoluem em resposta a todos esses fatores. Existem processos dentro (e adjacentes a) outros processos. O mesmo vale para os negócios.

Em *Alice Através do Espelho,* Lewis Carroll escreveu sobre a Rainha Vermelha presa em um tabuleiro de xadrez em que cada movimento mudava a composição de todo o tabuleiro. O nome que Carroll deu a uma personagem em um ambiente competitivo em constante mudança foi apropriado por biólogos evolucionistas para descrever a coevolução que ocorre entre as espécies e seus competidores e parasitas. No minuto em que uma espécie obtém uma vantagem inicial, a paisagem muda novamente, forçando outras espécies a reagir.

Sua empresa é composta de funcionários. Cada funcionário está desenvolvendo o mDNA das próprias carreiras. Alguns evoluem muito rapidamente, aprendendo novas habilidades, encontrando outras funções dentro da empresa ou saindo quando encontram oportunidades melhores em outros lugares. As divisões dentro de sua empresa evoluem, geralmente em resposta à forte concorrência externa ou ao talento da liderança interna. Juntos, indivíduos e divisões conduzem a evolução de toda a organização.

Enquanto sua organização está evoluindo, a concorrência também está. O mesmo ocorre com os mercados financeiros, a base tecnológica e a economia. Todos esses fatores mudam a cada dia, e o impacto dessas forças externas também é sentido por sua empresa.

Muitas das empresas que sofreram com o colapso das pontocom fizeram isso porque a estratégia sobre a qual construíram a empresa dependia completamente de suposições fixas sobre o meio ambiente. Essas empresas presumiam que os mercados financeiros seriam estáveis, ou que os financiamentos futuros viriam exatamente nas mesmas condições dos anteriores, ou que seus clientes estariam sempre tão eufóricos quanto antes. Elas foram à lona quando as suposições se provaram falsas.

"Enquanto sua organização está evoluindo, a concorrência também está. O mesmo ocorre com os mercados financeiros, a base tecnológica e a economia. Todos esses fatores mudam a cada dia, e o impacto dessas forças externas também é sentido por sua empresa."

Considere, também, a situação difícil que a Sony enfrenta ao se preparar para lançar uma nova geração de consoles. O PlayStation foi projetado para competir com produtos da Sega e da Nintendo, entre outros. Os designers estavam cientes do uso crescente de computadores pessoais para jogos e sabiam que a Microsoft estava preparando o próprio console.

Se o ramo de jogos fosse estático, seria razoável para a Sony ter mapeado uma estratégia fixa para o desenvolvimento e lançamento do sistema. Mas todo o mercado que eles enfrentam está em mudança.

Internamente, a Sony precisa trabalhar para atrair os melhores engenheiros do mundo (dos concorrentes) e manter os que já têm. Claro, as pessoas que parecem ser as mais qualificadas para trabalhar em determinado nível nesse projeto provavelmente estão interessadas em trabalhar em um nível superior, para que possam continuar evoluindo em suas carreiras. Isso significa que a Sony precisa se arriscar e dar, às melhores pessoas que possa encontrar, uma chance de realizar uma tarefa que ainda não dominaram.

Externamente, a Sony está lutando contra a Lei de Moore, o que significa que, quando o console estiver pronto, os novos chips de computador que estarão chegando ao mercado serão pelo menos duas vezes mais rápidos do que no dia em que a Sony começou a trabalhar no projeto. Eles também devem estar preparados para competidores desconhecidos, que estavam trabalhando em segredo, preparando os próprios aparelhos.

O console da Sony pode depender de chips de outras empresas, e, sem o conhecimento da empresa, o preço e a disponibilidade desses chips estão prestes a se tornar outra fonte de caos. A Sony acabou vendendo a metade de PlayStations do que os pedidos no Natal anterior, tudo por causa da falta de chips.

Por fim, ela deve encarar o fato de que, após o lançamento do produto, a Rainha Vermelha retornará. A entrada da Sony mudará o mercado novamente, elevando o padrão para todos os outros e tornando ainda mais difícil para ela ser a top de linha por muito tempo.

Gerenciar durante tempos turbulentos torna-se muito mais complexo por causa das matrioscas de evolução dentro da evolução.

"Você não pode gerenciar a mudança. A mudança gerencia você."

Se tudo o que você tivesse que fazer fosse gerenciar um sistema de mudança altamente visível, provavelmente valeria a pena tentar. Mas os sistemas são muito mais complexos do que isso. Portanto, sua postura de gerenciamento é muito mais importante do que os dados reais com os quais interage todos os dias. Ver os sistemas dentro dos sistemas e respeitá-los prepara você para o caos que está por vir.

Você não pode gerenciar a mudança. A mudança gerencia você.

Um Bom Motivo para os CEOs Rejeitarem a Evolução como Alternativa — E Por que Eles Estão Errados

Anteriormente, escrevi sobre como a evolução pode levar a um beco sem saída. Uma espécie (como o Tiranossauro Rex) pode evoluir em resposta a condições competitivas, apenas para descobrir a si mesma em um limbo quando essas condições mudam.

Os CEOs entendem que o mercado nem sempre está certo. Na verdade, frequentemente está errado. Não é preciso ir além do colapso das pontocom para ver um exemplo de exuberância irracional que levou muitas empresas a evoluir precisamente na direção errada — apenas para falir alguns anos depois.

O CEO argumenta que a evolução funciona melhor em retrospectiva. Podemos ver o que *deu certo* e, então, explicar a presença de várias espécies com base em sua existência continuada. A pele com pelos é uma ótima adaptação, argumentam os biólogos evolucionistas, porque, se não fosse, não haveria animais peludos! Raramente vemos quais mutações *não dão certo*, então não somos muito convocados a explicar por que não há esquilos roxos ou peixes-dourados do tamanho de um alce.

As empresas, por outro lado, precisam olhar para a frente, não para trás. Não nos renderá dinheiro algum compreender com sucesso por que a estratégia A foi melhor do que a estratégia B. O que precisamos fazer é prever qual estratégia funcionará no futuro.

"Portanto, o CEO inteligente lhe dirá que seu trabalho é ser mais inteligente do que a evolução. Seu trabalho é ver além das maiores tendências atuais e, em vez disso, abraçar o futuro."

Portanto, o CEO inteligente lhe dirá que seu trabalho é ser mais inteligente do que a evolução. Seu trabalho é ver além das maiores tendências atuais e, em vez disso, abraçar o futuro.

Só que o trabalho do CEO não é estar certo. Isso é impossível. Nenhuma empresa foi consistentemente mais inteligente do que o mercado. (Isso inclui a GE sob o comando do poderoso Jack Welch. Seu histórico surpreendente fez dele o santo padroeiro de muitas revistas de negócios. Mesmo assim, o fiasco da Honeywell — seu *gran finale* — prova meu ponto.) O trabalho do CEO é organizar a empresa para embarcar em uma estratégia que está ganhando *agora* e, ao mesmo tempo, organizá-la para evoluir com frequência suficiente para encontrar a estratégia seguinte antes que a atual se desfaça.

"(...) o trabalho do CEO não é estar certo. Isso é impossível. Nenhuma empresa foi consistentemente mais inteligente do que o mercado."

A Pets.com tinha uma estratégia inteligente quando foi fundada. Eles conseguiram muito dinheiro e não tiveram problemas para encontrar funcionários inteligentes. Então o que deu errado?

Eles se apaixonaram por sua estratégia e se organizaram em torno de uma ideia, em vez de construir uma empresa resiliente o suficiente para responder ao ambiente. Quando a primeira estratégia fracassou (quando ficou claro que levaria anos para crescer o suficiente para ser lucrativa), eles foram incapazes de mover seu pessoal inteligente e as pilhas de dinheiro restantes para uma nova estratégia. Então, lentamente, foram à beira da falência.

Embora gostemos de acreditar que somos mais inteligentes do que o mercado, não somos. O histórico de todos os CEOs de empresas de entretenimento, manufatura e serviços demonstra que, embora os mercados se transformem e mudem ao nosso redor, ninguém tem um histórico perfeito para determinar o que acontecerá em seguida. Na verdade, a maioria das pessoas se sai muito pior do que a média ao prever o futuro. (Parece impossível? Leia o próximo parágrafo.)

Se olharmos para um mercado facilmente mensurável — o de ações —, descobriremos que, nos últimos vinte anos, menos de 9%

de todos os fundos mútuos superaram o S&P 500, que nada mais é do que uma cesta de mercado automática de quinhentas ações. Noventa e um por cento dos fundos têm desempenho pior do que a média, mas cada um desses administradores de fundos mútuos foi contratado e pago para superar esse índice.

Com uma taxa de 91% de erro em um horizonte de tempo de apenas vinte anos, por que devemos esperar que nosso histórico seja diferente?

A evolução funciona porque os esforços incansáveis de trilhões de entidades sempre derrotarão o planejamento central. Isso serve um pouco de consolo para o organismo que evolui apenas para descobrir que está mal equipado para o meio ambiente. Você não se importa se, mais cedo ou mais tarde, a evolução vai resolver isso. Você quer que *seus* produtos, *sua* empresa, *seus* investimentos tenham sucesso. À medida que as apostas aumentam — e o risco também —, a tentação de abandonar a evolução e ficar assistindo a todas as fichas na mesa é quase irresistível. Mas a evolução é nossa estratégia mais confiável e eficaz para lidar com a mudança. O desafio para a gestão, então, é descobrir como colocar essa estratégia para funcionar.

Há outra maneira de ver as coisas: ninguém se reuniu e decidiu que essa forma um tanto caótica de criar o futuro era a melhor. Certamente é um desperdício no curto prazo e, até mesmo, doloroso. Não importa. O que importa é a realidade de que é assim que funciona. Você não precisa concordar ou gostar, simplesmente é o que é.

Enquanto houver empreendedores dispostos a correr riscos, fontes de capital dispostas a financiá-los e funcionários dispostos a tentar, sempre haverá caos nos mercados. E no mundo em rede da atualidade, o caos está piorando. Sua escolha é responder a ele, vencendo a turbulência no próprio jogo, ou reagir, ficando frenético quando é tarde demais para fazer qualquer diferença.

CEOs Gostam de Escolher Números de Loteria

Por que os gerentes estão predispostos a rejeitar a evolução como uma estratégia de negócios vencedora? Cada gerente tem uma escolha: ele pode construir uma organização que responda às mudanças evoluindo ou pode criar uma empresa que dependa de decretos da alta gestão sobre estratégia e táticas. Então, por que quase todos os gerentes escolhem a segunda opção?

O capitalismo ocidental é baseado na ideia de controle, especialmente o controle do patrão. Inscrever-se para um emprego rápido em uma grande empresa significa anos fazendo o que é mandado, seguidos por décadas dizendo a outras pessoas o que fazer. Racionalizamos esse comportamento porque ele parece funcionar... afinal, todo navio tem um capitão, senão nunca chegaríamos a lugar nenhum.

Infelizmente, as pessoas frequentemente confundem controle com impacto. Pense em um estudo científico sobre controle feito com bilhetes de loteria. Dois grupos receberam bilhetes de loteria grátis. O primeiro grupo recebeu bilhetes com o número pré-selecionado. O segundo teve que escolher seu número de loteria.

Poucas horas antes do sorteio, os pesquisadores pediram aos participantes que lhes vendessem os bilhetes. O preço médio exigido pelas pessoas com bilhetes de loteria pré-determinados era de dois dólares. O preço médio dos ingressos das pessoas que escolheram seu número, porém, era de oito dólares.

Obviamente, escolher os próprios números não surtiu efeito algum no aumento das chances de ganhar na loteria. Mesmo assim, pessoas aparentemente racionais atribuíam um valor 400% maior a esses bilhetes. Por quê? Porque elas gostavam de sentir que estavam no controle e transferiram esse sentimento para a crença irracional de que isso aumentaria suas chances de vitória.

Os CEOs fazem a mesma coisa com suas planilhas e seus relatórios de analistas e com a certeza "viril" de que sua visão do futuro está correta.

Claro, não apenas os CEOs. Em meu trabalho com a Flatiron Partners, uma empresa líder de capital de risco de Nova York, ouvi centenas de empreendedores fazerem propostas para suas empresas incipientes. Esses empresários sabem que, se fizerem uma apresentação persuasiva, podem sair com milhões de dólares de capital de investimento, junto com o aval e o suporte de uma importante empresa de capital de risco. Portanto, o que está em jogo é algo muito importante.

Em nenhuma dessas apresentações o empreendedor entrou e disse: "Temos pessoas muito inteligentes, uma postura excelente e uma organização que foi projetada para evoluir e mudar. Não temos certeza do que o futuro trará, mas estamos certos de que temos loops de feedback rápidos e o olhar voltado para a evolução necessários para estarmos à frente da concorrência."

Na verdade, tentei fazer isso quando dirigia minha empresa iniciante, mas, após vinte propostas de financiamento malsucedidas, aprendi a manter a boca fechada e fingir que sabia exatamente o rumo do futuro.

No meio desses tradicionais pitches de arrecadação de fundos, nos quais a equipe de gestão descrevia o futuro em detalhes, geralmente estou pronto para explodir. Tudo o que quero dizer é: "O.k., mas e se você estiver errado? E se o software não for fabricado a tempo, se houver um concorrente, se o mercado de ações afundar, se o seu principal vendedor desistir para se dedicar à paternidade em tempo integral, se houver um incêndio em suas instalações de P&D, e se..."

Lidar com o inesperado geralmente é uma nota de rodapé. É uma reflexão tardia na página 44 do plano de negócios: "Nosso conjunto de soluções robustas é flexível o suficiente para lidar com outras situações também."

Ei. Sabendo que 100% dos planos de negócios para startups, 100% dos planos estratégicos para grandes empresas e 100% dos palpites imprecisos para empresas de médio porte estão errados, talvez a alocação de tempo e energia gastos também esteja.

Admito que o benefício de criar um cenário em detalhes não pode ser subestimado. Compreender como sua empresa irá prosperar com base em determinado conjunto de fatos é fundamental, se você deseja ter qualquer esperança de construir uma empresa de verdade ou de fazer investimentos razoáveis na construção de negócios. Mas confiar nessa análise como verdade, depender dela para alcançar o sucesso — isso é loucura. Muitas vezes, as empresas se organizam em torno de uma, e apenas uma, estratégia vencedora e, então, contam com o plano P quando os fatores externos não saem como o esperado. Infelizmente, o plano P é entrar em pânico.

"Muitas vezes, as empresas se organizam em torno de uma, e apenas uma, estratégia vencedora e, então, contam com o plano P quando os fatores externos não saem como o esperado. Infelizmente, o plano P é entrar em pânico."

Por alguma razão, atualmente esse conjunto de fatos é aceitável para alguns funcionários e investidores. Basta dar uma olhada na lista de desculpas que os CEOs conseguem inventar para lidar com Wall Street quando precisam relatar más notícias. "Os mercados não amadureceram como esperado... as flutuações cambiais na Ásia... as incertezas na adoção de tecnologia... os atrasos inevitáveis devido a questões de segurança... as condições meteorológicas adversas imprevistas..." A única coisa surpreendente sobre essas surpresas é que elas não deveriam ter sido uma surpresa. O clima é sempre diferente do que esperamos. As moedas sempre flutuam.

Mesmo assim, os investidores aceitam essas desculpas. Continuamos a nos enganar, acreditando que há uma chance (mesmo que pequena) de que tudo corra conforme o planejado. Não corre, nem correrá.

Perceba que escrevi "aceitável atualmente". À medida que mais empresas demonstram que aceitar a incerteza é uma estratégia de negócios viável, nossa paciência com aquelas que não fazem isso desaparecerá.

Só porque você escolheu os números do bilhete de loteria, não significa que tem mais chances de ganhar.

Não estou propondo que o caos reine em sua empresa. Longe disso. O caos não deve reinar, mas ter uma voz muito maior na maneira como as coisas são conduzidas. A administração ainda tem a tarefa vitalmente importante de decidir onde alocar recursos. O chefe ainda precisa determinar quais ramos valem a pena perseguir, quais projetos devem ser cancelados, quais processos não podem mais ser melhorados de forma lucrativa. Mas é preciso haver muito mais caos e muito menos controle.

Evolução no Walmart

Há alguns anos, peguei um voo para Bentonville, Arkansas, a convite da gerência do Walmart. Bentonville é um local improvável para a sede do maior varejista do mundo; mas lá está ela, um galpão de alumínio marrom-escuro nada atraente no meio de um enorme campo.

Não é sofisticado, mas funciona. O Walmart faturou US$17 bilhões em vendas no ano passado, teve lucros enormes e seu crescimento não mostra sinais de desaceleração. Como conseguiu?

A resposta estava bem na parede do saguão. Uma pequena imagem em preto e branco mostra uma loja de ferragens precária por volta de 1962. Este é o primeiro Walmart[1]. Sam Walton não começou construindo uma loja de 100 mil metros quadrados que vendia armas, bananas e macacões. Não. Ele abriu uma modesta (na verdade, era muito pequena) loja de ferragens em sua cidade natal.

---

1 A grafia do nome da empresa, até 2008, era Wal-Mart. (N. do T.)

Então, o que separou Sam Walton das milhares de outras pessoas que abriram pequenas lojas de ferragens em cidades negligenciadas por todo o país? Um princípio. Sam estava obcecado por testar, medir e implementar. *Ele se organizou para evoluir.*

Todos os dias (às vezes, a cada hora), Sam tentava algo novo. Ele reunia todos os dados que pudesse sobre o teste e, em seguida, testava outra coisa.

Ao testar e medir, Sam descobriu uma estratégia de preços que ainda funciona. Ao testar e medir, ele descobriu uma estratégia de localização de pontos de comércio que ainda funciona. Agora, o Walmart apresenta um banco de dados com mais de 1 bilhão de itens de informações. Eles o usaram, por exemplo, para descobrir que as pessoas que compram bananas frequentemente compram leite. Ao colocar um mostruário de bananas (que dava muito lucro) perto do leite, eles aumentaram drasticamente as vendas (e a lucratividade) das bananas.

Por vinte anos, Sam Walton testou e mediu (depois implementou) todos os princípios que pôde. Ele construiu sistemas abertos que permitem que os fornecedores façam a mesma coisa. Mais de 98% dos itens em um Walmart nunca veem o interior de um depósito do Walmart. Eles vão direto do fabricante para a loja. E os fabricantes que querem fazer negócios com o Walmart, mas não aprendem a usar (e lucrar com) o sistema Walmart, não duram muito.

Durante os vinte anos de implementação da evolução do Walmart, o Kmart resistiu firmemente às mudanças a cada passo. Eles seguiram sua estratégia e trabalharam o máximo possível para obter o máximo benefício de sua posição como varejista líder no país mais lucrativo do mundo.

As pessoas que trabalham no Walmart não sentem que mudam todos os dias. Não entre em pânico. A estratégia deles é surpreendentemente estabelecida:

Eles testam, medem e implementam o que aprendem. E o fazem com grandes lojas em pequenas cidades. O Walmart não perde tempo testando a possibilidade de entrar no negócio de fabricação de automóveis ou fazendo um experimento na produção de filmes. Os limites de sua estratégia são gravados em pedra, mas, dentro desses limites, eles são testados como loucos.

> "Por vinte anos, Sam Walton testou e mediu (depois implementou) todos os princípios que pôde."

O Walmart muda seu mDNA todos os dias. Ele usa os loops de feedback que estabeleceu para aprender com o que funcionou. Evoluiu para uma loja muito diferente daquela primeira loja em Rogers, Arkansas.

O Kmart ficou parado.

É por isso que, no início dos anos 2000, o Walmart, e não o Kmart, é o número um.

Seleção Natural e Seleção Artificial

A evolução na natureza funciona, em grande medida, devido à seleção natural. A sobrevivência do mais apto — os perdedores morrem. Um animal está apto quando consegue sobreviver e derrotar organismos menos aptos em busca de comida e parceiros de reprodução. Mas não foi assim que Darwin veio provar seu ponto mais importante. Em vez disso, ele usou a seleção artificial. A seleção artificial nos deu o bassê, o frango sem penas e a rosa. Os seres humanos podem interferir no funcionamento da seleção natural em plantas e animais domesticados e criar espécies da maneira que escolhermos.

Se encorajarmos os organismos de que gostamos a se reproduzirem (e descartarmos aqueles de que não gostamos), não demorará muito para criar uma raça completamente diferente de uma espécie. Os criadores de cães fazem isso o tempo todo. A **seleção artificial** é rápida e poderosa. Sua empresa pode se beneficiar da mesma técnica.

E se as empresas não fossem tão rápidas em contratar a primeira pessoa qualificada a entrar pela porta? E se fôssemos muito rápidos em despedir pessoas que falharam em elaborar e espalhar os memes que desejamos? Em vez de tratar os empregos como engrenagens de uma máquina bem ajustada, a administração poderia tratar a construção de uma organização como uma oportunidade de realizar uma seleção artificial. Não é herança do mundo corporativo dos EUA agir dessa maneira, mas é uma etapa essencial na construção de uma empresa que evolui.

Podemos redefinir "qualificado" para incluir todas as características de zoom que são vitais para o futuro da empresa. E podemos redefinir um erro que leva à demissão para incluir funcionários que bloqueiam mudanças intencionalmente, são críticos insatisfeitos ou, até mesmo, valentões.

As organizações de vendas fazem seleção artificial o tempo todo. Pessoas que não conseguem descobrir como bater a meta mensal são demitidas. Mas imagine aplicar esse pensamento a todos os cargos da empresa. E se houvesse metas para tudo e nos monitorássemos com base nelas todos os dias? Isso seria útil ou seria um desastre?

As metas são mais do que inúteis, a menos que sejam acompanhadas de controle. Os empreendedores lucram por meio da medição de si próprios porque têm o poder de fazer algo a respeito dessas medições. Gerentes inteligentes sabem que medir todos também significa dar às pessoas que estão sendo avaliadas o poder de fazer algo a respeito do que aprendem com isso.

Jack Welch, da GE, foi muito criticado por sua política de exigir que cada gerente avaliasse sua equipe e, então, demitir (com algumas exceções) os 10% com desempenho mais baixo de cada grupo. Alguns consideram isso não civilizado e desumano. A resposta de Jack é que é muito melhor despedir alguém depois de um ano na empresa do que carregá-lo por vinte anos e, depois, despedi-lo quando é tarde demais para essa pessoa conseguir outro emprego excelente.

> "As metas são mais do que inúteis, a menos que sejam acompanhadas de controle."

Mais importante do que podar suas fileiras, a política de seleção artificial de Jack tem um enorme impacto nas pessoas que a GE tem a oportunidade de contratar. Pessoas que têm medo de ficar entre os 10% com menor desempenho têm menos probabilidade de se candidatarem à vaga. Ele está criando um grupo de supergerentes.

Fuga Multiplicada por Dez

As empresas que sabem fazer zoom atrairão funcionários que querem fazer isso. As empresas que conseguem fazer zoom têm mais probabilidade de evoluir, mais chances de sucesso, mais chances de lançar produtos e serviços inovadores. Os funcionários que desejam o zoom ficam impacientes demais para trabalhar em empresas lentas e condenadas.

> "Quando sua empresa começar a contratar zoomers, ela crescerá mais rápido!"

Quando sua empresa começar a contratar zoomers, ela crescerá mais rápido!

E à medida que ela faz zoom mais velozmente, ela evolui, encontra clientes que queiram fazer zoom com ela, que aceitarão suas práticas de negócios e marcas. Isso, por sua vez, fará com que a empresa evolua cada vez mais rápido.

À medida que certas empresas evoluem mais rapidamente do que a concorrência, elas perturbarão ainda mais o status quo, encorajando os zoomers a fazerem zoom mais rápido. Eles causarão ainda mais turbulência, o que jogará ainda mais poeira nos olhos das empresas que não conseguem acompanhar. Algumas delas descobrirão como fazer zoom e trabalharão para alcançá-las. As demais serão extintas.

Uma rápida olhada na indústria de semicondutores prova esse ponto. À medida que o ritmo de desenvolvimento dos chips de computador e de memória começou a aumentar, forçou os concorrentes a inovar mais rapidamente ou a dobrar. Aqueles que optaram por ser mais rápidos criaram ainda mais desenvolvimento, o que fez com que os concorrentes também acelerassem.

Essa mesma mentalidade de corrida armamentista aconteceu no mundo dos equipamentos de som de última geração — um mercado pequeno e sonolento que desabou há cerca de dez anos. As caixas de som ficaram cada vez mais exóticas, com cada modelo de entrada ultrapassando os outros, levando a um ciclo cada vez maior de novos modelos e novos preços (agora você consegue gastar US$100 mil em caixas de som estéreo e, ainda assim, não comprar a top de linha). Uma empresa como a Vandersteen, que fabrica uma caixa perfeitamente boa e com preço razoável, viu sua participação de mercado cair porque não conseguiu, ou não quis, participar da corrida.

As primeiras pessoas a deixarem as empresas mais lentas serão os melhores funcionários, os funcionários mais rápidos, aqueles que sabem fazer zoom. E esses funcionários se juntarão a outras organizações, mais ágeis, aumentando a vantagem inicial dessas empresas em expansão. Quando eles fazem isso, a organização lenta da qual acabaram de sair tem ainda menos chances de sucesso. Um loop de feedback negativo assumiu o controle, com cada deserção de funcionário tornando a empresa menos divertida de se trabalhar. A probabilidade de que as pessoas mais rápidas partam só aumenta. A corrida acabou. (Pelo menos até que o competidor em zoom fique relapso e se esqueça de fazê-lo. Então, uma organização mais nova e mais agressiva entrará na corrida e aumentará novamente as apostas.)

As empresas podem tirar proveito desse fenômeno ou estragar tudo intencionalmente. Muitas empresas que se antecipam intencionalmente começam a contratar pessoas que não fazem isso porque desejam que a empresa se estabeleça e comece a dar lucro. Ao mesmo tempo, muitas que ficam para trás fazem tudo o que podem para encorajar os zoomers a saírem.

Veja o caso de Nancy Weinmaster, uma cientista sênior da Dial, uma empresa de sabonetes. Nancy é o tipo de pessoa que fica animada com a invenção de uma nova loção hidratante para a pele. Nancy é extremamente boa em seu trabalho e exatamente do que Dial precisa, se quiser criar uma nova geração de produtos (e arrecadar os lucros que a acompanham).

No entanto, em uma crise econômica, a Dial respondeu agachando-se e gastando menos dinheiro no desenvolvimento de novos produtos. Nancy, que carrega memes extremamente valiosos, provavelmente irá embora. O projeto no qual ela está trabalhando está sendo arquivado — junto com 75% dos outros produtos em desenvolvimento. A Dial enfrenta, agora, uma fuga negativa — os melhores zoomers estão em debandada.

Uma empresa mais rápida terá a sorte de atrair Nancy para longe da Dial. Isso tornará essa empresa ainda mais rápida, e a Dial ficará ainda mais lenta. À medida que as empresas lançam novos produtos com mais rapidez, os produtos da Dial ficarão ainda mais ultrapassados. A administração pode escolher entre dois ciclos de fuga — um positivo e um negativo.

A Mudança Incremental É Suficiente?

Nós amamos o "momento eureka". A lenda do inventor que acabou de fazer uma descoberta incrível correndo pelas ruas é o modelo de como as coisas mudam em nosso mundo. Se precisamos desses saltos gigantescos para alcançar o sucesso, como o progresso evolutivo incremental pode ser uma estratégia de sucesso válida?

No livro *O Dilema da Inovação*, Clayton Christensen chama esses momentos eureka de "inovações descontínuas". Ele ressalta que a mudança incremental nas empresas de grande porte as leva ao fracasso quando as coisas grandes, de fato, acontecem.

Existem algumas maneiras de responder a essa objeção válida. A primeira vem direto de Darwin. Com tempo suficiente, o progresso evolutivo incremental inventará organismos bastante extraordinários. Demorou um pouco para que se desenvolvesse uma zebra, mas aconteceu.

Sua réplica pode ser: "Sim, desenvolver uma zebra levou muito tempo. Mas a evolução não teve um competidor que pudesse usar uma abordagem muito mais direta para criar uma zebra mais rápido!"

Você está certo. É por isso que o segundo argumento é mais importante. Deixar as empresas mais soltas, tornando seu mDNA mais plástico ao mesmo tempo que implementam loops de feedback velozes, faz com que seja muito mais provável que um traço de uma ideia boa seja mesmo executado. A maioria das inovações descontínuas dignas de nota (as grandes ideias "arrá!") que abalaram o mundo dos negócios não veio, originalmente, de startups; nem eram ideias ultrassecretas e desconhecidas. Em vez disso, vieram de grupos de pesquisa dentro de grandes empresas que eram rígidas demais para dar qualquer utilidade a elas. Somente após serem ignorados por seus criadores, os empreendedores puderam saltar sobre eles e aproveitar a lacuna do mercado.

Por exemplo, a Nintendo, uma empresa japonesa que produzia cartas de baralho, apareceu do nada para criar o videogame que mudou tudo. Mas foi a decisão da Warner de abandonar a Atari e ignorar os apelos de seu fundador para inovar que deixou a porta aberta para a Nintendo.

A internet foi anunciada como uma inovação gigantesca, mas virtualmente todo o trabalho relevante em sua estrutura e utilização veio dos militares, de grandes universidades e grandes corporações, como a IBM. A AOL, o Yahoo, o eBay e o Hotmail surgiram porque as grandes empresas se recusaram a capitalizar sua vantagem inicial e a conquistar o mercado quando tiveram uma oportunidade fácil.

Quando uma organização supera o reflexo antimudança e se torna boa em mudar em pequena escala, as mudanças maiores são muito mais fáceis de se engolir. Se você não surta quando alguém muda sua vaga de estacionamento ou a cor do logotipo da empresa, isso mudará a maneira como você aborda as grandes mudanças que virão.

"O desafio que as empresas enfrentam não é inventar ideias novas; é tirar as ideias velhas do caminho para que possam implementar as novas."

O desafio que as empresas enfrentam não é inventar ideias novas. É tirar as ideias velhas do caminho para que possam implementar as novas.

Minha terceira réplica é que a inovação descontínua é superestimada. Grandes lucros são obtidos todos os dias devido ao progresso em áreas em que impera a inovação contínua. Coisas como moda, interface de usuário, gestão de varejo e marketing inteligente contribuem com a maior parte do crescimento e dos lucros. Embora os avanços no laboratório gerem boas histórias, lucros reais podem ser obtidos por algo tão simples como fabricar um carro com porta-copos.

Se você acertar na inovação incremental e contínua, as inovações maiores e mais assustadoras provavelmente se resolverão sozinhas.

Capítulo 6

ESTRATÉGIAS VENCEDORAS, COMBATE À ESTAGNAÇÃO E SEXO

Nossos inimigos são a estagnação da estratégia vencedora e a nossa confiança em táticas de comando e controle que não funcionam mais.

As organizações podem responder à competição e às mudanças ambientais organizando-se para desenvolver seu mDNA, tornando a evolução incremental menos dolorosa para as pessoas que trabalham nelas. Se isso acontecer, quando for necessário realizar mudanças rápidas, as organizações formadas por pessoas que veem a mudança memética como uma forma de morte sempre serão derrotadas.

Digitando na França

Se você já tentou checar seu e-mail enquanto estava na Europa, conhece a surpresa desagradável que tive em minha última viagem. Claro, não vejo problema que falem francês na França... afinal, é o país deles. Mas eles precisavam mesmo mexer no teclado?

O teclado dos computadores franceses é intencionalmente confuso. Você precisa pressionar a tecla Shift para digitar um ponto-final, por exemplo. Algumas das letras estão onde deveriam estar — o que torna tudo ainda mais irritante.

Se eu não soubesse digitar, isso não seria um problema. Quando você digita com os indicadores, fica olhando para as teclas. Portanto, se alguém mexer intencionalmente em um teclado totalmente funcional, você dificilmente notará.

Mas, se você descobriu uma estratégia vencedora para digitar rápido, está condenado. Você pensa em digitar www.thebigredfez.com e sai zzz,thebigredfew,co — o que é muito irritante.

Eu era um bom digitador. Costumava navegar na internet com rapidez e facilidade. Não quero abrir mão disso, gosto da minha competência. Quando chego à França e preciso dar seis passos para trás, fico frustrado.

"Estar confortável com uma estratégia vencedora torna a aceitação da mudança incrivelmente difícil."

O que quero dizer é: estar confortável com uma estratégia vencedora torna a aceitação da mudança incrivelmente difícil.

A Estratégia Vencedora

Toda empresa com mais de um funcionário descobriu uma estratégia vencedora, teve sucesso em algo que deu confiança suficiente ao fundador para contratar alguém.

Quando digo "estratégia vencedora", não quero dizer que ela seja perfeita, ou que domine o mercado, nem mesmo que seja boa — apenas que a estratégia faz o fundador (ou o CEO de longa data) se sentir um vencedor. É uma estratégia que gera resultados que as pessoas da empresa querem repetir continuamente. A estratégia vencedora engloba os hábitos e as decisões que não são pauta de debates diários. Quando Henry Ford pensou que era mais lucrativo fabricar carros apenas na cor preta, isso fez parte da estratégia vencedora. Hoje, é claro, a Ford não dá a mínima para a cor que você escolhe para seu carro — isso não faz mais parte de suas crenças básicas.

As grandes empresas chegaram à grandeza porque tiveram uma estratégia vencedora poderosa e lucrativa. A lojinha da esquina, apesar de dar apenas uma pequena subsistência ao dono, também tem uma estratégia vencedora à qual o dono se prende.

Em muitas organizações, a estratégia vencedora é surpreendentemente simples e muito conhecida por todos os envolvidos. Em outras, é bastante sutil e muito mais misteriosa. De qualquer forma, toda empresa que ainda existe hoje tem uma estratégia vencedora ou está prestes a falir defendendo uma antiga.

Praticamente todo o mDNA existente de uma empresa vem de sua abordagem atual ao negócio — a estratégia que tornou a empresa bem-sucedida. Não apenas a estratégia vencedora está incorporada às políticas e aos ativos da empresa, mas as pessoas que trabalham na empresa estão lá porque gostaram da estratégia vencedora o suficiente para se juntar à empresa. Substituir uma estratégia que ainda está dando certo é muito difícil. No entanto, se uma empresa não substituir sua estratégia até que ela esteja completamente obsoleta, descobrirá que não tem tempo nem dinheiro para encontrar uma nova.

A Schwinn, empresa fabricante de bicicletas norte-americana, é um ótimo exemplo dessa armadilha. Ela tinha uma estratégia vencedora — lojas exclusivas e bicicletas pesadas e bem feitas, fabricadas nos Estados Unidos. Quando o mercado mudou e as pessoas começaram a comprar bicicletas baratas e leves no Kmart local, a Schwinn não conseguiu alterar sua estratégia a tempo e faliu.

Por que as empresas relutam tanto em abandonar o que dá certo hoje? Existem diversos motivos. O primeiro é que seguir o caminho de outra pessoa costuma substituir muito bem o risco percebido do pensamento original. Se o antecessor descobriu uma estratégia que funciona, você não precisa elaborar uma sozinho — ela pode ou não dar mais certo. Os gerentes não são pessoalmente responsáveis se não fizerem nada além do que foi feito antes — mas, se eles tomarem a iniciativa, a responsabilidade é deles.

O segundo desincentivo é que seguir abordagens testadas e comprovadas ajuda a justificar decisões anteriores. Tentar algo novo é, pelo menos parcialmente, menosprezar algo antigo.

O terceiro motivo é que, até recentemente, os loops de feedback eram lentos e pouco confiáveis. Se não há uma prova clara e imediata de que sua estratégia vencedora apresenta defeitos, por que se dar ao trabalho de consertá-la?

Vamos a uma análise desde o início. Qualquer empresa — *toda* empresa — passa pelo mesmo processo (no início).

A empresa nova fracassa até encontrar uma estratégia vencedora. Esta permite que aquela tenha uma folha de pagamento, lucros e que, talvez, até cresça. Uma estratégia vencedora é determinada no sentido de que, geralmente, não haja alterações de um dia para o outro. Nem sempre é racional, mas sempre será baseada em um contexto histórico. Os gerentes desenvolvem um apego à estratégia que parece uma superstição, acreditando que ela é responsável pelo passado e pelo futuro da empresa.

"Os gerentes não são pessoalmente responsáveis se não fizerem nada além do que foi feito antes."

Se você quiser ensinar um pombo a ser supersticioso, coloque-o na frente de um comedouro de pássaros que libera comida sempre que o pombo o bica. Você descobrirá que o pombo repete meticulosamente todos os movimentos que antecederam a bicada — não faz distinção entre as atividades que fizeram com que a comida saísse (a bicada) e as que acabaram sendo realizadas nas primeiras vezes (rodopiar, bicar a si mesmo).

A superstição da administração é semelhante. Não é incomum encontrar grandes grupos de gerentes em total concordância sobre o que deu certo para a empresa no passado (e o que eles esperam que dê no futuro) com base quase inteiramente em superstição.

Por exemplo, sem nenhum dado, a maioria das pessoas do ramo editorial que escreve romances de ficção científica e fantasia acredita que você deve ter um desenho do herói na capa de um livro ou ele não venderá. Faz parte da estratégia vencedora deles há muito tempo, e eles não estão com pressa de testar a veracidade disso.

Quando uma empresa incipiente encontra uma estratégia vencedora, as pessoas que a comandam aderem a essa estratégia. Tudo o que fazem é para apoiá-la. Elaboram regras para assegurar a maximização da estratégia vencedora, incorporam essas regras à empresa por meio de suas escolhas de contratação, imóveis, fabricação e de suas políticas.

Enquanto a estratégia vencedora permanecer a mesma (e o ambiente competitivo também), a empresa prosperará.

Se isso soa um pouco parecido com a evolução em animais, deveria mesmo. O DNA de uma espécie é constantemente embaralhado e manipulado e, então, um dia, surge um organismo que se adapta perfeitamente a determinado nicho ecológico. A junção entre competição e ambiente é uma combinação perfeita para a estratégia vencedora desse animal. Assim, o animal apto aumenta em número, gerando milhares de descendentes. A explosão populacional continua até que o ambiente competitivo mude.

O guepardo tinha uma estratégia vencedora — correr mais rápido. Funcionou muito bem até que o homem inventou o rifle e o helicóptero. Betty Crocker, a marca centenária, também tinha uma estratégia vencedora — torne mais fácil fazer um bolo em casa. Funcionou até que as mães que trabalham descobrissem que nem tinham tempo de ligar o forno.

Mais cedo ou mais tarde, toda estratégia vencedora para de dar certo. A competição a alcança, a tecnologia muda, o fundador deixa o cargo. Quando isso acontece, uma dentre estas duas coisas ocorre: ou a empresa tem tempo e coragem suficientes para tentar encontrar uma nova estratégia vencedora, ou entra em extinção.

Ambas são acompanhadas por muito zanzar, suor de mãos, dispensas, forças-tarefa e surtos. E, com previsibilidade surpreendente, nenhuma dessas abordagens é bem-sucedida.

Isso não costumava importar muito. Uma boa estratégia vencedora durava algumas gerações, o suficiente para construir uma fortuna familiar ou pelo menos construir uma grande carreira. No entanto, atualmente, com o aumento da frequência de mudança das regras, as estratégias vencedoras não duram muito.

As empresas que entendem sua estratégia vencedora deram o primeiro passo para identificar os pilares que sustentam essa estratégia. A Turkish Air, companhia aérea nacional da Turquia, por exemplo, tem uma estratégia vencedora de transportar pessoas para dentro e fora da Turquia. Que novidade. Todavia, observar que a estratégia se limita a aviões e à Turquia ensina muito. Se as pessoas de repente não quiserem entrar e sair da Turquia, a companhia aérea estará em apuros. Ela enfrentaria problemas semelhantes se os aviões fossem substituídos por algo mais rápido, seguro ou conveniente, ou se o preço do combustível aumentasse 500% em um ano.

Descobrir sua estratégia vencedora e dizê-la em voz alta é extremamente importante para se preparar para mudá-la. A maneira mais fácil que posso descrever para encontrar sua estratégia é fazer o seguinte: descubra quais mudanças no mundo externo seriam as piores coisas que poderiam acontecer à sua empresa. (Não é justo escolher algo que afete todos os negócios... tem que ser algo específico para seu setor.)

A NBC pode perder seus telespectadores para alternativas como a TV a cabo e a internet. A Procter & Gamble poderia perder clientes para os genéricos com preços mais baixos se os consumidores decidirem que não há diferença real entre os dois produtos ou se parassem de assistir aos comerciais. A StarKist pode descobrir que não há mais atum no oceano. A Starbucks seria abalada por um relatório afirmando que a cafeína causa hemorragia cerebral repentina e incontrolável. Em cada caso, entender como a má sorte (ou uma ameaça competitiva) pode colocar tudo a perder evidencia a estratégia vencedora (e como a empresa depende dela).

A estratégia vencedora está no cerne do mDNA de uma empresa. Principalmente no início, todas as políticas, os procedimentos, as equipes e os ativos de uma empresa estão alinhados com essa estratégia. Se a estratégia vencedora mudar, mas a empresa não conseguir mudar seu mDNA, o estresse se instalará, seguido do fracasso.

A Estratégia Vencedora Estagnada

Antes que sua empresa tenha a chance de adotar uma postura de zoom, você precisa entender por que está preso em sua estratégia vencedora atual. Só então terá a chance de desfazer a profunda aversão que as pessoas têm de abandonar algo que acreditam estar funcionando.

Por que os empreendedores são capazes de realizar tarefas que superam em léguas as grandes empresas? Eles não têm uma estratégia vencedora para substituir, então estão muito mais abertos a encontrar uma. São menos críticos em relação às imperfeições aparentes e estão dispostos a agarrar (e executar) a melhor estratégia nova disponível.

Sua estratégia vencedora é construída em torno de um meme. Então, você e seus colegas constroem todos os tipos de táticas novas para dar suporte a esse meme central. Substituir a estratégia vencedora requer mais do que apenas mudar o meme original — você também precisa reconstruir todas as táticas. Essa é uma tarefa difícil.

A estratégia vencedora atual de sua empresa não é perfeita. Você pode pensar que é para sempre, mas ela não é ideal ou perene, está cheia de buracos e é ineficiente. Mas é sua! A ideia de variar para um modelo não comprovado — que tem desvantagens óbvias e muitos riscos — é muito assustadora (e dá muito trabalho) para que alguém se anime. Afinal, há pouco custo (ou nenhum) em manter o que você já tem. Você não precisará despedir ninguém nem terá que contratar desconhecidos, comparecer a reuniões para obter fundos ou assumir responsabilidades. Você pode alavancar o modelo testado e aprovado por outra pessoa.

Infelizmente para você, sempre há mais empreendedores que têm você como alvo. Infelizmente para você, o mundo em constante mudança sempre trará alguém aberto a encontrar uma nova estratégia vencedora com muitas perspectivas que tornam essa estratégia recém-adotada mais poderosa do que a sua.

Nos anos de formação de nossa economia industrial, havia estabilidade suficiente para que se pudesse montar uma grande estratégia vencedora por várias gerações. Construa uma grande usina siderúrgica, uma montadora de automóveis ou patenteie uma fórmula para corrigir erros em documentos datilografados e pronto. Existem todos os tipos de instituições culturais (de grandes fábricas a planos de aposentadoria) que reforçam nossa crença de que as estratégias vencedoras devem durar muito tempo. Contudo, o ciclo de vida atual de uma estratégia vencedora está mais curto do que nunca, e isso significa que custa dinheiro permitir que sua estratégia vigente fique estagnada.

> "Infelizmente para você, o mundo em constante mudança sempre trará alguém aberto a encontrar uma nova estratégia vencedora com muitas perspectivas que tornam essa estratégia recém-adotada mais poderosa do que a sua."

Nos "velhos tempos", o ciclo de vida de uma estratégia vencedora era muito longo. Você poderia começar em um emprego, construir uma carreira e praticamente se aposentar nesse mesmo emprego antes que algo viesse a dar errado. A perspectiva de ter que abandonar sua estratégia no meio da carreira era recebida com pânico em vez de alegria.

Atualmente, porém, as estratégias surgem cada vez mais rápido. E pior, elas costumam ser descontínuas. Nem sempre há uma nova estratégia vencedora esperando para decolar no momento certo. A ARCO, por exemplo, era uma empresa petrolífera conhecida por ser analítica e inteligente na aplicação dessa análise. Ela investiu centenas de milhões de dólares em energia solar quando percebeu que a estratégia vencedora de drenar cada gota de óleo do solo poderia estar chegando ao fim.

Infelizmente (para todos nós), o timing não foi tão bom assim. A tecnologia de energia solar não correspondeu ao dinheiro investido pela ARCO, pelo menos não a tempo de desenvolverem uma nova estratégia vencedora que pudesse substituir a anterior. Timing ruim para a ARCO, mas, é claro, a evolução não está nem aí.

Parte da sabedoria de conglomerados como a 3M ou a GE é que, com várias estratégias vencedoras operantes ao mesmo tempo, eles podem estratificar as caudas das estratégias, de modo que uma esteja atingindo seu pico exatamente quando a próxima está desaparecendo. A ARCO não tinha esse luxo, porque estava em apenas um empreendimento.

Entretanto, nem mesmo um conglomerado está organizado para substituir uma estratégia vencedora específica no momento ideal. É da natureza humana não procurar um substituto antes que ele seja necessário.

Pessoas Competentes Abraçam a Estratégia Vencedora Atual

A maioria das pessoas gosta de pensar que é competente. Pessoas competentes têm um processo previsível e confiável para resolver determinado conjunto de problemas. Elas resolvem um problema da mesma maneira sempre. Isso é o que as torna confiáveis.

Pessoas competentes têm orgulho do status e do sucesso que advêm da competência. Elas protegem sua competência e trabalham duro para mantê-la. Os gerentes de comando e controle de cima para baixo gostam de funcionários competentes.

Bob Dylan, por outro lado, faz zoom. Não há como saber o que ele vai entregar a cada ano e a cada show. Às vezes, ele explode o mundo com sua visão, sua energia e seu desempenho. Em outras, ele é apenas mediano. A única coisa certa é que ele vai mudar.

O modelo de trabalho centrado na fábrica nos levou a adotar os sistemas de gestão de qualidade Seis Sigma. Essas abordagens de qualidade baseadas em dados são boas até certo ponto, mas somos tentados a transformar trabalhadores em autômatos competentes. Estamos muito focados em não permitir que ninguém seja um Bob Dylan no trabalho.

Graças aos nossos esforços na criação de competência, a recepcionista não consegue mais perder suas mensagens, pois elas vão direto para o correio de voz. O operário da linha de montagem não pode deixar cair uma ferramenta, porque ela está acoplada a uma máquina controlada remotamente. É improvável que o operador de telemarketing que interrompe seu jantar lhe faça uma promessa exagerada, porque o argumento de venda dele está cuidadosamente elaborado no papel à sua frente.

"Pessoas competentes têm orgulho do status e do sucesso que advêm da competência. Elas protegem sua competência e trabalham duro para mantê-la."

Na atualidade, é muito mais difícil fabricar um carro ruim, porque os robôs estão medindo tudo. É muito mais difícil ser um operador incompetente de assistência à lista telefônica, porque os computadores lidam com grande parte do trabalho.

À medida que transformamos seres humanos em componentes competentes da gigantesca rede conhecida como empresa norte-americana, também erguemos enormes barreiras à mudança.

Na verdade, a competência é inimiga da mudança!

Pessoas competentes resistem à mudança. Por quê? Porque uma estratégia vencedora nova ameaça torná-las menos competentes. E pessoas competentes gostam de ser assim. É o que são e, às vezes, é tudo o que elas têm. Não me admira que não tenham pressa para ser um Bob Dylan.

Intensificando a Nova Estratégia Vencedora

Empresas inteligentes percebem que grandes sucessos geralmente são fruto da sorte e que pode demorar até o próximo vir. Então são boas em intensificar isso.

Intensificar é uma arte. A Hasbro sabe como fazer isso; a Warner Records também. Quando você lança um produto que está prestes a ser lançado, precisa mobilizar todos os ativos de que dispõe para alavancá-lo.

Todos os anos, na Toy Fair, as grandes empresas de brinquedos apresentam muito mais produtos do que esperam produzir. A Toy Fair é realizada em fevereiro, nove meses antes do pico da temporada de compras de brinquedos para o Natal. Isso dá aos fabricantes um luxo simples: fabricar as coisas que foram compradas nas lojas e cancelar a fabricação daquelas que falharam.

Ao descobrir um novo vencedor e, em seguida, intensificá-lo com todos os seus recursos, os fabricantes de brinquedos são capazes de arriscar muito cedo, ao mesmo tempo que limitam, posteriormente, seus riscos.

Harry Potter é outro exemplo de intensificação. A editora Scholastic lança centenas de livros por ano. Eles são muito bons em usar sua estratégia vencedora (livros para crianças em uma variedade de canais) para caçar descobertas. Mas, após o sucesso do primeiro livro de Harry Potter, a Scholastic sabia que não tinha a habilidade, os ativos ou os recursos para levar a personagem o mais longe que pudesse. Então, venderam a marca inteira para a Warner.

Todos os direitos de marketing (exceto para livros) agora pertencem ao estúdio de cinema.

A Warner está soltando todos os freios. Está intensificando. Se eles estiverem certos, gerarão centenas de milhões de dólares em lucro. Você pode não gostar do que eles fizeram com Harry (por que mudaram seus óculos?); no entanto, eles aproveitarão ao máximo a estratégia vencedora.

Saber quando intensificar (como a AOL fez quando o ICQ começou a ter sucesso) ou quando abandonar o navio (como a Amazon fez com o serviço de compras Junglee) é uma arte.

Extinção como Estilo de Vida

Imagine que você tem dois elefantes, um macho e uma fêmea. Os elefantes têm um ciclo de gestação muito longo e geram apenas um filhote por vez; então a espécie é notável pelo tempo que leva para se reproduzir.

Se não houver vítimas — se cada parto gerar um ente vivo e cada elefante viver uma vida de duração média —, quanto tempo levará para os descendentes desse casal de elefantes dominarem toda a superfície da Terra? A resposta, de acordo com Charles Darwin, é menos de quinhentos anos. A cada poucos anos, a população de elefantes dobraria. E dobrar leva a grandes números muito rapidamente.

Obviamente, quase tudo morre antes do tempo. Do contrário, não teríamos espaço para todos os elefantes. Se todos os negócios iniciados neste ano sobrevivessem, em apenas um ou dois anos ficaríamos sem pessoal para essas empresas. Se cada projeto iniciado fosse um sucesso, você seria o maior empregador da cidade em três anos e a maior empresa do mundo em cinco.

A extinção faz parte do processo de criação. O fracasso é a pedra angular da evolução. Com a grande maioria dos novos produtos e de iniciativas sendo incinerados, a melhor estratégia é não presumir o melhor, mas, sim, o pior. Suponha que quase tudo fracassará e você estará certo. Contanto que seu pensamento realista não se transforme em um pensamento negativo que aumente a probabilidade de fracasso, essa abordagem garante que você lance mais iniciativas com mais frequência.

"O fracasso é a pedra angular da evolução."

Uma das razões pelas quais as empresas "quentes" se esfriam é que, no meio de seu sucesso desenfreado, elas se tornam orgulhosas demais para falir. São muito bem-sucedidas e estão ocupadas demais colhendo seu sucesso para lançar novas iniciativas que provavelmente fracassarão. Como resultado, quando o sucesso atual acaba (como sempre), elas não têm algo pronto para substituí-lo.

Quando uma empresa ou um projeto entra em crise, a administração tem pouco tempo para usar a reserva que veio com esse sucesso para lançar novos projetos. Que oportunidade! Convoque os inovadores que foram responsáveis pelo último sucesso e os incentive a tentar novamente — há muitos gerentes menos imaginativos que podem assumir seu lugar na direção do empreendimento de sucesso atual. Não acredite nos próprios comunicados de imprensa e disponibilize todos os seus ativos nesses novos empreendimentos — há a probabilidade de que eles fracassem. Mas tente fazer isso com certa frequência, e um grande sucesso provavelmente surgirá.

A maioria das empresas do setor de informática é como aqueles artistas de um hit só. Desenvolvem um produto que funciona e, em seguida, a empresa o ordenha por completo. A estrutura das opções de ações é um dos motivos (contanto que você mantenha suas ações em alta por quatro anos, você vence), mas o outro motivo é o orgulho. O pessoal de engenharia de software sabe como o sucesso pode ser aleatório, e há muitos motivos pessoais plausíveis para que não se arrisque um sucesso seguido de um fracasso.

Seleção Sexual no Trabalho

Há uma espécie estranha de pássaro no zoológico do Bronx chamada casuar. A cabeça do macho é coberta por um pequeno capacete feito da mesma proteína que as unhas (queratina). Meu filho de seis anos achou que poderia ser um equipamento de segurança para o bicho andar de moto (sempre use capacete!), mas provavelmente é algo que evoluiu como resultado da seleção sexual. As aves fêmeas ficam muito entusiasmadas com esse capacete. Os pássaros machos com capacetes grandes têm maior probabilidade de acasalar e, assim, de passar seus genes adiante.

Quando os machos de capacete grande e as fêmeas que amam capacetes procriam, as novas fêmeas também tendem a amar capacetes (é genético), e os machos têm muito mais probabilidade de ter capacetes grandes (porque seus pais tinham).

Com o tempo, o capacete se torna cada vez mais comum, até que quase todos os pássaros machos da espécie acabam desenvolvendo capacetes grandes. Alguns têm capacetes *imensos*!

Mas para que ele serve? Que possível razão evolutiva poderia ter levado à criação dessa protuberância bizarra, que é um desperdício (do ponto de vista da sobrevivência)?

Na verdade, a utilidade do crescimento vem do desperdício. Apenas pássaros em boa forma, com recursos extras, têm energia interna suficiente para fazer um capacete crescer. Os pássaros doentes, que passam por privações e têm deformidades mutacionais — todos eles teriam dificuldade para desenvolver um capacete. A falta desse adereço serve de sinal para as mulheres: esse cara é um perdedor.

Os animais precisam desses sinais para se comunicarem de maneira franca. Se eles não existissem, os machos inaptos (que não têm nada a perder) mentiriam sobre a aptidão e acasalariam contentes, transmitindo genes não tão adequados quanto os de seus competidores.

Um processo semelhante existe nas organizações. Por que as grandes empresas permitem que seus agentes de compras sejam visitados por vendedores bem pagos em ternos italianos elegantes? Eles não deveriam pedir às empresas que demitissem os vendedores e lhes dessem um preço melhor? Por que não recusar os jogos de golfe e os ingressos para o campeonato de tênis do US Open? Por que respondemos a grandes estandes em feiras de negócios?

A resposta vem de Darwin. As empresas que podem desperdiçar tempo e dinheiro para enviar esses sinais são aquelas que acreditamos serem mais propensas a ter os recursos para fornecer um bom suporte ao cliente, com maior probabilidade de continuarem ativas por anos.

A mania das pontocom que varreu nossos mercados no final dos anos 1990 caracterizou-se por uma estratégia de sinalização ímpar, apenas por causa de seu excesso. Havia centenas de empresas apoiadas por capital de risco, todas procurando obter tração suficiente para proceder à IPO e abrir o capital. Já que não era a receita ou mesmo o tráfego que fazia de uma empresa uma candidata à riqueza da noite para o dia, como um executivo inteligente maximizava suas chances de sucesso?

Por mais de dois anos, a estratégia de sinalização escolhida foi desperdiçar o máximo de dinheiro possível, inscrevendo-se em um patrocínio da AOL, Yahoo! ou de outro portal da web. Idealmente, o valor do patrocínio seria maior do que a concorrência poderia gastar, e a mídia adquirida seria a mais incomensurável possível. Quanto mais cara e inútil a mídia, melhor.

Por quê? Além de enriquecer os acionistas da AOL e do Yahoo!, de que adiantava essa estratégia? Era um esquema de sinalização grandioso. Concorrentes, investidores e funcionários pensaram: "Se uma empresa tiver fundos suficientes e for corajosa o suficiente para fazer um negócio *tão* grande e *tão* estúpido, então ela provavelmente tem fundos suficientes e é corajosa o suficiente para acabar virando líder de mercado." Se determinado número de pessoas estivesse de acordo, isso poderia se tornar uma profecia autorrealizável.

Isso não é desarrazoado, assim como os rituais de acasalamento do pavão não o são. Por um tempo, isso deu a potenciais investidores, parceiros e clientes uma excelente visão sobre a agressividade e as táticas de liderança de uma empresa.

É muito fácil para um empresário ou vendedor ignorar as estratégias de sinalização, especialmente se eles são capazes de oferecer um produto ou um serviço comprovadamente *melhor* do que a concorrência. No entanto, geralmente são os ternos, as feiras de negócios, os anúncios de página inteira ou o histórico dos principais executivos que enviam os sinais que realmente importam.

Os executivos do ramo de livros olham primeiro para a reputação de um agente literário antes de ler um romance que está sendo enviado. Os médicos que estão cogitando testar um novo medicamento certamente são influenciados pelo histórico de marketing da empresa farmacêutica por trás dele. Os sinais são importantes.

Quando aceitei meu primeiro emprego em uma empresa chamada Spinnaker, levei minhas tralhas da Califórnia a Boston para chegar à sede da empresa. Ao longo do caminho, deixei um amigo em Chicago. Saindo da cidade, passei por um enorme outdoor da Spinnaker!

Fiquei chocado. Eu tinha 24 anos, era o trigésimo funcionário da empresa, e eles já exibiam outdoors em todo o país. Encheu-me de orgulho e entusiasmo pensar que eu estava trabalhando para uma empresa tão quente.

No entanto, na semana seguinte, quando contei essa história ao presidente da empresa, minha bolha estourou. Chicago sediava anualmente a Consumer Electronics Show, o grande evento no qual todos os agentes de compras da Target, do Kmart e do Walmart faziam suas escolhas de quem estaria em seus catálogos no Natal seguinte. E a Spinnaker comprou o espaço em um outdoor (apenas um) estrategicamente localizado no caminho do aeroporto para o centro de convenções.

Os executivos da Spinnaker achavam mesmo que alguém seria persuadido a comprar seus produtos por causa de seu logotipo em um único outdoor? Claro que não. Mas eles foram cirúrgicos em sua previsão de que isso serviria como uma estratégia de sinalização eficaz para os compradores que comparecessem à feira (e um novo funcionário que, por acaso, tropeçasse nela).

"Gastos excessivos aparentes em sinais de alta alavancagem podem ser o melhor investimento para se fazer em um novo projeto."

Portanto, o imperativo é se planejar para o fracasso, tentar repetidamente novas estratégias vencedoras e fazer isso gastando o mínimo possível. Além disso, ao mesmo tempo, não tente economizar nas estratégias de sinalização. Gastos excessivos aparentes em sinais de alta alavancagem podem ser o melhor investimento para se fazer em um novo projeto.

Seis Maneiras pelas quais as Empresas Podem Usar Estratégias de Sinalização

1. Tenha uma área de recepção bastante sofisticada, para que os funcionários em potencial tenham maior probabilidade de aceitar suas ofertas de emprego.

2. Contrate um executivo extremamente bem pago e extremamente reconhecido, independentemente do custo que gerar, se a presença dele sinalizar quem cuida dos clientes da empresa ou de seus principais apoiadores.

3. Execute campanhas de mala direta que intencionalmente são um desperdício e que alcançam um número muito pequeno de alvos influentes. Envie livros de capa dura em couro por meio do serviço postal mais rápido para as cinquenta pessoas que você mais deseja conquistar.
4. Demita um cliente lucrativo publicamente.
5. Invista na parte estética de sua organização.
6. Pague US$10 milhões em bônus aos funcionários sem um motivo específico.

O objetivo de cada uma dessas estratégias é desperdiçar dinheiro, mas fazer isso de forma que produza o máximo de impacto. Porque, se você desperdiça dinheiro da maneira certa, não está desperdiçando de fato, está? Com muita frequência, as empresas desperdiçam dinheiro indiscriminadamente. Os genes dos casuares podem fazer unhas dos dedos dos pés crescerem por todo o corpo, mas isso certamente não impressionará as fêmeas da mesma espécie.

É claro que, em alguns ambientes, a aptidão pode não resultar na demonstração de como você é bem-sucedido. Em vez disso, pode mostrar quão frugal você é. Portanto, você pode sinalizar isso para funcionários em potencial ao realizar todas as entrevistas em um Starbucks e demonstrar isso aos seus clientes ao entregar suas mercadorias em uma sacola marrom comum, enviada por PAC. Ser muito radical ao eliminar o desperdício é uma forma de desperdício por si só (é difícil se concentrar em um Starbucks), então a própria irracionalidade disso serve como um sinal.

"A lição do casuar é que a seleção sexual é tão importante quanto a seleção natural na criação de espécies interessantes. Enviar sinais de aptidão com eficiência economiza tempo e dinheiro e, mais importante, leva a parceiros sexuais melhores e a mais descendentes."

Os sinais não estão certos ou errados. Eles funcionam ou não. Os sinais que proporcionam à empresa uma vantagem sobre a concorrência e vale mais do que o custo do desperdício provavelmente são úteis. Sinais que demonstram mau julgamento (colocar dinheiro em um carrinho de mão e incendiá-lo) provavelmente são um desperdício.

A lição do casuar é que a seleção sexual é tão importante quanto a seleção natural na criação de espécies interessantes. Enviar sinais de aptidão com eficiência economiza tempo e dinheiro e, mais importante, leva a parceiros sexuais melhores e a mais descendentes.

Os Memes Mais Importantes São Trocados com Seu Chefe

Como indivíduos, sabemos muito mais sobre nós mesmos do que qualquer outra pessoa. Também sabemos mais do que colocamos em prática. Infelizmente, não somos incentivados a ser honestos sobre nossos pontos fortes e fracos e as formas como queremos contribuir. Na verdade, somos sutilmente encorajados a não sermos verdadeiros sobre o que não fazemos bem.

Para fazer com que as pessoas aceitem a mudança, o escritório deve ser não apenas seguro para as pessoas admitirem o que não sabem, mas também inseguro para aqueles cuja conduta desencoraja a mudança.

Como uma empresa equilibra a obrigação de cada gerente de atingir os principais resultados (a cota tal de vendas do mês, o número tal de widgets saindo pela porta) com a necessidade de fazer experimentos e fracassar? A resposta simples é fazer do zoom um dos resultados, uma das coisas que são medidas junto com os resultados "reais". Isso não acontecerá apenas porque um alto executivo ordenou. Em vez disso, serão necessários chefes corajosos que começam em menor escala e investem nos funcionários, tornando o zoom um requisito para o sucesso no trabalho.

Como você cria uma cultura empresarial que incentiva a mudança, especialmente em empresas já estabelecidas? Por que nada da Saturn se traduz na GM? Os líderes de uma empresa e seus memorandos podem dizer repetidamente que valorizam a inovação, mas isso pode ser um velho ditado sem sentido efetivo. Em vez disso, os chefes (e, posteriormente, a alta administração) precisam vivenciá-la. A "cultura", como é praticada em muitas empresas, é superestimada, enquanto a importância das interações no dia a dia entre empregadores e funcionários é subestimada.

> "Para fazer com que as pessoas aceitem a mudança, o escritório deve ser não apenas seguro para as pessoas admitirem o que não sabem, mas também inseguro para aqueles cuja conduta desencoraja a mudança."

Cada vez que interage com alguém no trabalho, você está trocando memes. E a troca de memes mais importante acontece com seu chefe, porque você sabe que sua sobrevivência (seu trabalho) depende disso.

Políticas de cima para baixo não são a melhor maneira de criar uma organização em zoom que aprende a evoluir. A melhor maneira é a troca de memes, as conversas de corredor, os pequenos sinais que criarão o ambiente que permite que isso aconteça.

Se os memes que você está trocando com seu chefe não estão melhorando drasticamente seu mDNA pessoal e aumentando a probabilidade de você obter sucesso, é hora de procurar um chefe melhor.

Aceitando o Novo mDNA

A seleção sexual é um dos principais impulsionadores da evolução corporativa, e uma maneira de mudar o mDNA rapidamente é por meio de uma aquisição. Ao adquirir outra empresa, você pode mudar radicalmente a maneira como a sua se comporta. Infelizmente, muitas aquisições falham. O motivo não tem nada a ver com a estratégia por trás da aquisição. Em vez disso, vem direto da evolução dos animais: não é divertido ser um filhote de leão.

A maioria dos bandos de leões consiste em um bando de fêmeas (geralmente irmãs e primas) e um macho dominante. Filhotes machos são bem-vindos para ficar com o clã até que parem de mamar (o que leva cerca de um ano). Depois disso, eles têm que sair e ir atrás do próprio reinado.

O rei dos animais serve a seu harém e é mestre em tudo o que examina. Exceto, é claro, quando ele é desafiado por outro macho alfa. Se o macho dominante perder para o desafiante, este assume o reino. Que novidade.

O que acontece em seguida é chocante (mas não surpreendente após análise). Dentro de trinta dias, todos os filhotes de leão que ainda fazem parte do clã serão mortos pelo novo macho dominante.

Por quê? Porque uma leoa amamentando um filhote fica infértil. Esse atraso na capacidade do novo macho de engravidar o clã significa que levará mais tempo para que seus genes passem para uma nova geração.

Imagine dois leões: um gentil, que espera até que os filhotes fiquem mais velhos, e um agressivo, que age diferente. O leão agressivo espalhará mais de seus genes, e mais rápido. Isso significa, é claro, que genes agressivos se espalharam pela população de leões, gerando machos que matam filhotes por instinto. Genes egoístas se espalham mais rápido. Assim, o gene gentil não faz mais parte do pool genético do leão.

Em muitas empresas, acontece a mesmíssima coisa. O CEO, ou sua força-tarefa estratégica, identifica uma empresa e a adquire. Eles, então, entregam-na a um executivo operacional com instruções para integrar a empresa adquirida. O problema é que a nova empresa tem mDNA, mas não é o mDNA do executivo operacional.

Frequentemente, o executivo começa examinando os produtos ou os serviços que a empresa adquirida trouxe consigo. Todos esses produtos (como todos os produtos em todos os lugares) são imperfeitos de alguma forma. Todos incorporam trade-offs. O executivo vislumbra ameaças. Produtos que não carregam seus memes. Obviamente, é fácil criticar esses produtos, assim como é fácil eliminá-los.

Agora o executivo é deixado com diversos funcionários e poucos produtos. Ele não os contratou e, como todos os funcionários, eles são imperfeitos. Os mais antigos, aqueles com maior probabilidade de ter um impacto significativo na empresa, provavelmente ganharam muito dinheiro por meio da aquisição e não estão com vontade de brincar com esse executivo. Não suportam ver seus genes eliminados, então vão embora. Permanecem outros funcionários, dos quais o gestor não tem interesse em ver o sucesso. Se estes saírem, ele pode contratar novos que os substituam — funcionários que estão em dívida com ele, escolhidos a dedo e portadores de seu mDNA.

Assim como o leão alfa matou todos os filhotes para que seus genes se propagassem mais rápido, o executivo mata todos os produtos e despede todos os funcionários para que seu mDNA se espalhe mais rápido.

Isso significa que sua empresa deve parar de fazer aquisições? De jeito nenhum. Para muitas empresas, adquirir outras é um passo fundamental na evolução de seu mDNA. Lembrar que a razão pela qual você fez a aquisição foi adquirir o mDNA pode fazer com que a equipe de gestão hesite antes de desviar de sua rota-padrão para eliminar exatamente o que você acabou de comprar.

Veja este exemplo do McDonald's. É difícil imaginar uma empresa com mDNA mais bem definido e consistente do que ela. Tem uma marca gigante que é muito semelhante em todo o mundo e domina um setor que inventou.

> "Lembrar que a razão pela qual você fez a aquisição foi adquirir o mDNA pode fazer com que a equipe de gestão hesite antes de desviar de sua rota-padrão para eliminar exatamente o que você acabou de comprar."

Há dois anos, o McDonald's adquiriu a rede de frango assado do Boston Market, que passava por dificuldades. O motivo era simples: o comprador queria a propriedade. A ideia era demitir todos, eliminar o mDNA miserável e construir outros restaurantes onde o Boston Market costumava estar.

A empresa promoveu Jeffrey Kindler, que era o principal advogado do Boston Market, a CEO e o colocou no comando da transição. Seu trabalho era renegociar aluguéis e fechar, gradualmente, as lojas do Boston Market. Todavia, ele tinha um plano diferente.

Apenas um ano depois, Kindler — que não tinha experiência anterior em gestão de restaurantes — mudou completamente o Boston Market. Na verdade, as lojas do Boston Market aumentaram suas vendas no dobro do ritmo das lojas do McDonald's, e esta não planeja mais fechar a marca e seguir em frente.

Na verdade, ela está se expandindo — tem um acordo com a Heinz Foods para colocar os pratos de entrada do Boston Market nos supermercados. Agora ela é a única marca não McDonald's que está obtendo sucesso dentro dele. Em vez de matar o mDNA da empresa adquirida, o McDonald's está observando a disseminação do mDNA do Boston Market. Kindler foi promovido a responsável por *todas* as suas marcas não relacionadas a hambúrgueres.

Se o objetivo de uma aquisição é o mDNA, não a linha de produtos, então tratar esse mDNA como um ativo tem mais probabilidade de gerar sucesso. Trate as pessoas adquiridas como heróis. Dê a elas cargos executivos importantes. Ouça suas opiniões imediatamente, não um ou dois anos após terem provado sua lealdade.

Sexo É Importante

Os biólogos evolucionistas continuam a debater as origens do sexo (é muito mais eficiente para um organismo simplesmente se dividir como uma ameba ou se clonar sem uma cópula arriscada e dispendiosa), mas, apesar das origens obscuras, a grande maioria das criaturas visíveis fazem sexo para procriar. Até bactérias fazem sexo de vez em quando.

O sexo realiza duas coisas. Primeiro, permite que o DNA de dois organismos se combine, formando a prole. Sexo é uma ferramenta essencial para a transmissão de genes. Esse parece ser o resultado óbvio, mas não seria possível se os organismos não encontrassem outros motivos para fazer a troca.

A troca de cromossomos é muito semelhante ao que acontece quando uma empresa contrata alguém. Se uma empresa em dificuldades procura um novo CEO fora da empresa, as pessoas chamam isso de "procurar sangue novo". Não está totalmente errado. Quando a nova CEO aparece, tem início uma troca frenética de mDNA.

Os executivos seniores da empresa trabalham duro para divulgar seus memes à nova CEO. Eles mostram a ela a maneira como "fazemos as coisas por aqui". Eles tentam corajosamente impressioná-la com sua estratégia, políticas, decisões anteriores e seus projetos.

Ao mesmo tempo que a CEO está sendo inoculada com esses memes, ela tem a própria agenda. Afinal, foi contratada por sua experiência, percepção e inteligência. Então, está tentando descobrir quais de seus memes levar para a empresa e, tão importante quanto, quais pessoas ficarão e quais carregam memes tão ruins (e têm tantas estratégias vencedoras estagnadas) que precisam partir.

A segunda coisa que o sexo faz é amplamente esquecida, mas é tão importante quanto. Ele cancela mutações. Na natureza, a grande maioria delas não é positiva. O ser humano médio nasce com pelo menos uma mutação significativa em algum dos 35 mil genes que ele carrega e, se essas mutações fossem transmitidas sem controle, teríamos uma taxa muito maior de defeitos de nascença. Quando nos acasalamos, no entanto, o processo sexual encontra muitos dos erros introduzidos pelas mutações e os corrige antes que sejam transmitidos aos nossos filhos.

A mesma coisa acontece em uma empresa. Se um funcionário novo não consegue adotar a estratégia vencedora da empresa, se ele luta contra os memes mais queridos por ela, não é incomum descobrir que essa pessoa foi afastada de uma posição de autoridade, ou pior, demitida. Coloque dez engenheiros em uma equipe, como vimos, e seu trabalho em equipe eliminará a maioria das mutações negativas. A recombinação memética funciona de maneira muito semelhante ao sexo genético... os outliers desaparecem.

Este é o momento de se lembrar da Catraca de Muller. Em um lago isolado, um organismo que se reproduz sem sexo está frequentemente ocupado em evoluir para a extinção. Por quê? Como vimos anteriormente, em todas as espécies, a maioria dos descendentes tem DNA que provavelmente contém algumas novas mutações. Mas, nesse caso, como a reprodução assexuada também não cancela as mutações, elas se tornam parte da prole. O resultado é que, com o tempo, as mutações prejudiciais se acumulam e, em muitos casos, a espécie se torna disfuncional e desaparece.

Se você passar oito anos escrevendo uma biografia e ninguém a ler até que esteja pronta, é provável que não seja tão boa quanto poderia ter sido. Provavelmente, você incorporou os mesmos erros ao longo de todo o livro de maneira densa. Se alguém tivesse lido e comentado o primeiro capítulo, teria sido possível capturar esses erros indesejados (as mutações) e tê-los eliminado do restante da obra. Faça sexo ou seja insosso.

Ao expor sua organização a pessoas que carregam memes que você gostaria de incorporar, provavelmente alguma individualidade se perderá (as mutações serão evitadas), mas haverá benefício na obtenção de memes de pessoas talentosas. O desafio é escolher quais memes absorver e quais descartar.

"Faça sexo ou fique insosso."

As empresas tendem a ter comitês (que trabalham para manter o status quo sob o pretexto de aumentar a comunicação) e equipes (que são designadas para realizar algo de forma efetiva). Comitês são ruins porque eliminam todas as mutações, mesmo as boas. As equipes, por outro lado, podem ser uma forma muito útil de trocar o mDNA e, ao mesmo tempo, remover mutações ruins.

Remover uma pessoa de uma organização, embora na genética animal não tenha uma analogia direta, também é uma forma de sexo. Agora, no entanto, em vez de *adicionar* memes dessa pessoa ao mDNA, você está excluindo-os. Essa forma de sexo corporativo é uma das mais poderosas à disposição da gerência. Provavelmente, não há maneira mais rápida de alterar o mDNA de uma empresa do que despedir as pessoas certas.

Selecionar Artificialmente o mDNA em Sua Empresa (Ou Seja, Demitir Pessoas)

Quase todo mundo conhece um valentão no trabalho.

Valentões são irritantes, difíceis, contraproducentes e, às vezes, até perigosos, mas ninguém parece querer fazer nada a respeito da constante remessa de novos valentões que surgem diariamente. Um valentão é uma pessoa que usa força externa para induzir os outros a fazer as coisas à sua maneira, independentemente do que uma pessoa racional diga ser o melhor curso de ação.

Os valentões que temíamos quando crescíamos usavam a força física, a estimativa de terem mais força (ou nossa estimativa de que eles estavam dispostos a usá-la) para conseguir o que queriam.

Infelizmente, os valentões não param de intimidar quando crescem — apenas aprendem a esconder isso melhor. Uma criança que aprende a fazer o que quer por meio do bullying não vai abandonar essa estratégia vencedora apenas porque tem um emprego.

Um valentão consegue o que deseja à custa do bem-estar do grupo. E como ele age com base em uma zona de medo, é o mais propenso a se opor a mudanças de qualquer tipo.

Os valentões podem impedir sua empresa de investir em uma nova área lucrativa porque estão inseguros — e não sabem como isso afetará sua carreira. Eles podem arruinar a carreira de um novato promissor porque veem essa pessoa como uma ameaça. Podem dificultar que outras empresas façam negócios com você. Acima de tudo, os valentões dificultam o zoom.

Por que estamos dispostos a tolerá-los? Atribuo isso ao medo e à ignorância: medo de que, se você enfrentar um valentão, isso o prejudique de alguma forma e à organização; e ignorância sobre a melhor maneira de lidar com ele. A questão é que muitos valentões são assim porque têm medo. Isso significa que eles estão entre os primeiros a atrapalhar sua busca por instituir a mudança constante como um estilo de vida.

"Os valentões dificultam o zoom."

Uma empresa sem valentões é mais rápida, mais inteligente, mais lucrativa e mais divertida. Enfrente-os. Se eles desistirem, tudo bem. Você sobreviverá. E, se substituí-los por não valentões, a empresa prosperará.

Demitir pessoas é extremamente subestimado como estratégia de gerenciamento. Ao demitir pessoas que atrasam sua empresa, você está prestando um serviço incrível a todos os que ainda estão lá. Ficar com uma ou duas pessoas poderosas que se recusam a fazer zoom pode facilmente levar à demissão de 2 mil pessoas.

Anos atrás, Ken Olsen, o fundador da Digital Computer, recusou-se firmemente a aceitar os sistemas abertos e o computador pessoal. Seu conselho de diretores deveria tê-lo demitido. Em vez disso, eles se entregaram à sua obstinação e viram a empresa inteira desaparecer e ser vendida como sucata.

Existe alguém com influência em sua empresa que frequentemente impede mudanças? O que aconteceria se essa pessoa fosse embora?

Escolha Seus Clientes, Escolha Seu Futuro

Seus clientes são muito úteis para determinar o mDNA de sua empresa. Se sua empresa é uma firma de relações públicas que representa supercelebridades loucas e impulsivas, ela se organizou e formou pessoal para ser bom em lidar com supercelebridades loucas e impulsivas. Do contrário, não há como elas continuarem com você. Ao mesmo tempo, porém, é improvável que você tenha evoluído suas habilidades, sua equipe e seus ativos para tornar a empresa a escolha ideal para uma corporação enfadonha. No final do corredor do seu prédio, por outro lado, fica uma empresa que representa a Igreja Ortodoxa Russa, a Exxon e a Filarmônica de Washington. As probabilidades são de que ela duraria cerca de cinco minutos se tivesse sua lista de clientes em mãos.

Cada vez que interage com clientes, você troca memes com eles. Eles afetam o trabalho que você executa, os preços que cobra, sua taxa de mudança e o tipo de pessoa que contrata.

Anos atrás, o maior cliente de minha empresa (responsável por quase 50% de nossas vendas) era uma empresa grande, barulhenta, agressiva e irritada. As pessoas que trabalhavam lá pressionavam muito os fornecedores, não confiavam em ninguém, descumpriam sua palavra com frequência e não eram as pessoas mais fáceis de agradar. Éramos dependentes de sua renda (e o boca a boca que gerava nos trazia ainda mais renda), mas nossas interações com eles estavam mudando nosso mDNA. Estávamos contratando de maneira diferente, interagindo uns com os outros de maneira diferente e, o mais importante, interagindo com nossos outros clientes de maneira diferente.

Não tive escolha. Dispensei nosso maior cliente.

A alternativa era transformar minha empresa em algo que eu não queria. Era evoluir para uma empresa especializada em prazos insanos e clientes rabugentos.

Alguns clientes exigem fornecedores profundamente arraigados na manutenção do status quo. Exigem um nível de previsibilidade e pessoal que tornará muito difícil para você construir uma empresa em zoom. Por isso, você escolhe seu futuro quando escolhe seus clientes.

"Cada vez que interage com os clientes, você troca memes com eles."

Se determinar que seu sucesso futuro como organização reside em sua capacidade de se adaptar às mudanças no ambiente competitivo, precisará de clientes que concordem com você. Cada vez que recebe dinheiro de um cliente, você está trocando o mDNA e, se o mDNA dele está atrasando-o, você está trocando seu sucesso futuro pela receita atual.

Capítulo 7

SERVOS, AGRICULTORES, CAÇADORES E MAGOS

> A mudança não é monolítica. Tipos diferentes de funcionários geram tipos diferentes de mudança. Um dos principais motivos pelos quais as organizações não conseguem mudar é que elas tentam introduzir o tipo errado de mudança no momento errado.

O Perigo de Citar Exemplos

Enquanto escrevo sobre diferentes tipos de empresas, a tentação é usar exemplos da vida real, falar de empresas que estão fazendo o certo e, em seguida, descrever, em detalhes exaustivos, exatamente como elas fazem isso.

O perigo é que, em tempos de caos, o exemplo de hoje seja o desastre de amanhã. A própria tese deste livro — que a mudança está em toda parte e ninguém pode prever o que vem a seguir — torna difícil fazer escolhas seguras ao procurar o exemplo perfeito.

No início dos anos 1990, estas organizações, por uma razão ou outra, estariam na lista de empresas excepcionais de qualquer pessoa: AMF, Baldwin Pianos, Candies Shoes, Chiquita Brands, Converse, Danskin, Florsheim, Friendly's, Fruit Of The Loom, Grand Union, Hilton, Lechters, Loews Cineplex, Mary Kay, Pep Boys, Polaroid, Rand McNally, Revlon, Rite-Aid, Saks, Samsonite, Sunbeam, Vlasic

Food e Xerox. Hoje, cada uma delas tem ações ou títulos negociados em junk ou perto desses níveis.

Já no final dos anos 1990, as crianças exemplares eram decididamente mais high-tech. Empresas como Ask Jeeves, drkoop, Engage, Juno, Net-Zero, Quokka, theglobe.com e Webvan eram assunto em seus setores. Todas tinham ações extremamente em alta, estavam reinventando o mundo de acordo com sua visão. Se você estivesse procurando uma maneira nova e ousada de pensar sobre os negócios, seria excelente começar por elas. Todas tinham ações negociadas por US$1 ou menos no momento em que este livro foi escrito.

Portanto, comparar qualquer coisa que não seja uma postura e um processo é um jogo perigoso. Porém, precisamos começar de algum lugar; para tecer meus comentários sobre diferentes tipos de funcionários, usarei elementos de duas empresas: Amazon e AOL. Eu as escolhi porque elas têm abordagens muito diferentes para os desafios da evolução e porque tenho experiência pessoal com ambas. Não acredito que a nova mídia tenha dominado o mercado com base no pensamento inovador, mas, como esse é o setor mais caótico de todos, é mais fácil procurar nele os exemplos mais marcantes de mudança. Assim como os biólogos evolucionistas preferem usar moscas-das-frutas e *E. coli* em seus experimentos, a Amazon e a AOL são perfeitas por causa de seus ciclos evolutivos rápidos.

A Amazon Testa e Ajusta Enquanto o Walmart Se Enrola

O Walmart usou a evolução como arma secreta para alcançar e, por fim, ultrapassar o Kmart. Sam Walton decidiu testar e medir seu caminho para o sucesso, e a estratégia funcionou. Trinta anos depois, o Walmart percebeu que precisava de uma loja online se quisesse continuar seu crescimento e capturar os dólares que estavam indo para o ambiente online. Todavia, em vez de aprender com o sucesso de Sam, eles ignoraram sua estratégia quando chegou a hora de entrar na internet.

Quando a Amazon foi inaugurada, não tinha nada a perder. Seu fundador, Jeff Bezos, tinha apenas alguns funcionários com alguns móveis de escritório baratos, enfurnados em Seattle. Sem reputação, sem capital de risco.

Começando com pouco, a Amazon fez testes como uma louca. Eles não tinham nada para retardá-los, então o primeiro site foi lançado em apenas algumas semanas. Não havia local de estoque, porque a Amazon terceirizou isso. O departamento de atendimento ao cliente era composto por poucas pessoas, que também trabalhavam com marketing e contas a pagar.

"Quando a Amazon foi inaugurada, não tinha nada a perder."

Todos os dias, a Amazon testava, media e aprimorava. Com o tempo, gradualmente adicionou recursos, adquiriu empresas, fechou e abriu novas lojas. Eles evoluíram.

O Walmart começou mais tarde. Muito mais tarde. E sua mentalidade de equipe não era surpreendente. Eles me disseram que, como a maior varejista do mundo, precisavam pensar grande. Perceberam que, depois que seu site fosse lançado, seria visitado por um grande número de pessoas, então tinha que ser robusto. E como as pessoas esperavam ter a experiência de comprar tudo de que precisavam de uma vez na loja Walmart, ela também precisava oferecer isso no ambiente online.

Após um lançamento cancelado, eles tiraram o site do ar por um mês, enquanto um executivo novo o reformulava para um segundo lançamento. Esse renascimento também não teve sucesso.

O sucesso prejudicou sua capacidade de zoom. O Walmart se apaixonou por sua estratégia vencedora permanente de preços baixos, escalonamento em massa e comunidades carentes. Essa foi a estratégia que os levou ao estrelato. (Eles se esqueceram da parte de teste e medição que levou a esses memes).

Quando decidiram lançar uma loja online, presumiram que sua atual estratégia vencedora do ambiente offline funcionaria sem quaisquer alterações. Presumiram que poderiam ditar as regras e que sua enorme marca e seu alcance cuidariam de quaisquer problemas que surgissem.

Quanto o Walmart aprendeu por meio das experiências online que teve? Em comparação com os sistemas que lhes ensinam como os clientes se comportam em suas lojas, basicamente nada. O Walmart não está evoluindo rápido o suficiente no modo online e, até que isso aconteça, é provável que continue a falhar nesse meio. Eles têm uma estratégia vencedora online fixa, e ela está estagnada.

Como o Walmart poderia ter evitado esse destino? Meu conselho teria sido lançar um site pequeno, com talvez dez produtos à venda; fazer com que as ofertas dos produtos fossem as melhores possíveis (preços incrivelmente baratos, ofertas incrivelmente bem escritas ou itens de demanda incrivelmente alta); criar um ativo de permissão para que o Walmart pudesse conversar com os primeiros clientes e testar novas ofertas; e, por fim, à medida que o boca a boca se espalha, deixar uma equipe pequena livre para desenvolver essas dez ofertas enquanto adiciona novas.

Imagine que, em vez de vender todos os livros, como fazem agora, eles optem por vender somente os dez best-sellers do *New York Times* (as lojas Walmart vendem mais best-sellers do *New York Times* do que qualquer outra rede do mundo). Em vez de vender uma grande variedade de roupas, por que não apenas jeans Wrangler?

Ao criar ofertas para produtos específicos, ao compreender — por meio da execução real — como funcionam os processos, o Walmart poderia criar uma plataforma para mudanças.

Com o tempo, o pessoal do Walmart aprenderia o que estava funcionando e repetiria isso nas outras áreas do site. Imagine dizer a uma equipe de dez pessoas: "Cada um de vocês recebe dez páginas. Ajuste-as de hora em hora até descobrirem quais abordagens obtêm o maior rendimento." No final do dia, eles teriam testado oitocentas ofertas diferentes. Com base nesse conhecimento, o Walmart poderia crescer e continuar a desenvolver seus negócios online com confiança.

Servos, Agricultores, Caçadores e Magos

Existem quatro tipos de pessoas na maioria das organizações:

- **Servos** fazem o que lhes mandam.
- **Agricultores** trabalham dentro dos limites de uma estratégia vencedora, mas usam loops de feedback para melhorar constantemente a eficiência de seus esforços. É muito semelhante à seleção natural — veem o que funciona, fazem isso mais vezes.
- **Caçadores** lidam com a estratégia vencedora existente em uma empresa, mas a expandem de maneiras que provavelmente não ocorreram à gestão. Essa é a seleção sexual — procuram as melhores combinações e conectam esses genes aos seus.
- **Magos** introduzem mutações significativas no mDNA de uma empresa, criando oportunidades para estratégias vencedoras inteiramente novas. A magia é como uma mutação; normalmente não é a estratégia de sobrevivência mais confiável, mas uma boa mutação pode alterar uma espécie para sempre.

Embora as conexões com a evolução sejam claras, a correlação entre esses quatro tipos e as várias descrições de cargos não é. Existem caixas que agem como magos e caçadores, enquanto CEOs que trabalham em empresas da Fortune 500 agem como servos. É uma postura e um conjunto de habilidades, não uma classificação hierárquica.

Agricultura, caça e feitiçaria representam maneiras diferentes por meio das quais as empresas que estão fazendo zoom podem evoluir.

O aperfeiçoamento contínuo é uma forma de agricultura. As organizações implementaram com sucesso programas Seis Sigma e outros sistemas de feedback que tornam mais fácil para seus funcionários aperfeiçoarem constantemente o status quo.

Mas há uma diferença. Ao contrário do Seis Sigma, ou de outras formas de aperfeiçoamento contínuo, a agricultura pode ser subjetiva e bastante difusa. Não acredito que haja uma tarefa fundamental na maioria das empresas que não possa ser cultivada para aperfeiçoamento. Embora um programa Seis Sigma tenha, por definição, um objetivo final (você não pode superar 100% de qualidade), a agricultura nunca finaliza sua busca por um melhor rendimento.

A segunda maneira de evoluir é por meio da caça. Isso envolve a ampliação da estratégia vencedora de uma empresa mediante mudanças maiores do que as da agricultura. Uma organização agrícola tem muito mais probabilidade de ter sucesso na caça — e muito mais probabilidade de implementar efetivamente os resultados.

A terceira maneira de evoluir é por meio da descarga elétrica não contínua que vem da magia. É preciso um mago para ver que uma empresa deve se reinventar com base em uma nova tecnologia ou ao adquirir uma empresa menor, porém em rápida expansão. As empresas que já são fluidas, que já se construíram em torno das ideias de agricultura e caça, têm muito mais probabilidade de dar esses saltos do que as empresas cheias de servos.

Pequenas mudanças são um bom treinamento para realizar grandes mudanças. Depois que você aprende que aquelas não matam, estas deixam de ser tão assustadoras. Muitas empresas que estão estagnadas (embora lucrativas) querem que um mago apareça e diga a elas o que fazer — então esperam que sua média gestão convença os servos a adotarem uma maneira totalmente nova de fazer negócios. O problema com essa visão é que ela não funciona. Na melhor das hipóteses, é sofrido — e um desastre total, na maioria das vezes. É muito mais natural evoluir constantemente do que passar por mudanças dolorosas em caráter regular.

A organização em zoom que atinge a fuga torna-se imparável quando chega a hora de implementar as mudanças do assistente. Por quê? Porque a empresa está cheia de pessoas que trabalham lá porque querem, pessoas que rejeitaram intencionalmente seu papel como servos em uma organização diferente e, portanto, estão preparadas e motivadas para entrar em zoom, abraçar a nova estratégia vencedora.

"Pequenas mudanças são um bom treinamento para realizar grandes mudanças."

A Vida de um Servo

O McDonald's não é exigente quanto a quem contrata, em parte porque tem pouca escolha (a rotatividade é muito alta) e em parte porque otimizou suas máquinas e seus sistemas para operar com pouco ou nenhum treinamento.

Ao investir uma fortuna em maquinário, o McDonald's reduziu drasticamente a porcentagem de mão de obra local necessária para colocar uma refeição quente em uma bandeja. Eles preferem fazer o trabalho em uma fábrica em Chicago do que deixar os adolescentes de sua cidade fazerem isso. Por excelentes razões econômicas de curto prazo, o McDonald's tem sucesso quando trata as pessoas que trabalham na loja como engrenagens de uma máquina. Como servos.

O objetivo da maioria das grandes empresas é pagar aos servos o mínimo possível enquanto trabalha simultaneamente para substituí-los por máquinas. Há cinquenta anos, por exemplo, a AT&T estava empenhada em contratar metade de todas as mulheres nos Estados Unidos para trabalhar como operadoras de telefonia. Além do fato de que era impossível, isso estava se tornando um grande centro de custos para eles. A primeira etapa foi agilizar o processo de contratação e gerenciamento, para que as operadoras pudessem ser contratadas de forma mais barata e com remuneração muito baixa. A etapa seguinte mais óbvia era inventar grandes interruptores mecânicos que substituiriam as operadoras por uma máquina que funcionasse de graça.

> "O objetivo da maioria das grandes empresas é pagar aos servos o mínimo possível enquanto trabalha simultaneamente para substituí-los por máquinas."

Vemos isso repetidas vezes. Em *País Fast Food,* Eric Schlosser descreve os esforços do setor de fast food para fabricar dispositivos automatizados que eliminarão o maior número possível de etapas humanas na elaboração de um hambúrguer. Sempre haverá a necessidade de servos — na verdade, a qualquer momento, a maior parte do quadro de funcionários de uma empresa é composta de servos —, e as empresas sempre estarão trabalhando para eliminar os empregos que eles ocupam atualmente.

À medida que automatizamos, as tarefas semelhantes a serviços migram das funções tradicionais de colarinho azul (como montagem de automóveis) para as de colarinho branco (como avaliador de seguros). Atualmente, a Ford Motor Company leva menos horas úteis para montar um carro do que levava há quarenta anos. No entanto, não estamos vendo desemprego em massa. Se a Ford precisa de menos trabalhadores para fabricar um carro, mas a taxa de emprego como um todo está subindo[1], de onde vêm os novos empregos?

Os novos operários não martelam rebites. Não trabalham na US Steel — trabalham na Aetna. Seus empregos mudaram, mas eles são bastante semelhantes. Em vez de bater o mesmo rebite no mesmo orifício o dia todo, os trabalhadores agora precisam digitar os mesmos números na mesma planilha o dia todo. Isso continuará até que a Aetna descubra como encontrar um robô confiável (e mais barato) para exercer essa função.

Embora associemos empregos de baixa remuneração à servidão, nem sempre é o caso. Existem banqueiros de investimento milionários que trabalham como servos, bem como vendedores de comissão bem pagos que usam o script padrão e a apresentação PowerPoint padrão da empresa enquanto recebem pedidos de um produto importante o dia todo. Servo não é um termo pejorativo. É apenas uma descrição do papel do trabalhador na empresa. Os servos fazem o que são mandados. São engrenagens confiáveis na máquina da empresa.

Por que as Empresas Contratam Servos?

Por que tantas pessoas querem ser servas e por que existem tantas empresas querendo contratar essas pessoas?

Nossos genes nos levam a trabalhar em um emprego estável que nos isola de muitas mudanças externas. O objetivo de nossos genes é ser bem alimentado e evitar ser predado ou morto antes de procriar e gerar filhos bem-sucedidos. Ter um chefe forte e trabalhar em uma empresa de sucesso é uma maneira bastante segura de fazer isso (aparentemente).

Faça o que o chefe manda e você não será demitido. Se você não for demitido, terá alimento na mesa por mais uma noite. Em muitas

---
1 Dados do início dos anos 2000.

culturas e para muitas pessoas, esse é o cenário ideal. Ignoramos o fato de que não somos desafiados intelectualmente em troca da certeza de que nosso emprego é seguro.

A razão pela qual as empresas contratam servos em vez de levá-los a fazer mais do que seguir ordens é que a visão da empresa centrada na máquina exige isso. Se sua organização é uma máquina gigante, controlada de cima, então ela precisa ser preenchida com engrenagens humanas, cada uma desempenhando uma função da forma mais confiável possível.

Se uma empresa vai crescer e deseja ter um amplo controle (muitas pessoas trabalhando para um só chefe), ela precisa ter manuais, regras e políticas. Sem um chefe responsável pela tomada de decisões sobre cada funcionário, é impossível controlar uma grande força de trabalho sem políticas.

Então, é um negócio da China. As empresas desejam alavancar sua estratégia vencedora e fazer isso sem reconsiderar cada política constantemente, enquanto muitos funcionários desejam a segurança que advém do cumprimento das instruções. O complexo governamental-industrial jamais poderia ter sido construído sem a cooperação ativa das pessoas que ali trabalham. As empresas gostam da confiabilidade do comando de cima para baixo. E os funcionários gostam da sensação de segurança.

O Fim da Era dos Servos

A constante turbulência nos mercados significa que a segurança que os servos buscavam negociar não está mais presente. Os funcionários podem gostar da sensação de segurança, mas ela se foi. Lemos sobre demissões de 3 mil, 11 mil ou 200 mil trabalhadores de uma vez. A única maneira de uma empresa despedir tantas pessoas de uma vez é se a maioria delas for servas. Se a Motorola fechar uma fábrica, a maioria das pessoas que eles demitirão são funcionários bons e trabalhadores que fazem exatamente o que lhes é mandado e seguem o manual.

É claro que a volatilidade existe há quase o mesmo tempo que o emprego, então isso por si só não é novo. Ao mesmo tempo que estamos corroendo ainda mais o contrato social, as empresas também estão aprendendo a elaborar e analisar métricas.

Loops de feedback rápidos significam que um supervisor pode saber em uma hora se um operador de telemarketing está indo bem no expediente noturno do dia. O feedback rápido fornece às pessoas em uma linha de montagem atualizações constantes sobre se estão ou não sendo produtivas.

Um loop de feedback rápido é um conceito simples — saber o mais rápido possível se algo está funcionando ou não. Ao dirigir um carro, você descobre em uma fração de segundo se os freios estão funcionando — ou o carro reduz a velocidade ou não. A tecnologia possibilita obter feedback sobre cada vez mais tarefas e mais rápido do que nunca.

"Um loop de feedback rápido é um conceito simples — saber o mais rápido possível se algo está funcionando ou não."

Combine os dois — a turbulência que leva à insegurança e a capacidade de medir tudo —, e ser um servo não é o que costumava ser. Agora é uma barganha unilateral, e os servos estão começando a ficar mais espertos.

Transformando Servos em Agricultores

Para as empresas que estão tentando evoluir, um grande número de servos talvez seja o maior obstáculo para a mudança. Embora pareça simples fazer alterações em um manual do funcionário ou anunciar rapidamente novas políticas, a realidade é que mudar o comportamento de um grande número de servos é difícil.

Por quê? Porque a empresa passou a última geração ensinando-os a não mudar. "Quando eu quiser sua opinião, eu mesmo opino" foi a palavra de ordem da gestão centrada na fábrica por um século, e mudar isso da noite para o dia é extremamente difícil.

Em empresas que estão tendo dificuldades com as mudanças, uma grande classe de servos é frequentemente uma das forças que reduzem a velocidade da empresa, forçando-a a agir de maneira mais lenta.

O que fazer? Não estou propondo que as empresas demitam dezenas de milhares de pessoas. Longe disso. O desafio é transformar o mDNA da organização e permitir que funcionários leais e dedicados produzam muito mais do que antes.

"Em empresas que estão tendo dificuldades com as mudanças, uma grande classe de servos é frequentemente uma das forças que reduzem a velocidade da empresa, forçando-a a agir de maneira mais lenta."

Começa, conforme vimos, com o zoom. Mudar o tempo todo, geralmente sem nenhum objetivo específico em mente — apenas ficar bom no processo de realizar pequenas mudanças sem ficar estressado com isso.

Porém, isso carrega um propósito. Após saber como aumentar o zoom, você pode cultivar essa conduta. Um funcionário que é capaz de realizar pequenas mudanças agora pode focar nessas mudanças e começar a realizá-las almejando algo.

Os loops de feedback rápido podem fazer com que a força de trabalho passe de servos inquestionáveis a agricultores sempre de olho. A American Airlines pode transformar suas operadoras de telefonia em agricultores. Como? Eles podem revisar quanto tempo um cliente ficou em espera antes de o telefone ser atendido. Podem ver em tempo real qual foi a porcentagem de pessoas que ligaram e reservaram uma passagem. Podem interceptar as chamadas que não geraram a compra de uma passagem e fazer com que um supervisor (ou um computador) pergunte ao cliente qual foi o problema. Melhor ainda, em vez de a gerência lidar com o loop de feedback, eles podem fornecê-lo aos operadores. Dê a eles os dados e a liberdade de fazer um trabalho melhor.

Vá ainda mais longe. A American Airlines pode facilitar a ligação de uma pessoa para a sede corporativa *durante o voo* para dar um feedback sobre um serviço bom ou ruim, um piloto que fala sem parar sobre pontos de referência invisíveis lá embaixo ou um comissário de bordo que se esforça para acalmar uma criança chorando.

Ao colocar esses loops de feedback para funcionar, a American Airlines poderia transformar muitos de seus servos em agricultores — funcionários que usam o feedback para mudar independentemente de suas ações e para melhorar seu desempenho. Eles podem criar um ambiente no qual os indivíduos sejam recompensados por modificar constantemente (e consistentemente) seu comportamento, a fim de aumentar tudo o que está em análise.

Agimos como servos porque somos geneticamente sintonizados com isso, socialmente motivados a fazê-lo e, muitas vezes, não temos escolha devido às oportunidades de trabalho limitadas. A combinação de mudanças rápidas com tecnologia, porém, reduzirá grande parte da população de servos, empurrando muitos desses trabalhadores para empregos (potencialmente) mais gratificantes e de maior impacto como agricultores.

Deixe Alguns dos Servos Trabalharem em Outro Lugar

Há apenas um século, Henry Ford construiu uma dinastia com a integração vertical. Ele transformava minério de ferro em aço em Michigan e tinha fazendas de ovelhas na Inglaterra, onde a lã para os assentos era produzida em teares Ford. O modelo de negócios de Ford era simples. Ele era pago para ser um fabricante, portanto quanto mais fabricava, maior seu retorno.

Hoje, Bob Lutz, ex-vice-presidente da Chrysler, está construindo uma empresa de carros esportivos de US$100 milhões com apenas vinte funcionários. Ele criará o Cunningham sem ter uma fábrica, sem fabricar pneus, volantes ou mesmo montar os carros. Surpreendentemente, ganhará muito mais por um carro do que Henry Ford jamais sonhou[2].

Lutz não será recompensado pelo mercado por sua perícia fabril. Ele não quer estar em um empreendimento modelo servo, de baixo retorno. Em vez disso, está sendo pago por design, insight e marketing.

E não se trata apenas do negócio automobilístico. A Baskin-Robbins não faz mais sorvetes, a Coca-Cola terceiriza grande parte do envasamento de bebidas, a Motorola não fabricou o celular que está no bolso de sua calça jeans (que não foi costurada pessoalmente por Calvin Klein).

Parabéns à Boeing por mudar sua sede para Chicago. Ao levar a alta gestão para longe das fábricas de sua divisão em Seattle, a empresa as torna menos visíveis e força a alta administração a evoluir sem os lembretes diários de que há dezenas de milhares de pessoas construindo aviões bem ao lado.

O problema com os servos é que eles, inevitavelmente, atrasarão seus negócios. Você sempre terá uma oferta insuficiente ou excessiva, e isso será problema seu, não de outra pessoa. Não há dúvida de que administrar habilmente a mão de obra servil pode gerar lucro. Mas esse lucro continuará a diminuir, enquanto os grandes

---

2   O projeto de Bob Lutz foi descontinuado no final de 2002 por uma questão jurídica envolvendo ações de Briggs Cunningham III, cofundador da Cunningham MotorSport. (N. do T.)

sucessos ficarão com quem pode evoluir mais rápido e alavancar ativos mais valiosos.

"Os grandes sucessos ficarão com quem pode evoluir mais rápido e alavancar ativos mais valiosos."

Os Agricultores Sabem como Ajustar

A agricultura não entrou em cena de repente. A humanidade não passou de colher frutos e caçar mamutes-lanosos para arar solo fértil do dia para a noite.

Em vez disso, a agricultura evoluiu. Os primeiros fazendeiros provavelmente nada mais fizeram do que descobrir que as sementes de várias árvores e plantas, que caíam de suas roupas enlameadas, mais tarde se transformariam em fontes úteis de alimento. Os aborígines na Austrália descobriram que atear fogo a uma seção de pântano ou pastagem criaria (alguns meses depois) uma região de brotos tenros que atrairiam roedores e marsupiais, tornando a caça mais fácil. Melhorias infinitas e ajustes constantes tornaram a agricultura eficiente.

O artista Grant Wood quer que acreditemos que os agricultores são sérios, enfadonhos e temem o risco. Na verdade, a realidade é o oposto. Os rendimentos agrícolas em todo o mundo continuam a subir, em grande parte como resultado de um ciclo implacável de testes e medições. Já que uma mudança na produção pode fazer a diferença entre uma colheita bem-sucedida e uma que dá prejuízo (ou leva à fome), os agricultores compreenderam há milhares de anos que focar a produção é sua atividade mais importante.

A agricultura só funciona em populações que sabem imitar. Ensinar seu peixinho dourado a fazer malabarismos não ajuda em nada os demais peixes dourados — o aprendizado de um peixe não se transmite para os outros. Estabelecer os mecanismos de comunicação e acompanhamento que permitem que os agricultores de sua empresa conversem e ensinem uns aos outros não é barato, porém necessário se você pretende cultivar seus processos.

"Os agricultores compreenderam há milhares de anos que focar a produção é sua atividade mais importante."

A Amazon Sabe Cultivar

Existem inúmeros exemplos de agricultura em operação. A Amazon é uma empresa composta de agricultores. Como conhece os resultados de cada página, e-mail e faixa de preço, ela pode testar e medir (e ela faz as duas coisas) tudo o que fazem.

A Amazon sabe cada centavo que paga pelo tráfego de mercadorias. Eles calcularam o valor vitalício de um cliente ideal, e cada pessoa que compra mídia com a empresa conhece todos os valores. A certa altura, a Amazon os compartilhou com seus fornecedores, dizendo-lhes: "Se vocês conseguirem superar essa quantia, compraremos anúncios ilimitados de vocês."

Ao contrário de outros sites, que mudam suas páginas a cada 44 dias, em média, a Amazon está em um fluxo constante. Em determinado dia, 10% das pessoas que visitam a página inicial da Amazon podem ver um novo layout de diretório experimental, enquanto os outros 90% veem a mesma coisa.

Em fevereiro de 2000, por exemplo, a Amazon reformulou completamente seu sistema de guias, substituindo-o por links de texto semelhantes aos usados pelo Yahoo. Você provavelmente nunca viu essa página experimental — ela não funcionou e eles a abandonaram. No entanto, errar é tão importante quanto acertar, pois mostrou disposição (até mesmo paixão) por testes.

> "Se é mais provável que seu chefe diga 'vamos resolver isso' do que 'está despedido', você estará mais propenso a tentar coisas novas."

Sam Wheeler é o responsável pelo desenvolvimento de novos negócios da Amazon. Quando a Amazon está lançando uma nova campanha, eles colocam alguém como Sam à frente. Após o lançamento de seu novo site de e-books, Sam respondeu à minha longa lista de críticas construtivas com um mantra simples: "É cedo. Nós vamos resolver isso." E eles resolveram. Dia a dia, semana a semana, os problemas iam desaparecendo. Eles cultivaram aquela seção do site para que ela ficasse cada vez melhor.

Como resultado dessa mentalidade agrícola, a Amazon está mais disposta a assumir riscos e lançar novos empreendimentos do que a maioria das empresas. Se é mais provável que seu chefe diga "vamos resolver isso" do que "está despedido", você estará mais propenso a tentar coisas novas.

A Safra da QVC Bateu a Amazon

No ano 2000, a QVC teve mais de US$3,5 bilhões em vendas, chegando a US$55 milhões em seu melhor dia. Vendendo pela televisão, por mala direta, pela internet e com alguns produtos nas lojas, a QVC é uma potência do varejo. Em um dia bom, a empresa atende 300 mil telefonemas e são enviados 180 mil pacotes.

A QVC sabe que tem apenas 24 horas de tempo de transmissão. Como resultado, trabalhou muito para maximizar o valor de cada minuto. Um produtor da QVC sabe, segundo a segundo, como determinado produto está se saindo. Se estiver bem, ele pode mantê-lo no ar; caso contrário, pode passar rapidamente para o próximo item da fila. A maioria dos produtos tem garantia de apenas sete minutos de tela. Após isso, cabe ao agricultor que comanda a sala de controle decidir o que acontece em seguida.

Ao mesmo tempo que a QVC está cultivando as ondas de rádio, a empresa percebe que, se não fizer nada além de maximizar o lucro atual, não haverá crescimento amanhã — então, testa mais de 250 novos produtos por semana. Isso soma pelo menos 13 mil testes por ano.

Com esse apetite por novos produtos e novas formas de apresentá-los, a empresa está constantemente em busca de novos memes que funcionem. Seu dia recorde, por exemplo, envolveu a venda de mais de US$40 milhões em computadores Gateway, algo que eles nunca teriam tentado em seus primeiros dias.

Observe que a QVC não tem nenhuma fábrica. Ela pode deixar que outros desenvolvam produtos e assumam riscos financeiros e de fabricação. Como é a empresa que, no final, conecta-se ao consumidor, ela fica com a maior parte do lucro.

Essa ausência de fábricas significa que ela pode mudar de rumo instantaneamente. Se as scooters Razor ficarem em alta, a QVC pode colocá-las no ar alguns dias depois de tomar essa decisão.

Ao mesmo tempo, a capacidade da QVC de cultivar é limitada por seus clientes. O cliente QVC, um dos maiores ativos da empresa, também retarda sua capacidade de mudança. Como? Tendo um conjunto muito rígido de expectativas. As pessoas que assistem à QVC têm uma ideia do que esperar e colocam a TV no canal com determinada experiência em mente. Para gerar receita, a QVC precisa revender sua base de clientes todos os dias e, se sair muito fora da caixa do que eles desejam (vendendo seguros de vida, por exemplo), ela fracassará.

"O cliente QVC, um dos maiores ativos da empresa, também retarda sua capacidade de mudança."

Pense como um Garçom

Há alguns anos, conheci um executivo sênior de publicidade, alguém que deveria estar mais ligado. Quando nos sentamos para tomar um café, a primeira coisa que ele me perguntou foi: "O que é marketing direto?" Na época, fiquei muito surpreso com sua ignorância para dar uma resposta convincente, mas pensei muito sobre isso, caso aconteça novamente, e aqui vai minha definição: o marketing direto é uma publicidade mensurada de chamado à ação entregue diretamente para a pessoa que o profissional de marketing tem como alvo para realizar essa ação.

Os anúncios do Super Bowl não são marketing direto porque o anunciante não espera que o espectador tome uma atitude na hora, como resultado do anúncio. Os outdoors têm um problema semelhante, além de serem muito difíceis de se direcionar. Cada anúncio veiculado na internet, por outro lado, poderia/deveria ser um anúncio de marketing direto.

Dito isso... E se todos em sua empresa pudessem pensar como um profissional de marketing direto? Os profissionais de marketing direto são pessoas muito focadas. Eles pagam muito por selos, impressões e folhetos, portanto não podem se dar ao luxo de deixar uma campanha fracassada se desenrolar. Se não der certo, eles a interrompem. Imediatamente. Os profissionais de marketing direto também são obcecados por feedback rápido. Descobrir se os anúncios estão dando certo é a melhor maneira de economizar dinheiro — não faz sentido exibir um anúncio ruim na semana seguinte se você sabe hoje que ele não foi bem semana passada.

Tudo isso é muito útil para vender seguros ou café. Mas como isso afeta sua empresa? Pense por um minuto no dilema do dono de um restaurante. Na maioria das vezes, o proprietário não pode supervisionar diretamente as pessoas que estão servindo as mesas. Lá está você em um restaurante chique e alguém que está ganhando apenas alguns dólares por hora está servindo sua mesa. Imagine como deve ser difícil fazer com que esses funcionários mal pagos proporcionem um nível de serviço compatível com o cheque de US$80 que estão prestes a receber.

Mas e as gorjetas? Ótima pergunta. Acredito que a razão pela qual o serviço de restaurantes nos Estados Unidos é tão bom assim (desde o Denny's até o Lutèce) é que os garçons pensam como marqueteiros diretos. Ao final de cada refeição, o garçom fica sabendo como ele se saiu. Mesmo que, independentemente disso, a maioria das pessoas dê uma gorjeta de 15%, uma gorjeta robusta pode fazer o dia de um garçom; então, quer você goste ou não, o garçom está ligado.

Ao longo de uma semana ou um ano, os garçons bons descobrem quais atitudes lhes rendem boas gorjetas. Eles podem não fazer isso conscientemente, mas o loop de feedback rápido em vigor os torna mais propensos a repetir condutas que dão certo e a evitar aquelas que não dão. Garçons que não conseguem descobrir como o sistema funciona geralmente deixam de ser garçons.

Para todos os agricultores de sua empresa, você precisa de um sistema exatamente como este — loops de feedback rápido, que informem os funcionários (e seus chefes e colegas) como eles estão se saindo. Aqui vai um exemplo:

Muitas pessoas em empregos de colarinho branco passam o tempo todo interagindo internamente. Eles enviam memorandos internos, elaboram e-mails internos, organizam apresentações e reuniões internas. E, na maioria das vezes, essas pessoas não têm ideia se estão fazendo um bom trabalho. Não têm um loop de feedback (exceto uma revisão anual bastante vaga) que os permite saber se estão tendo um impacto positivo dentro da empresa.

E se houvesse um sistema de e-mail que mudasse isso? Vamos chamá-lo de Dynamemo. O Dynamemo poderia rastrear o e-mail interno da seguinte maneira: ele permitiria que os destinatários do e-mail avaliassem a qualidade do que acabaram de ler da mesma forma que a Amazon permite que você determine se uma resenha de livro foi útil ou não.

Com o tempo, os e-mails de pessoas que já enviaram mensagens que não foram bem avaliadas iriam para o final de sua caixa de entrada; então, se quisesse, você poderia evitar essas pessoas (um grande incentivo para classificar bem as pessoas). E, regularmente, as pessoas que enviaram e-mails internos podiam obter um feedback agregado sobre como estavam se saindo.

Se descobrir que ninguém acha seu e-mail útil e cada vez menos pessoas o leem, você entrará em ação. Ou será despedido. Qualquer uma das opções é melhor do que irritar as pessoas com suas tentativas fracassadas de se comunicar.

Observe que, assim como gorjetas ou mala direta, esse sistema é constante, consistente e sutil. Não envolve a revisão anual tensa, carregada de críticas negativas (porém construtivas). Em vez disso, o loop de feedback é aquele que o agricultor deseja ouvir: quando você faz isso, acontece aquilo.

Vendedores bem-sucedidos forçam a ocorrência desse processo. Eles chamam isso de fechar a venda. Em vez de aceitar "Vou pensar sobre isso" como uma resposta, esses vendedores percebem que um "talvez" é tão bom quanto um "não", portanto eles podem pressionar para obter uma resposta final. Ao obter essas respostas mais cedo, podem ajustar sua abordagem para uma resposta que obtenha melhores resultados. Eles cultivam o sistema. Agora, com o uso da tecnologia, podemos criar loops de feedback semelhantes para quase todas as interações.

As pessoas em sua empresa provavelmente resistirão a esse loop de feedback. Afinal de contas, o marketing direto responde por apenas metade de toda a publicidade, embora a outra metade seja um jogo de dados não mensurados, baseados na fé e no entusiasmo. Por quê? Porque os profissionais de marketing não gostam de ser avaliados, especialmente quando estão gastando o dinheiro de outra pessoa. Os loops de feedback não são seus amigos, a menos que você realmente leve a sério a agricultura com maior rendimento.

Caçadores Não Têm Terras

A maior diferença entre um caçador e um agricultor é que a estratégia vencedora do caçador tem muito mais liberdade embutida. Um agricultor pode fazer testes e ajustes, porém, mais cedo ou mais tarde, ele vive e morre baseado no que sai do solo que ele ara. Um garçom não pode mudar de restaurante de um dia para o outro; então seu arsenal se limita a mudanças que ele pode fazer em um intervalo muito pequeno. Um caçador, por outro lado, está sempre se movendo. Se determinado território não estiver valendo a pena, ele pode se mudar para outro.

Essa maior liberdade torna provável que um caçador seja mais agressivo ao expandir sua estratégia vencedora. Depois que os imigrantes que se tornaram nativos norte-americanos vieram da Rússia por uma ponte terrestre, levou apenas alguns milhares de anos para que eles extinguissem 85% dos grandes animais da América do Norte. Como caçadores, eles foram capazes de desenvolver rapidamente novas técnicas para matar animais que eram novos para eles.

Os melhores exemplos de caçadores no mundo dos negócios são os vendedores. Eles também estão frequentemente conduzindo estratégias de sucesso para a extinção e estão sempre em busca de métodos e territórios novos.

Vendedores com uma linha de produtos diversificada e um território amplo são capazes de desenvolver uma gama surpreendente de técnicas para identificar clientes potenciais, marcar reuniões e fechar a venda. Como os vendedores geralmente descobrem minutos após uma apresentação se foram bem-sucedidos, podem fazer testes com mais frequência. Esses loops de feedback rápido significam que um vendedor sofisticado pode mudar radical e constantemente sua abordagem, procurando aquela que melhor expande seu negócio.

"Como os vendedores geralmente descobrem minutos após uma abordagem se foram bem-sucedidos, podem fazer testes com mais frequência."

Os caçadores também podem se dar ao luxo de não ter vacas leiteiras — portanto, têm mais tempo livre para explorar do que um agricultor. Em troca, porém, o caçador tem a responsabilidade de reportar às pessoas que dependem dele, para que elas possam planejar o suprimento de alimentos, e, tão importante quanto, reportar aos seus pares, para que estes possam aprender técnicas melhores.

A AOL Sabe Caçar

Durante a década de 1990, a AOL soube como caçar. Ted Leonsis, uma figura-chave no desenvolvimento da AOL, era um mestre em tentar coisas novas, tudo com o intuito de aumentar o alcance e a lucratividade da empresa. Ted deu início ao projeto Greenhouse com o objetivo de trazer à luz novos serviços online. A Greenhouse orgulhava-se de sua velocidade na tomada de decisões. Empreendedores iniciantes chegavam às 10h, apresentavam sua proposta ao comitê do Greenhouse e esperavam no saguão. Normalmente, a resposta demorava menos de quatro horas, e os acordos eram assinados em alguns dias ou semanas. Deixando sua semente em tudo, do Motley Fool ao NetNoir e ao Love @ AOL, Leonsis foi capaz de descobrir e lançar novos conteúdos — sem gastar todo o tempo, o esforço e o dinheiro que seriam necessários internamente.

Também foi ideia de Ted adquirir o ICQ, o serviço de mensagens instantâneas que permitia aos internautas enviar mensagens entre si em tempo real.

Além dessas expedições de caça em grande escala, a AOL reinventou a maneira como gerava dinheiro com publicidade repetidas vezes. Alguns vendedores craques tinham carta branca para encontrar novos clientes potenciais e fazer novos negócios. Quando uma abordagem funcionava, ela era ensinada ao restante dos vendedores, e estes eram instruídos a replicá-la e a usá-la continuamente até cansar.

Assim como a Amazon precisa espalhar de uma loja para outra as dicas de cultivo bem-sucedidas que ela descobre, as empresas com mais de um caçador precisam trabalhar para aumentar a comunicação entre eles quando alguém descobre uma técnica boa. Os caçadores que não compartilham não fazem nada para melhorar a estratégia vencedora de uma empresa.

> "Quando uma abordagem funcionava, ela era ensinada ao restante dos vendedores, e estes eram instruídos a replicá-la e a usá-la continuamente até cansar."

Loops de Feedback Rápido para Caçadores

Em muitas empresas, os caçadores não compartilham seus segredos naturalmente, pois isso é pouco útil para a carreira deles, além de tornar mais difícil maximizar o valor de uma estratégia nova (os próprios colegas tornam-se seus concorrentes). No caso dos vendedores, o software de automação da força de vendas (SFA) tenta ajudar.

A ideia é simples: se a vice-presidente de vendas conhece a situação de cada conta, cada vendedor e cada produto, ela pode administrar uma organização mais eficiente e responsiva. Infelizmente, existem alguns problemas:

- Em primeiro lugar, a venda é notoriamente interpessoal, o que dificulta a captura de nuances em um banco de dados.

- Em segundo, no momento em que um vendedor insere os dados em um computador, eles estão incorretos ou desatualizados.
- Em terceiro, os vendedores são incentivados a vender, não a relatar; portanto, a maioria dos dados está, na melhor das hipóteses, incompleta.
- Em quarto, os vendedores sentem que são "donos" do cliente e não querem entregá-lo ao sistema.

A tecnologia sem fio está prestes a mudar isso. Imagine um sistema em que um vendedor, voltando de uma visita de vendas, pode ligar para o sistema de computador SFA. Por meio do reconhecimento de voz, o sistema faz uma série de perguntas ao vendedor, cada uma mais investigativa do que a outra.

Agora, toda a empresa (desde o setor de compras até o de relações com investidores) pode obter atualizações sobre o fluxo de pedidos em minutos. Melhor ainda, a vice-presidente de vendas pode colocar esse novo conhecimento para funcionar em tempo real. Isso permite que ela ajuste o preço de um produto importante antes que seja tarde. Além disso, também lhe dá a oportunidade de espalhar os memes de um caçador para outro muito mais rápido do que a concorrência.

Muitas Empresas Não Têm Ideia de como Caçar

Lembre-se de que o perfeito é inimigo do bom. Na maioria das empresas, existem quadros enormes de pessoas que investem na estratégia vencedora atual e no status quo. Elas percebem que as táticas de caça bem-sucedidas certamente aumentam as mudanças internas, tornando sua presença cotidiana menos certa. É mais difícil ser um servo em um mundo que descobre novas estratégias.

Uma empresa com a qual trabalhei aperfeiçoou a arte da agricultura em determinado meio. Ele sabia exatamente o que fazer para aumentar continuamente seu rendimento. De repente, um novo meio apareceu. A coisa lógica a fazer era mudar para esse meio também.

"O perfeito é inimigo do bom."

Agora, se você estivesse começando do zero, entraria no novo meio lentamente. Você gastaria alguns dólares, testaria algumas ideias, subiria na cadeia alimentar, descobrindo o que deu certo e o que não deu. Foi assim que Lillian Vernon e L.L. Bean aprenderam a fazer marketing direto e como a Caterpillar aprendeu a fazer tratores.

Mas quando uma empresa de sucesso muda de um campo para outro, ela esquece como fazer as coisas de maneira lenta. Em vez disso, há uma pressão enorme para crescer, ou é melhor nem tentar. Descubra como fazer isso perfeitamente, gaste todo o dinheiro que acha que precisa, obtenha a adesão da gestão e realize o lançamento. A autoestima da empresa em um campo é muito grande para ela aceitar o fracasso em outro.

Portanto, essa empresa passou os últimos três anos tentando aperfeiçoar sua estratégia para lidar com a internet. Reuniões longas e turbulentas terminam em rancor. É logicamente impossível conciliar duas opiniões diametralmente opostas e ainda obter unanimidade em um lançamento. Portanto, nada é executado.

Não seria mais fácil lançar as duas ideias, em pequena escala, e ver o que acontece?

Escolha Seus Funcionários, Escolha Seu Futuro

Se a agricultura é como a seleção natural e a caça é como a seleção sexual, então existem vários tipos de parceiros sexuais que seus caçadores podem encontrar para você: clientes, funcionários, parceiros estratégicos e investidores. Já falamos sobre os vendedores, mas o maior impulsionador do futuro da maioria das empresas são os funcionários.

Se sua empresa tem 15% de rotatividade (o que é razoável), isso significa que, a cada seis anos ou mais, você substituiu toda a empresa. Você pode optar por fazer isso de última hora, em pânico, ou pode perceber que não há melhor oportunidade para definir seu futuro.

A estratégia usual do RH vem direto da visão de mundo da fábrica. Se os funcionários nada mais são do que engrenagens, então contratar a primeira pessoa (ou a pessoa mais barata) que possa fazer o trabalho é a melhor maneira. Gaste o mínimo possível de tempo e dinheiro.

Contudo, se sua visão de mundo mudar e você acreditar que a contratação muda seu pool de memes e dá à empresa a vantagem que pode colocá-lo na rota da fuga, o que poderia ser mais importante do que contratar as pessoas certas? Este não é um livro sobre contratação (há muitos bons deles), então vamos pular as táticas; a lição, no entanto, é aumentar o tempo e o dinheiro que você gasta nesse processo.

"Funcionários excelentes são a maior barganha de todas."

Não estou argumentando que você deva gastar um pouco mais de dinheiro com salários ou um pouco mais de tempo com contratações. Ao seguir minha estratégia de ser extremo em todas as coisas que importam, estou sugerindo que você gaste duas ou três vezes mais com sua equipe de RH do que gasta agora, que gaste duas ou três vezes mais para identificar e contratar exatamente as pessoas certas; estou sugerindo, ainda, que você demita dez vezes mais pessoas no próximo ano do que demitiu no ano passado.

É muito fácil elogiar o RH da boca para fora. Se você tem uma visão centrada na fábrica de sua organização, então não pode ser nada além de conversa fiada. Mas se o seu objetivo é construir um grupo de zoomers em fuga, como algo poderia ser mais importante? Funcionários excelentes são a maior barganha de todas. Pegue-os enquanto pode.

Magos Inventam

Adoro entrar em uma empresa de sucesso e descrever como ela pode usar seus ativos para realizar algo muito diferente — e ajudá-la a visualizar quão longe essa inovação a levará. Às vezes, eu até acerto. É isso que os magos fazem.

Quando pensamos em evolução, são as mutações que vêm à mente primeiro. Mutações são a parte glamourosa da evolução na perspectiva da ficção científica. Um raio gama cria o Hulk ou uma aranha radioativa transforma Peter Parker em Homem-Aranha. As mutações são as grandes mudanças, as descontínuas, que aparecem no último momento e resgatam a espécie da extinção.

Compreensivelmente, muitas empresas anseiam pelas mutações que os magos criam. *O Dilema da Inovação* explica quantas empresas são vítimas de mudanças tecnológicas que não previram (ou das quais não puderam extrair nada de útil quando as viram).

A parte ignorada da teoria de Christensen é que o que falta em muitas empresas não é o conhecimento que o mago possui. É a vontade de agir conforme esse conhecimento. A Microsoft poderia ter comprado a Palm, a Apple poderia ter licenciado o Mac OS para empresas que o clonaram, a Western Union poderia ter comercializado aparelhos de fax e a Sears poderia ter colocado uma loja Gap em cada um de seus pontos de venda.

Empresas com estratégias vencedoras bem-sucedidas e muito pouco alcance de zoom resistem à magia que um mago pode trazer. É por isso que a inovação e a evolução contínuas definem o cenário de forma tão eficaz para mudanças descontínuas. Se a empresa está sempre pronta para tentar algo novo, se é fácil propagar uma mudança bem-sucedida por toda a empresa, o mago conseguirá fazer alguma coisa.

Se uma maga entrasse em sua empresa, você e seus colegas seriam capazes de adotar as ideias dela? Michael Bloomberg deixou a Salomon Brothers e lançou o terminal Bloomberg — uma ideia multibilionária. A Xerox ignorou o pessoal da Xerox Parc que inventou todos os elementos agora incorporados ao Microsoft Windows. A lista de empresas que não conseguiram fazer zoom de forma suficiente para adotar uma ideia "não comprovada" é muito extensa.

Sim, a maioria das mutações não são boas para a espécie, e a maioria das coisas que um mago trará para você também não dará certo. Entretanto, a menos que sua empresa saiba como fazer zoom, nem mesmo as grandes ideias do mago chegarão a algum lugar.

Em Defesa da Folga

Na batalha entre genes e memes na cultura humana, os genes sempre terão uma vantagem quando vidas estiverem em jogo. Se a empresa está tendo problemas para cumprir a folha de pagamento, os primeiros projetos a serem cortados geralmente são os novos. Não é por acaso que a revolução memética dos últimos mil anos coincide com o aumento do tempo de lazer que ganhamos devido aos avanços na tecnologia agrícola. Se o tempo de "lazer" é o tempo que não gastamos sobrevivendo, então você precisa desse luxo para adquirir a habilidade de criar e espalhar memes não essenciais.

Infelizmente, em tempos difíceis, serão os memes novos que salvarão a empresa, não os antigos. Essa lição é difícil para muitas organizações. Quando as coisas estão indo bem, nossa tendência é colher os benefícios de nosso trabalho árduo, sentar e obter lucros. Quando os tempos são difíceis, o curso de ação óbvio é fazer o feijão com arroz, ficar obcecado com o que sabemos, quitar a folha de pagamento, não correr "riscos" e, normalmente, recusar-se a evoluir.

O resultado final é que poucas empresas estão abertas à mudança memética como deveriam.

Tom DeMarco apresenta um argumento convincente para a folga em seu livro, *Slack* — folga, em inglês. Slack é o tempo não alocado em seu dia de trabalho. Se uma empresa vê seu pessoal como peças da máquina, não deve haver tempo não alocado. A eficiência máxima ocorre quando todos estão ocupados o tempo todo. Mas o que significa ocupado? Se um grupo de trabalhadores intelectuais tem folga em seu dia, é mais provável que trabalhem com mais frequência ou criem as conexões interpessoais que levam a novas eficiências.

Isso nos conduz a uma observação irônica. A única coisa que pode salvar nossas organizações de apuros e, posteriormente, da morte, é a evolução memética. No entanto, isso também é algo que provavelmente cortaremos quando os tempos ficarem difíceis.

O aspecto incisivo dessa abordagem de corte e queima é o seguinte: se um projeto falha, quase sempre as pessoas que trabalharam nele são as culpadas. Contudo, se sua empresa nada mais é do que uma fábrica, não seria mais justo culpar o arquiteto — a pessoa que projetou o sistema — em vez das engrenagens?

"Se sua empresa nada mais é do que uma fábrica, não seria mais justo culpar o arquiteto — a pessoa que projetou o sistema — em vez das engrenagens?"

Na natureza, a seleção natural é uma negociação difícil. As mutações têm uma chance de sucesso — se falharem, o organismo morre e a mutação morre com ele. A seleção natural não é capaz de observar muitas gerações à frente. Não é capaz de dizer: "Bem, aquela garra que acabou de nascer pode ser bastante inútil agora, mas, se dermos tempo para ela sofrer mutação e evoluir nas gerações futuras, será muito útil."

As organizações são diferentes. Podemos dar aos nossos magos e aos caçadores a oportunidade de desenvolver a geração seguinte de memes que gerará os lucros enormes dos quais necessitamos durante o próximo ciclo e o ciclo posterior a este. Existem duas advertências:

- *Seja obcecado por custos baixos.* Como vimos, projetos caros não têm mais probabilidade de sucesso do que os baratos. A melhor maneira de dar aos experimentos o espaço de que precisam para ser bem-sucedidos é manter os custos de projetos não testados próximos de zero.
- *Não confunda o desejo de zoom com falta de responsabilidade.* Assim como precisamos ter cuidado para não encerrar prematuramente o trabalho de caçadores e magos, as empresas também devem responsabilizá-los. Embora a seleção natural no reino animal seja particularmente impiedosa, essa abordagem severa entrega um resultado poderoso: as melhorias que passam pela tela funcionam mesmo, enquanto os genes que não conseguem melhorar desaparecem. A mesma abordagem pode dar certo em sua empresa.

Na maioria das organizações, é mais fácil lançar um projeto de P&D ou contratar um vendedor do que cancelar o projeto ou demitir o vendedor. O gerente que ficou feliz em divulgar a boa notícia sobre aumentar o quadro de funcionários ou encontrar um subsídio agora precisa compartilhar as más notícias. E é natural evitar as coisas desagradáveis.

Mas, se as empresas hesitarem em encerrar os experimentos ou em demitir caçadores improdutivos, inevitavelmente chegarão ao ponto em que também hesitarão em lançar muitos memes novos.

Quando a postura da empresa muda e o ato de apresentar uma nova ideia não é grande coisa (porque o ato de cancelar essa ideia também não é grande coisa), o número de ideias que são lançadas aumenta drasticamente.

Veja as páginas da web, por exemplo. Alguns sites se orgulham do fato de que sua página inicial tem uma aparência "consistente" por dois, três ou cinco anos. Eles defendem a maneira como estão interagindo com os visitantes, ressaltando que é mais fácil os visitantes voltarem ao site se ele apresentar consistência.

"Quando a postura da empresa muda e o ato de apresentar uma nova ideia não é grande coisa (porque o ato de cancelar essa ideia também não é grande coisa), o número de ideias que são lançadas aumenta drasticamente."

Enquanto isso, a concorrência está lançando novos sites e interfaces "inconsistentes" o tempo todo e, inevitavelmente, descobrindo técnicas melhores, enquanto o site consistente fica para trás.

A alternativa é decidir que todas as semanas seu site testará uma nova página inicial com 10% das pessoas que o visitam. É tecnicamente fácil de implementar, e o custo não ultrapassa o valor incremental de se fazer um ou dois gráficos novos. O impacto, porém, é tremendo. Cinquenta vezes por ano, sua equipe de web deve criar uma nova maneira de interagir com os consumidores. Cinquenta vezes por ano, eles testam algo. Cinquenta vezes por ano, eles aprendem algo sobre o que dá certo e o que não dá.

A responsabilidade vem com essa flexibilidade. Se a equipe não consegue propor uma abordagem que valha a pena todas as semanas, algo está errado. Se ela não consegue superar a abordagem original a cada dois meses, algo está errado. Estabelecer o status quo e, em seguida, definir prazos para superá-lo é a maneira inteligente de gerenciar esse processo evolutivo. Não se trata de esperar um milagre. É esperar uma solução evolutiva que funcione.

A folga não é realmente uma folga. É um investimento essencial na futura versão de sua empresa.

Capítulo 8

AS PESSOAS SÃO O ELEMENTO FUNDAMENTAL

> O recipiente mais conveniente para o mDNA é o indivíduo. Cada indivíduo tem uma estratégia própria de vitória e carrega consigo um grande número de memes para cada função e cada situação.

Tudo Começa e Termina com o Indivíduo

O funcionário é o elemento fundamental indivisível da organização. Eles podem ser organizados em equipes, departamentos, escritórios e forças-tarefa, mas, em última instância, na atualidade a gestão constrói empresas em torno de pessoas, não de fábricas.

Conforme mencionei antes, isso dá aos funcionários um poder que eles nunca tiveram. Indivíduos verdadeiramente talentosos valem mais porque, quando mudam de uma organização para outra, carregam mais valor consigo.

Com esse grande poder, no entanto, surge uma enorme responsabilidade individual. Se o seu chefe não está lhe dando a oportunidade de fazer zoom, você precisa proteger seu mDNA pessoal e conseguir um emprego em que possa melhorá-lo. Como o último guardião de seu mDNA, cada movimento que você faz o afeta — aumentando ou diminuindo seu valor. Se você não é nada mais do que um recipiente para seus memes, ao permitir que eles aumentem de valor, você aumenta o seu. Você é o novo "gene egoísta".

Ler livros, fazer cursos e apresentar palestras aumentam o valor de seu mDNA, assim como a chance de liderar projetos, fazer ligações de vendas ou aprender uma nova habilidade no trabalho. Por outro lado, quando você está no modo inativo, seu valor em comparação ao de seus pares diminui.

Genes egoístas, obviamente, não resultam em pessoas egoístas. A lealdade que você mostra à sua organização é frequentemente (mas nem sempre) a estratégia mais "egoísta" que você pode adotar.

Imagine dois amigos que se formaram na escola de negócios (seja na universidade ou no ensino técnico) no mesmo dia em 1984. Bob faz um ótimo trabalho, mas rapidamente é alocado como servo. Ele tem ganhos decentes e progride gradativamente por meio de sua empresa. Hoje ele é vice-presidente. Enquanto a empresa de Bob tiver uma estratégia vencedora dando certo, Bob estará seguro e feliz.

Frank, por outro lado, salta de emprego em emprego, relacionando-se com empresas e fazendo trocas de mDNA pelo caminho. Nos primeiros anos, ele tem menos poder e menos renda do que seu amigo da escola. Então, de repente, surge uma lacuna. Frank desenvolveu seu mDNA a ponto de valer muito, muito mais do que seu velho amigo.

Bob conseguiu alavancar seu status de servo em uma grande empresa por um tempo, mas agora estagnou. A empresa está desaparecendo. Ele agregou pouco valor ao seu mDNA e tem pouco poder. Frank, por outro lado, está em posição de escolher o próprio destino, em grande parte porque investiu cedo e com frequência em seus ativos.

A evolução chegará à sua empresa de baixo para cima. Pessoas como Frank entendem que seus dias são valiosos demais para ficar parado. Para atrair e reter funcionários que podem levar uma empresa aonde ela precisa chegar, as organizações precisam permitir que os funcionários façam zoom.

As implicações são óbvias. Funcionários inteligentes e talentosos trabalharão para maximizar o valor de seu mDNA. Chefes inteligentes e talentosos trabalharão para encontrar e reter esses funcionários inteligentes e farão isso construindo empresas que insistem que as pessoas entrem em zoom.

Mudando Seu mDNA Pessoal: Minha Irmã Trouxe Más Notícias

Depois que minha irmã terminou os primeiros dois anos na Carnegie Mellon, ela conseguiu um emprego de verão. Fiquei emocionado por ela. Então soube onde ela trabalharia: na Administração da Seguridade Social norte-americana.

Imaginei minha irmã Emily, cheia de entusiasmo e mDNA fresco, entrando na organização mais burocrática que o mundo já viu. Ela não teria a menor chance, seria infectada pelos memes deles. Rapidamente desenvolveria sua primeira (e mais importante) estratégia vencedora em torno do mundo sem coração, descerebrado e carregado de políticas da Administração da Seguridade Social.

Fiquei com o coração partido, oito semanas depois, quando ela recebeu o prêmio de estagiária do ano em seu escritório. Ela não apenas adotou os memes deles, como fez isso tão bem que a premiaram!

Como funcionário, é difícil pensar no trabalho como uma parada em uma jornada de evolução pessoal ao longo da vida, mas é exatamente isso que ele é. Sempre que entra em um emprego, você leva seu mDNA para o trabalho, e ele interage com o mDNA da organização e com todos os demais. Você aprende a desenvolver sua estratégia vencedora para ter sucesso no novo trabalho, aprende o que dá certo e o que não dá — tanto interna quanto externamente.

> "Sempre que entra em um emprego, você leva seu mDNA para o trabalho, e ele interage com o mDNA da organização e com todos os demais."

Quando você deixa o emprego, não esquece tudo o que aprendeu. O aprendizado que você carrega — as mudanças em seu mDNA — é uma faca de dois gumes. Por um lado, você ganha porque sai mais inteligente e sofisticado do que quando entrou. Por outro, perde porque leva essas estratégias para o novo emprego, e a maioria delas serão inúteis, na melhor das hipóteses — na pior, são perigosas.

Os dois empregos que têm maior impacto sobre como você se sairá no emprego seguinte são o primeiro e o mais recente. Seu primeiro emprego define expectativas e estabelece estratégias vencedoras que permanecerão com você até que o meme seja removido à força. Seu último emprego lhe rendeu o atual, e você espera que o novo empregador queira os memes que você acabou de adotar.

A boa notícia é que Emily foi desprogramada e conseguiu desenvolver uma nova estratégia vencedora antes que fosse tarde demais. Agora ela está muito feliz comercializando dispositivos high-tech em Massachusetts. A má notícia é que todos nós (incluindo eu) crescemos com primeiros, segundos e últimos empregos que foram construídos em torno da ideia de que a mudança é ruim, de que nossas empresas (e as pessoas que trabalham nela) vivem e morrem sob o paradigma vigente. Todos carregamos mDNA que nos encoraja a evitar mudanças ou, no mínimo, a adiá-las para o dia seguinte.

Para construir uma organização em zoom, precisamos nos desprogramar. A organização em zoom não é apenas um rótulo inteligente ou algo que você pode usar para lançar o próximo offsite corporativo. Em vez disso, é um conjunto fundamentalmente diferente de memes sobre como fazemos negócios. É uma estratégia vencedora diferente para cada funcionário e para a organização. E é uma estratégia de contratação e demissão muito diferente.

Trabalhei muito para convencê-lo da necessidade de abandonar uma estratégia vencedora com a qual você pode estar confortável. Eu sei que é difícil desistir disso. A boa notícia é que, após aceitar a mudança contínua que acompanha o zoom, é mais fácil evoluir, e você terá mais chances de ter sucesso.

Assim que decidir entrar em zoom, adotar estratégias de vitória cada vez mais poderosas para progredir em sua carreira, você se encontra em uma posição poderosa: a busca por um chefe melhor.

Encontre um Chefe Excelente

O modelo de indústria centrado na fábrica coloca a corporação no comando. Afinal, sem fábrica, não há negócio.

Hoje, porém, os funcionários detêm a maior parte do poder, principalmente os talentosos e dispostos a entrar em zoom. Quando você vê o mundo dessa forma, o desafio de descobrir como usar as pessoas da melhor maneira possível não é mais das empresas — em vez disso, cabe ao funcionário encontrar um ótimo chefe e descobrir como usar a empresa da melhor maneira possível. A galinha é apenas o meio de um ovo criar outro — e uma empresa é apenas a maneira de um trabalho criar um trabalho melhor.

"O desafio de descobrir como usar as pessoas da melhor maneira possível não é mais das empresas — em vez disso, cabe ao funcionário encontrar um ótimo chefe e descobrir como usar a empresa da melhor maneira possível."

Se você está em uma empresa que o trata como um servo, o primeiro passo deve ser tentar persuadir a organização de que o zoom é uma estratégia melhor. Se isso falhar, saia. Encontre uma empresa que queira que você cultive, desenvolva, encontre memes melhores e espalhe os seus.

Por que isso depende de você? Por que sua empresa não consegue corrigir seu cargo? O mDNA de sua carreira é de sua responsabilidade. Cada emprego que você aceita, cada projeto que lidera e cada pessoa com quem interage afeta o mDNA de sua carreira, construindo um ativo que você possui, controla e com o qual lucra. As empresas não funcionam tão bem de cima para baixo. Cabe a você gerenciar a mudança.

Escolher um emprego é uma decisão muito maior quando vista sob esse prisma. Em vez de pensar em como pagará a prestação do carro no mês seguinte, agora você enxerga que esse trabalho afetará suas oportunidades e seus benefícios nos próximos dez empregos que você aceitar.

O mesmo se aplica à escolha de permanecer em um emprego. Tenho amigos que estão travados em opções de ações de empresas pontocom que, atualmente, são inúteis. O medo de que elas valham muito dinheiro um dia os mantém colados na cadeira, labutando em um trabalho que não traz mais melhorias ao mDNA.

Daqui a dois anos, quando finalmente perceberem que esperar por esse dinheiro foi um erro, terão perdido dois anos de oportunidades. Dois anos de aprendizado, crescimento e evolução de carreira aprimorada que eles nunca mais recuperarão.

A lealdade e a fidelidade são uma coisa ruim? Depende de a quem você é leal. Ser leal a uma fábrica ou a uma corporação com proprietários anônimos parece meio ingênuo. Ser leal a outras pessoas que confiam em você e querem ajudá-lo a crescer — isso é apenas bom senso.

Quando as melhores pessoas se juntam a empresas que as permitem entrar em zoom, a fuga se instala. Essas empresas entram em zoom cada vez mais rápido, tornando-se mais divertidas, mais estáveis e lucrativas ao longo do tempo. Mas esse processo não pode acontecer até que os funcionários percebam que têm uma escolha, assumam o poder que têm e o coloquem em ação em um lugar que os recompensará (e os ajudará a se desenvolverem).

Se você não está disposto a colocar sua carreira em zoom, é injusto pedir à sua empresa que amplie por você. Como alicerce da sua empresa (de qualquer empresa), é a postura das pessoas que nela trabalham que vai determinar o quão longe e com que rapidez essa empresa vai.

Se Você Quer Sopa, Peça Sopa

O Jay's Sushi é um restaurante pequeno, composto de um balcão dentro do mercado de vegetais coreano de minha cidade. Apenas oito assentos alinhados ao longo de um balcão de madeira. A maioria das pessoas vai até lá comprar comida para viagem, mas, em determinado dia, o movimento estava meio fraco, então me sentei para comer.

Enquanto eu estava lá, algumas pessoas se aproximaram de cada lado do meu assento para pedir um prato para viagem. Eu estava ocupado comendo meu rolinho de enguia quando um cara apareceu e pediu uma sopa de missô. Apenas sopa, nada mais. "Quanto custa?", ele perguntou. "Um dólar e sessenta centavos", respondeu o sorridente sushiman. Infelizmente, nosso heroico cliente não conseguiu distinguir se ele disse "sessenta centavos" ou "dezesseis centavos" em inglês, então perguntou mais três vezes. A essa altura, todos no balcão já tinham memorizado o custo de uma tigela de missô no Jay's.

Alguns momentos depois, a mulher sentada perto de mim pegou sua bandeja de sushi. Ela havia pedido o prato executivo, um almoço de US$12. Salmão, tamago, o pacote completo. Enquanto admirava a bandeja, ela se virou para o sushiman e disse: "Esse vem com missô?"

"Não", ele disse, balançando a cabeça negativamente. "A senhora gostaria de missô?"

Para minha surpresa, a mulher disse que não.

Das duas, uma: ela queria a sopa ou não. Ela havia acabado de gastar US$12 no almoço, sabia que a sopa era muito barata e, se quisesse, poderia ter pedido, certo? E se o missô "vem com" a refeição, não significa que ela deva comer se não quiser!

Mas, então, percebi que algo maior estava acontecendo. Muitos de nós reagem ao que a vida nos traz, mas temos muita dificuldade em pedir algo novo do menu à la carte.

Quase todo mundo está trabalhando mais duro do que jamais sonhou. Não há tempo para tarefas adicionais nem para novos projetos. Nossa lista de afazeres é gerada por outras pessoas, e passamos o dia reagindo e respondendo a estímulos externos. É fácil passar um dia respondendo a trezentos e-mails recebidos sem que sobre tempo para iniciar qualquer coisa que seja importante para você.

> "Nossa lista de afazeres é gerada por outras pessoas, e passamos o dia reagindo e respondendo a estímulos externos. É fácil passar um dia respondendo a trezentos e-mails recebidos sem que sobre tempo para iniciar qualquer coisa que seja importante para você."

Parte do desafio do zoom é que ele requer iniciativa interna para iniciar e executar o sistema e, em seguida, iniciativa contínua para criar novas variações. Isso não se encaixa facilmente na lista de prioridades de um executivo já apressado.

Essa falta de iniciativa ocorre com mais frequência com relação a questões de carreira e estratégia de negócios. Um investidor que conheço tem um talento especial para apoiar empresas que decaem dramaticamente, custando-lhe dinheiro e gerando todo tipo de prejuízo para todos os envolvidos. Ele será o primeiro a dizer "Eu fiz tudo o que pude" e, em seguida, a reforçar isso com uma ladainha de contratempos, resultados infelizes e escolhas difíceis que ele enfrentou. Quase todos esses contratempos foram resultado de um evento externo aparentemente imparável.

Balela!

O problema de se orientar com base nas opções disponíveis é que isso permite que o problema seja definido pelo que é lhe apresentado. Ele aceita as soluções que lhe são oferecidas em um modelo de múltipla escolha e esquece que "nenhuma das opções acima" é uma resposta muito válida.

As empresas são frequentemente criticadas por serem lentas, estarem estagnadas e não capitalizarem novas oportunidades. Mas elas nada mais são do que um conjunto de pessoas. Se você está estagnado, talvez seja porque está esperando para ver o que há no cardápio. Se você quer a sopa e eles não estão servindo isso, talvez deva encontrar alguém que esteja.

Começando a Jornada Rumo à Organização em Zoom

Se eu consegui persuadi-lo a buscar a fuga em todas as suas formas, construindo uma organização em zoom, e você trabalha em uma empresa que está cheia de pessoas que não fazem isso, a pergunta óbvia é: como transformar esse lugar?

A maioria das novas ideias organizacionais e de negócios enfrenta esse obstáculo. A pergunta de um milhão de dólares é: como fazer com que todos na empresa estejam alinhados, focados nas mesmas táticas e dispostos a correr riscos para ter sucesso?

A resposta a essa pergunta pode surpreendê-lo. *Não faça.*

A ideia de forçar essa técnica para toda a organização representa o mesmo tipo de pensamento gerencial que nos incentiva a acreditar que podemos controlar as mudanças. Uma empresa deve evoluir para uma posição de organização em zoom.

Não tente forçar os reacionários a mudar. Não gaste horas persuadindo os servos a desistirem de sua escravidão e a se tornarem agricultores, caçadores e magos. Sim, você deve ensiná-los a pensar sobre essas questões e a entender esses termos. Dê a eles uma chance de se juntarem a você. Mas não é possível forçar uma pessoa a abraçar a evolução memética.

Ao focar os elementos fundamentais individuais (pessoas), você pode criar elementos ligeiramente maiores (equipes, forças-tarefa, departamentos), que começarão a se mover dentro da organização. Esses elementos podem atingir a fuga quando as pessoas que querem entrar em zoom começam a se juntar a eles.

"Como fazer com que todos na empresa estejam alinhados, focados nas mesmas táticas e dispostos a correr riscos para ter sucesso?"

Se você se esforçar demais para converter toda a organização, as pessoas, para agradá-lo, fingirão que concordam. E, então, atrapalharão você. Elas prejudicarão seus novos projetos e esforços para entrar em zoom.

Por isso, faça com que seja uma ação voluntária. Encontre pessoas que desejam contribuir, que leem os livros e as revistas certas, que estão ansiosas para fazer a diferença. Ofereça-lhes a chance de ingressar em uma equipe que conduzirá um processo ou outro. Depois saia da frente. Deixe a equipe trabalhar. Dê a ela limites e prazos reais e muita liberdade. Essas pessoas provavelmente falharão.

Recompense-as com uma demonstração pública de apreço e talvez até um aumento. Em seguida, deixe-as tentar outra coisa.

Mais cedo ou mais tarde, essas equipes começarão a ter sucesso. Elas descobrirão um nicho e aprenderão a explorá-lo. Cultivarão os sistemas existentes e descobrirão maneiras de fazer grandes economias ou novas receitas.

Elogie mais essas pessoas e lhes dê outro aumento. Depois passe a aceitar voluntários para outras equipes. Em breve, as equipes em zoom estarão se aproximando da fuga. Mais pessoas que querem entrar em zoom se juntarão a elas, o que aumenta a probabilidade de esse movimento acontecer ainda mais rápido.

Quando um número suficiente de pessoas tiver cruzado essa ponte, feche as fábricas que estão dando prejuízo e siga em frente. A extinção é um estilo de vida. Mudanças acontecem. Se as pessoas puderem entrar em zoom com você, todos ganham. Não deixe que os outros o impeçam.

Um relato verídico: um colega procurou o CEO de uma empresa pública de crescimento rápido. Ele perguntou se poderia formar uma equipe de cinco pessoas para projetar a próxima geração de produtos de que a empresa precisava desesperadamente. Eles pretendiam se mudar para o outro lado da rua, para um minúsculo escritório com um aluguel barato, e todos os cinco se ofereceram para ter um corte no pagamento, entre outras opções de ações, como uma forma de demonstrar confiança de que eles poderiam inventar algo realmente valioso.

O CEO pensou por um minuto e, depois, disse: "Não posso deixá-los fazer isso. Se eu deixar, todos vão querer também, e não teremos mais ninguém fazendo o trabalho duro."

Meu amigo não trabalha mais lá.

A Melhor Maneira de Impedir que Sua Empresa Entre em Zoom

Se você realmente não quer evoluir, é muito fácil parar. Basta definir um padrão para novas iniciativas que seja impossível de ser superado. Deixe as pessoas apresentarem melhorias e ideias novas e, em seguida, ressaltar que elas não estão ultrapassando esse entrave. Os magos e os caçadores da empresa logo deixarão de incomodá-lo.

Então, certifique-se de dar aos servos muitas coisas para fazer, de modo que não haja tempo para eles cultivarem. "Não é assim que fazemos as coisas por aqui" — é um ótimo mantra, usado para todos os fins, para reforçar o desejo da empresa de manter as coisas como estão.

Contrate uma nova executiva, mas certifique-se de que ela absorva todos os seus memes, tendo o cuidado de não absorver nenhum meme *dela*. O poder da exclusão social é enorme, então deixe claro que aprender o básico é muito mais importante do que mudar as coisas — a maioria das pessoas quer se encaixar, e um feedback direto como esse geralmente é suficiente.

Muitas vezes, as empresas esquecem que a contratação é uma via de mão dupla. Por um lado, você deseja que servos talentosos executem suas políticas. Por outro, a troca de memes análoga ao sexo, que resulta da contratação de pessoas inteligentes, é a maneira mais rápida e eficiente de desenvolver sua empresa — e é a única maneira de fugir. Pessoas talentosas não querem trabalhar para uma empresa que esgota sua iniciativa. Se não for possível contratar pessoas talentosas, você estagnou.

Meu amigo Zig Ziglar faz uma ótima pergunta: "Há algo novo que você possa fazer no trabalho amanhã que desmoralizará seus funcionários, irritará seus clientes e diminuirá o preço de suas ações?"

"Você não permanece estagnado se não quiser."

Se suas ações podem fazer todas essas coisas negativas, é seguro apostar que novas condutas de sua parte também podem fazer o oposto. Você não permanece estagnado se não quiser.

O Clube do Zoom

Precisamos de um aperto de mão secreto.

Sério. Precisamos de uma maneira de dizer às outras pessoas que decidimos entrar em zoom, que nossa estratégia vencedora é evoluir.

A maneira mais fácil de fugir é sinalizar para os zoomers que sua empresa é um ótimo lugar para trabalhar — e, então, cumprir essa promessa fazendo tudo o que for possível para contratar os zoomers.

A maneira mais fácil de uma zoomer progredir em uma organização em zoom é sinalizar à chefe que ela está emocionalmente comprometida e pronta para investir tempo para aumentar seu alcance de zoom.

Existem alguns atalhos. O primeiro é a abordagem baseada em projeto de que falei anteriormente. Projete equipes e forças-tarefa que façam zoom e convidem as pessoas para participar delas. Os funcionários se autosselecionarão, especialmente após verem que os voluntários estão progredindo.

E quanto às contratações externas? Como comunicamos aos futuros funcionários (ou chefes) que estamos procurando pessoas que estão dispostas a entrar em zoom? Essa é uma das razões pelas quais o vocabulário é tão importante. Uma vez que podemos usar palavras semelhantes para descrever nossos objetivos, economizamos muito tempo e cortamos a linha do telefone sem fio.

Enquanto isso, aqui vai uma sugestão modesta. Em seus classificados de emprego, coloque um z minúsculo no canto inferior. Faça o mesmo com seu currículo. Os não iniciados não perceberão. Os insiders, por outro lado, aqueles em busca da fuga, verão o **z** e ficarão ansiosos para falar sobre isso com você.

Uma Lição Rápida para Evitar a Armadilha de Aquisição

Muitas empresas de crescimento rápido impulsionam essa expansão adquirindo pequenas empresas. O objetivo, ao que parece, não é apenas atrair pessoas inteligentes, mas absorver os memes e a expertise que elas adquiriram. Como a empresa adquirida evoluiu isolada do adquirente, é provável que seus memes sejam muito diferentes. Ela tem maneiras diferentes de fazer as coisas e jeitos novos de se comunicar — muitos dos quais são, sem dúvida, melhores (mais adequados) do que os da empresa adquirente.

Todavia, na prática, parece que algumas empresas se contentam em adquirir apenas os ativos. Quanto mais cedo puderem se livrar da velha gestão e de seus memes, melhor. Essas empresas respondem ao entusiasmo e às contribuições da equipe recém-adquirida excluindo-os. Rapidamente, os talentosos gerentes da empresa adquirida saem da empresa. Logo depois disso, o adquirente, muitas vezes, percebe que os ativos não valem tanto quanto eles pensavam — sem a capacidade da velha equipe de gestão de evoluir e ajustar esses ativos, eles se esgotam muito rapidamente. Outra aquisição fracassada.

"Essas empresas respondem ao entusiasmo e às contribuições da equipe recém-adquirida excluindo-os."

A alternativa é colocar novos gestores talentosos no comando. Não, eles não devem administrar a empresa inteira. Mas, se uma firma estava tendo um desempenho tão bom a ponto de fazer a aquisição valer a pena, ou um executivo era talentoso o suficiente para fazer contratações, por que não deixá-los mudar sua empresa enquanto ainda estão no embalo? No momento em que aprenderem a trabalhar na empresa nova, também serão doutrinados sobre a maneira como as coisas são feitas por aqui.

A verdadeira ironia é que, vez após vez, uma empresa contrata um indivíduo sem pagar nenhum prêmio e pede que ele chefie o departamento de marketing, vendas ou produto. No entanto, após pagar milhões para adquirir uma empresa, raramente a adquirente seleciona as estrelas da adquirida e as instala nos mesmos cargos executivos que estariam disponíveis para eles se deixassem o emprego na firma antiga e viessem trabalhar na nova por conta própria.

Capítulo 9

POR QUE ISSO FUNCIONA HOJE: FEEDBACK RÁPIDO E PROJETOS DE BAIXO CUSTO

> A tecnologia permite o zoom e a evolução, porque nos permite elaborar projetos rápidos e baratos e nos permite saber imediatamente se eles estão dando certo.

Loops de Feedback Rápido

Quanto tempo Thomas Edison levou para descobrir se o projetor de cinema viraria febre?

Primeiro, ele teve que inventar a lâmpada, depois inventar e construir os projetores para, então, semear o mercado com cinemas, esperar que as pessoas se tornassem diretores, que esses diretores fizessem filmes (financiados por investidores!) e, ainda, que as pessoas pagassem para assisti-los. Provavelmente se passaram décadas do início ao fim desse processo.

Quando a Procter & Gamble decidiu entrar no mercado de cosméticos online, ela gastou dezenas de milhões de dólares e levou mais de um ano para construir uma fábrica que é diferente de tudo no mundo. Ela é capaz de misturar, envasar e rotular simultaneamente centenas de variações diferentes de fórmulas de maquiagem e, ainda, fabrica frascos personalizados para os clientes.

A P&G presumiu que seu investimento no Reflect.com seria um sucesso (por que se preocupar em gastar tanto se o fracasso é esperado?) e construiu uma fábrica de última geração para apoiá-lo.

Usando os sistemas de propriedade da Reflect.com, um consumidor poderia ir ao site, responder a uma série de perguntas, ter os dados analisados por uma "rede neural" e sair com uma escolha entre mais de 300 mil produtos personalizados diferentes.

É realmente uma façanha incrível. Infelizmente, muito poucas pessoas foram expostas ao Reflect — cerca de um quarto de milhão de pessoas visitam o site a cada mês, e apenas uma pequena fração delas compra o produto. (Para que você tenha uma noção melhor, o amihotornot.com, um site bobo, tem o mesmo número de visitantes todos os dias.) Com financiamento de investidores de peso, o Reflect.com corre pouco risco de falência. Mas a P&G levou vários anos e gastou muitos milhões de dólares para descobrir que o dinheiro que estava sendo investido teve um retorno bastante lento.

Você tem uma ideia excelente para um livro? Bem, vai demorar de dois a seis meses para encontrar um editor e para vendê-lo. Depois, mais um ano, a partir do dia em que você assina o contrato, até que a obra chegue às livrarias (se tudo estiver nos conformes). Alguns meses depois, você saberá se o livro está vendendo bem. E um ano após isso, pode fazer sua primeira declaração de royalties. Ao todo, um processo de cerca de dois anos e meio.

Esses longos atrasos de ramp-up e de ciclos de desenvolvimento lentos eram a melhor coisa quando a competição se movia em um ritmo semelhante. Infelizmente, agora eles contribuem para o fracasso de muitos projetos.

Quando você espera ter sucesso e organiza sistemas inteiros em torno dele, o atraso para chegar ao mercado pode, na verdade, diminuir suas chances de ser bem-sucedido. Pior, há muito poucos dados para mostrar que o desenvolvimento cuidadoso combinado com a adesão em toda a organização, bem como grupos de foco e outras armadilhas da inovação de produtos de grandes empresas aumentam sua probabilidade de sucesso.

Uma das principais razões do fracasso do intraempreendedorismo (desenvolvimento de novos negócios dentro das empresas) é que ele demora muito. Muitas pessoas precisam aprovar diversos trâmites antes que qualquer coisa seja feita.

Existe um meme que todos aprendemos quando criança. É sobre persistência e sobre a viagem solitária do empreendedor motivado. Uma das lições que os bons pais tentam ensinar aos filhos começa mais ou menos assim: "Se a princípio você não tiver sucesso..." Nós nos esforçamos muito para incutir o senso de grandes visões e persistência em nossos colegas de trabalho e funcionários também. Isso parece ser uma virtude.

"Quando você espera ter sucesso e organiza sistemas inteiros em torno dele, o atraso para chegar ao mercado pode, na verdade, diminuir suas chances de ser bem-sucedido."

No entanto, no mundo hipercompetitivo de hoje, no qual a Rainha Vermelha está à solta, essa visão de mundo é a maneira mais lucrativa de administrar seus negócios? Isso não fica evidente de forma alguma. A visão para o desenvolvimento de novos produtos como se fosse um lançamento espacial da NASA certamente é atraente, mas é a melhor maneira de trazer algo novo para um mercado competitivo?

Na verdade, é totalmente o oposto. O Palm foi desenvolvido por um cara em uma garagem — vendeu mais do que a solução da Microsoft, desenvolvida com muita engenharia pesada. A Hasbro não desenvolveu a scooter Razor, a Maxwell House não lançou o Starbucks, a IBM não teve nada a ver com o Hotmail.

O desenvolvimento de produto rápido e de baixo custo dá certo porque incorpora o poder da evolução e, também, usa loops de feedback rápidos.

Isso é o poder da evolução? Sim, porque as pessoas que nos trouxeram o Starbucks, o Palm e a Razor não sabiam que teriam sucesso e não eram famosos antes de começarem a agir. Elas fizeram pequenas apostas e só ouvimos falar delas *depois* que conseguiram. Vemos apenas os bilhetes de loteria vencedores. O que não foi dito é que, para cada Steve Wozniak, há centenas ou milhares de empresários que fracassaram.

Em qualquer instante que observarmos, haverá milhões de pessoas batendo nas portas do sucesso, tentando isso e aquilo. Na maioria das vezes, elas falham, assim como a maioria das mutações na natureza. De vez em quando, porém, há um avanço e as regras mudam.

Perceba: não estou propondo que empresas bem-sucedidas aprovem todo plano estúpido e deem carta branca aos funcionários. Ao contrário, líderes excelentes ajudam a ensinar os funcionários a fazerem escolhas inteligentes. E os grandes administradores responsabilizam cada pessoa pelas promessas que fazem. Quanto mais rápido um sistema de feedback informa que você está fracassando, melhor ele funciona. E quanto mais rápido você mata um projeto falho, melhor é sua gestão.

O fator mais importante que torna isso possível é a ideia de loops de feedback rápido. Se você tiver que trabalhar, assim como Edison, por dez, vinte ou trinta anos para descobrir se sua inovação fará a diferença, é improvável que você se candidate a esse tipo de empreendimento de alto risco. No entanto, se você pode começar um projeto interno em janeiro e verificar se ele está dando certo em março, por que não tentar?

Em vez de construir uma fábrica sofisticada, a P&G poderia ter lançado o Reflect.com com o plano de encher os frascos de cosméticos à mão. Se o site fosse popular, *só então* eles deveriam construir a fábrica.

Os loops de feedback rápido são a tática que habilitará o zoom da corporação. Eles utilizam a tecnologia para transformar dados em informações e nos dar avisos antecipados de sucessos (e fracassos).

Sempre haverá espaço para grandes projetos, os empreendimentos que nos obrigam a suspender a descrença e apostar tudo em uma abordagem e um desfecho, sabendo apenas no final se seremos vitoriosos. Meu ponto é que, para a maioria de nós, na maioria das vezes, a outra opção é muito mais inteligente, mais emocionante e tem mais chances de sucesso — muitos empreendimentos, esforços e testes menores que, quando combinados com sistemas de feedback rápido, permitem que descubramos quais mudanças em nossa estratégia vencedora valem mais a pena.

Observe que há uma diferença entre um Teste e um teste. Os testes não realizados em mercados reais geralmente não funcionam. Grupos focais ou pesquisas informais com as pessoas com quem esbarramos no corredor não são testes de verdade. Por quê? Porque pessoas que sabem que um teste está sendo feito não reagem da mesma maneira. Porque as pessoas que dão feedback em um Teste estão muito mais propensas a criticar ideias corajosas de fato e muito menos propensas a criticar ideias seguras, porém estúpidas. O poder dos loops de feedback rápido é que é possível descobrir agora mesmo, por meio de pessoas reais, se vale a pena perseguir sua ideia.

Como disse Thomas Edison: "A medida real do sucesso é o número de experimentos que podem durar 24 horas."

O Poder da Pergunta Incisiva

O profissional de vendas Zig Ziglar popularizou uma técnica que chama de pergunta incisiva. É uma maneira de transformar as objeções de um cliente potencial em dados reais.

Quando um profissional está tentando fechar uma venda e o cliente em potencial reluta em comprar, fazendo uma objeção a determinado elemento do produto (geralmente algo que o vendedor não pode mudar, como a cor ou o preço), o resultado comum é que o vendedor volte para a sede e reclame, falando sobre a importância de mudar o produto.

Os vendedores costumam ser ignorados pelo departamento administrativo da empresa, principalmente porque, no passado, quando as mudanças eram feitas, o cliente em potencial não comprava o produto. Gerenciar sua linha de produtos com base nas objeções de pessoas que ainda não são seus clientes é uma política perigosa.

A pergunta incisiva muda isso. O vendedor pergunta: "Se pudermos entregar x, y e z ao preço que você discutiu, você está preparado para comprar nosso produto hoje?" É nesse momento que o vendedor deve apresentar um formulário de pedido.

Sabe o que acontece? Na maioria das vezes, as objeções não são reais. Na verdade, o cliente em potencial não está pronto para comprar ou há alguma objeção oculta que essa pergunta traz à tona.

"Gerenciar sua linha de produtos com base nas objeções de pessoas que ainda não são seus clientes é uma política perigosa."

Isso é uma coisa inteligente a se ensinar à equipe de vendas, porque eles descobrirão que, na maioria das vezes, as objeções nas quais eles estão perdendo tempo não são verdadeiras, e as pessoas para quem estão ligando podem, desde o início, não estar disponíveis para comprar o produto!

Contudo, além do efeito de filtragem da pergunta incisiva, ela separa o "querer" do "precisar". Ela esclarece rapidamente para todos os interessados o que é legal de se ter versus o que levará você efetivamente ao sucesso de mercado. É um teste real.

O Linux É Legal — Mas Não É o que Você Pensa

O sistema operacional Linux é uma alternativa ao Windows ou ao Mac. No entanto, oferece várias coisas que o tornam distinto. Primeiro que ele é gratuito. Segundo, foi escrito por literalmente milhares de pessoas, sendo que todas elas trabalharam nele de graça. Terceiro, ele funciona muito bem — é mais estável do que qualquer um de seus concorrentes.

Por razões óbvias, as pessoas ficaram fascinadas com o fenômeno Linux. Um sistema operacional gratuito, possivelmente o software mais complicado de uso geral. Ele não foi escrito por uma equipe de engenheiros da Microsoft, trabalhando em segredo, movidos a cafeína e recompensados com opções de ações; foi escrito por um amálgama muito livre de programadores de computador em todo o mundo.

O Linux não é o sistema operacional de uso mais fácil (veja uma citação de um site sobre o Linux: "Uma maneira fácil de enviar um e-mail rápido é usar *:echo body | mail -s subject address*, onde 'body' é o corpo do e-mail entre aspas, 'subject' é o assunto do e-mail [também entre aspas] e 'address' é o endereço de e-mail..."). Mesmo assim, ele foi se tornando cada vez mais popular, especialmente para aplicações importantíssimas dentro de uma empresa.

Embora o movimento do código aberto seja realmente interessante, não é por isso que o Linux é um modelo para uma organização em zoom. São os loops de feedback rápido que o fazem dar certo.

Em algum lugar do mundo, alguém está postando uma atualização, um patch ou uma versão inteiramente nova do Linux a cada hora de cada dia. Quando um bug aparece ou um novo driver de dispositivo é necessário, os programadores se aglomeram como um enxame em torno do problema e criam uma solução em questão de dias ou semanas.

Em um nível, essa abordagem de atualização constante para evoluir um sistema operacional é tranquilizadora — o sistema está sempre melhorando. Mas existe um perigo. Como muitas formas de evolução, essa melhoria incremental pode levar a becos sem saída. Assim como é improvável que um grupo de pessoas construindo um iglu sem orientação o montem corretamente, essa abordagem pode levar a um código bem mais ou menos. Na verdade, pode levar a coisas realmente lentas e confusas com as quais ninguém quer trabalhar.

Então, aparece um segundo nível de evolução. Embora haja uma agricultura incremental acontecendo o tempo todo, há outros programadores tendo uma visão mais ampla. Como todo o código está disponível publicamente, qualquer pessoa pode reescrever seções inteiras do Linux. Se essa reescritura for mais limpa, mais rápida ou mais eficiente, ela substitui todas as coisas ruins. E a evolução continua.

O Linux é um empreendimento? Não. Não importa. Quem se importa se o dinheiro não está mudando de mãos? Isso não altera a natureza dinâmica do processo. Eles descobriram como os loops de feedback rápido podem levar um projeto barato e transformá-lo em um player dominante.

Se milhares de programadores trabalhando de graça com estranhos em terras distantes podem criar um produto tão funcional e complexo, será que a mesma abordagem não pode funcionar para sua empresa — usando as vantagens de ter funcionários em tempo integral, comunicação organizada e gerenciamento intermediário inteligente?

Tecnologia e Loops de Feedback Rápido

Por muito tempo, a Lotus Development gastou dinheiro em todas as três partes do Lotus 1-2-3. Eles aprimoraram a planilha, o banco de dados e o processador de texto. Em seguida, fizeram um estudo e descobriram que 95% dos usuários nunca usaram nada além da planilha.

Não seria útil saber como as pessoas estão usando seu produto e, mais importante, como *não* estão usando?

Uma série de novas tecnologias vem sendo desenvolvida, permitindo às empresas ter uma ideia muito melhor do que realmente acontece depois que um produto deixa a fábrica.

Os microchips, por exemplo, atualmente estão se aproximando de um custo próximo a zero. Isso significa que um fabricante pode incorporar chips em todos os seus produtos. Ele poderia saber a porcentagem das pessoas que estão lendo o jornal *USA Today* e abrem o caderno de esportes. Ele poderia descobrir quantos quilômetros as pessoas rodam com um pneu antes de trocá-lo por um novo. Ele poderia monitorar quantas horas por semana sua nova furadeira de bancada é usada em uma fábrica comum.

Melhor ainda, a tecnologia permite que os profissionais de marketing entendam, em tempo real, o que dá certo e o que não dá. O Walmart sabe em minutos se um novo produto em exposição perto da caixa registradora está vendendo bem ou não e pode tomar uma providência se não estiver.

Conectada ao TiVo e a outros dispositivos de vídeo digital, uma rede de TV podia descobrir exatamente em que momento as pessoas mudaram de canal, permitindo-lhes ajustar um programa da mesma forma que a QVC ajusta seu tempo de transmissão.

Uma empresa que fabrica pneus, parafusos ou painéis de teto pode acoplar chips em seus produtos e descobrir precisamente quanto tempo eles duram em uso real — e por que e como quebram.

Um agricultor pode inserir sensores em várias frutas e calcular o melhor momento para realizar a colheita de cada árvore de seu pomar.

Cada uma dessas inovações representa um insight — saber como algo é usado (saber de verdade, não adivinhar) pode levar sua empresa ao sucesso. De repente, o custo de saber é diminuído pelo de *não* saber.

Eu Só Acredito Vendo — O Poder dos Protótipos

Michael Schrage escreveu de forma persuasiva sobre os benefícios da prototipagem. É improvável que seu chefe possa pensar tão conceitualmente quanto você sobre as complexidades de sua área, então mostrar é sempre melhor do que falar sobre.

As novas tecnologias tornam mais rápido e fácil construir maquetes tridimensionais de produtos manufaturados. Você pode montar uma página da web em uma hora. Crie a capa de um livro ou um anúncio de revista em menos de um dia. Faça um produto *depois* de o anúncio provar que as pessoas querem comprá-lo.

Quando o mercado está fazendo escolhas com base na estética e na experiência sensorial (presumindo que a mecânica é perfeita), faz sentido para você prototipar com base na aparência agora e adicionar a mecânica depois.

Quando Joseph Park estava lançando o Kozmo (o atrasado e sofrido serviço de entrega de internet que levava uma hora), ele usou um protótipo simples para apresentar seu argumento. No início da apresentação aos capitalistas de risco, Park perguntava aos presentes qual era o sabor favorito de sorvete deles. Em seguida, digitava algumas palavras em seu laptop e voltava para a apresentação. Antes do término da apresentação, entregadores uniformizados da Kozmo apareceram com um pote de Ben & Jerry's para todos na sala.

Todas as planilhas do mundo não poderiam vencer essa apresentação. Ele conseguiu o dinheiro. (Park levantou mais de US$200 milhões, na verdade.)

Por algum motivo que não entendo, as pessoas são muito mais velozes para dar feedback sobre algo que já foi feito, que seja fácil de segurar, tocar e manejar. Usando técnicas de prototipagem rápida, empresas como a Boeing podem economizar bilhões de dólares e anos de serviço no desenvolvimento de novos aviões. É muito mais fácil mostrar o protótipo da Boeing a um potencial comprador ou a um piloto de teste do que descrevê-lo.

No entanto, a maioria das empresas resiste aos protótipos, apesar de sua facilidade de criação. Por que, por exemplo, você programaria um site complexo até ter prototipado cada uma das páginas importantes? Criar uma montagem disso leva apenas alguns dias no Photoshop e, se você não gostar dela, esse é o momento de mudar. Em vez disso, a maioria das empresas espera até ter investido alguns milhões de dólares (e alguns meses de trabalho) antes de começar a criticar e a ajustar.

A maioria dos grandes projetos de software morre porque as especificações são descritas, compreendidas e adotadas de forma inadequada antes do início da programação. Um mecanismo incrivelmente útil é fazer com que um ser humano finja ser o sistema acabado. Então, todos os usuários do sistema podem fazer a essa pessoa as perguntas que esperam que o sistema responda. O processo de "sinto muito, não serei capaz de responder a isso" criará um ciclo evolutivo rápido que economizará dinheiro e poupará dores de cabeça.

Quase todo produto ou serviço feito por uma empresa pode ser transformado em um protótipo antes de a fábrica ser construída ou as pessoas serem contratadas. No entanto, a maioria das empresas não liga nem um pouco para isso.

Schrage acredita que você pode dizer muito sobre uma empresa pela forma como ela cria protótipos, e eu concordo com isso. A maioria das empresas não consegue prototipar porque isso envia um sinal de que a administração não é onipotente. Os protótipos são, por definição, rascunhos projetados para estarem errados, não certos. As empresas que são as melhores em prototipagem fazem muitos, muitos protótipos, o mais rápido possível, até que tenham criado um produto que seja bom o suficiente para ser lançado. Os rascunhos são vistos como gestão inteligente em seu empreendimento?

"Quase todo produto ou serviço feito por uma empresa pode ser transformado em um protótipo antes de a fábrica ser construída ou as pessoas serem contratadas. No entanto, a maioria das empresas não liga nem um pouco para isso."

Quem tem o direito de fazer um protótipo? Quem precisa aprovar? Quanto tempo isso leva?

Uma Armadilha na Prototipagem

As empresas criam seu futuro por meio de seus protótipos. Ao limitar os tipos de protótipos que são construídos e controlar quem os constrói e quem interage com eles, a gestão já escolhe seu caminho. É tolice fazer isso. A evolução nesse nível é barata, fácil e incrivelmente alavancada.

Na Kyocera, Gary Koerper teve que implorar, pedir emprestado e roubar os US$30 mil de que precisava para terminar o protótipo final do novo telefone celular de sua equipe. Se ele não tivesse quebrado as regras corporativas, aquele telefone nunca teria sido entregue. Ele se tornou o aparelho mais vendido do ano, tudo porque um gerente renegado quebrou as regras para concluir algo em que acreditava.

A mentalidade de comando e controle quer comandar e controlar quem faz os protótipos e quem tem acesso a eles. No entanto, quanto mais indivíduos trabalharem para criar protótipos, maior será a probabilidade de ocorrer uma mutação positiva.

A apresentação de protótipos é tão importante quanto o produto em si e precisa ser constante e informal (e, então, à medida que eles ganham importância, programada e formal). Conforme os custos do feedback aumentam, você precisa limitá-lo. Mas o modelo da Chrysler faz todo o sentido — coloque seus protótipos em exibição pública! Nos últimos anos, começando com o Dodge Viper, a Chrysler usou carros-conceito como veículo de marketing e desenvolvimento. Os carros legais ajudaram sua marca, e o feedback leva a carros reais.

"Obviamente, o perigo é se apaixonar pela prototipagem e nunca entregar, de fato, um produto."

Ao fazer um desfile de carros-conceito diante do público, a Chrysler realiza quatro coisas:

1. Posiciona sua marca como inovadora e descolada.
2. Obtém um feedback valioso sobre o que o público deseja e o que não deseja.
3. Sinaliza aos futuros companheiros (o público e seus revendedores) que é uma organização saudável.
4. Implementa a Rainha Vermelha e muda o mercado para seus concorrentes. Pode causar estragos até mesmo em um mercado no qual não está inserida, apenas por exibir um carro que pode ou não existir daqui a vários anos.

A Apple Computer usou uma abordagem semelhante. Demonstrar protótipos externamente ajuda a semear o mercado e, tão importante quanto, pressiona os grupos internos a lidarem com o feedback (e a desenvolverem o conceito) enquanto trabalham duro para criar o produto.

Obviamente, o perigo é se apaixonar pela prototipagem e nunca entregar, de fato, um produto. A Apple fez isso com um de seus sistemas operacionais — os protótipos foram exibidos por mais de uma década antes de realmente serem lançados. É por isso que uma parada brusca e prazos programados regularmente (e publicamente conhecidos) são tão importantes.

Dados Não São Informação — Mantendo a Promessa da TI

Nas últimas décadas, as empresas gastaram bilhões de dólares instalando tecnologia da informação (TI). A promessa é simples: a TI cria conexões. Ela conecta funcionários uns aos outros e conecta uma empresa aos seus dados.

A A&P reconstruiu todo o seu negócio de supermercados em torno dessa ideia. Ao instalar mais de US$ 250 milhões em sistemas, ela pretende rastrear vendas, estoque, rendimento e quase tudo o mais que valha a pena medir. Cada gestor da A&P será conectado à sede por e-mail. Isso é reconstruir a empresa em torno dos dados.

E esse projeto de TI — como a maioria dos projetos desse tipo — fracassará, a menos que a empresa aprenda a fazer zoom. Os dados criados por uma instalação de TI em grande escala rapidamente se tornam um dilúvio. Uma executiva do ramo da música, por exemplo, pode acompanhar as vendas de um novo álbum por dia e por CEP. Ela pode descobrir quais formatos estão vendendo em quais tipos de redes de lojas. E ela pode fazer isso para todos os 10 mil itens do catálogo. De que adianta tantos dados?

"Por que perder tempo entendendo os dados, se você não fará nada com as informações depois de encontrá-las?"

A menos que haja uma tendência para loops de feedback rápido, os dados são inúteis. Nunca se transformam em informação porque simplesmente não valem o tempo gasto. Por que perder tempo entendendo os dados, se você não fará nada com as informações depois de encontrá-las?

Se uma empresa começa a testar e a medir, os dados de um teste tornam-se extremamente valiosos. Com o rápido retorno do investimento que advém do conhecimento dos resultados de um teste rápido e barato, os funcionários ficarão motivados a extrair conhecimento real dos dados. E, assim que fizerem isso, o enorme investimento em TI terá retorno.

Colocando um Homem na Lua

A maior objeção à organização em zoom é que ela torna difícil o lançamento de um projeto realmente grande e assustador. Afinal, se fôssemos uma sociedade oportunista e em evolução em 1965, teríamos abandonado o projeto Apollo e nunca chegado à Lua. Todos nós sabemos que não se constrói um foguete que vai até a metade do caminho para a Lua e, só então, o aprimoramos. Em vez disso, como todos sabemos, almeja-se alto e constrói-se uma enorme infraestrutura, resolvendo tudo de uma vez.

Projetos grandes e assustadores requerem um centro de controle de missão. Ressalte-se a palavra controle. Uma lição essencial da evolução é que o controle é escasso. Você pode controlar várias partes do processo, mas o resultado em si nunca está sob seu poder.

Além do controle da missão, grandes projetos geralmente oferecem ao organizador três outras características:

- Todas as suas fichas vão para uma aposta só. Algumas organizações podem ser capazes de lançar grandes projetos simultâneos; no entanto, se for um projeto muito grande, frequentemente será feito apenas um de cada vez.
- É preciso muito dinheiro, o que significa que o custo do fracasso é muito alto.
- São necessários um longo período de tempo e um ambiente estável. Sem este último, os planos de longo prazo são inúteis.

Minha resposta àqueles que criticam a organização em zoom por renunciar ao projeto grande, ousado e complicado é: "Você está certo". Não vou questionar o fato de que realmente construímos foguetes que iam até a metade do caminho antes de construirmos um maior. Embora o projeto Apollo tenha evoluído ao longo do tempo, também exigia um investimento enorme e focado em um único objetivo.

Uma organização em evolução não quer apostar todas as fichas em uma coisa só, porque repetidamente demonstrou-se que as organizações não sabem escolher a aposta certa. E a organização em evolução resiste a gastar muito dinheiro em um projeto exatamente pelo mesmo motivo. Por fim, a organização em evolução não se preocupa em desejar um ambiente estável, porque todos que fazem zoom sabem que isso quase nunca acontece.

Isso significa que um projeto de nove anos com o objetivo de mandar alguém para a Lua não tem tanta probabilidade de acontecer em uma organização em evolução. Isso significa que a busca de quinze anos da Apple para construir um novo sistema operacional nunca ocorreria em uma empresa que faz zoom. Se o seu objetivo é a glória, aquela que vem sob a forma de um lançamento completo e perfeitamente funcional, então essa estratégia não é para você. Mas uma rápida revisão do retorno sobre o investimento dos lançamentos corporativos similares ao projeto Apollo deixa isso claro: pode ser glorioso, mas não é a melhor maneira de obter sucesso.

"Uma organização em evolução não quer apostar todas as fichas em uma coisa só, porque repetidamente demonstrou--se que as organizações não sabem escolher a aposta certa."

A nova tecnologia torna muito mais fácil construir projetos baratos. É possível simular a página inicial da Amazon por US$1.000, embora possa custar US$ 100 milhões para simular a loja da Macy's na 34th Street, em Manhattan. Você pode simular uma nova linha de tênis, um novo tipo de Palm ou um novo sistema de armas por um valor muito menor do que custaria dez anos atrás.

Projetos baratos significam que há mais chances de encontrar o projeto certo. As únicas que não se beneficiam são as empresas obcecadas em encontrar o projeto certo antes de lançar qualquer coisa. No longo prazo, elas sempre serão derrotadas pelo rápido e barato.

Um Loop de Feedback Interrompido

Notou que o pessoal da concessionária de veículos mais próxima está tratando você um pouco melhor quando leva seu carro para fazer algum serviço? Bem, talvez só um pouquinho.

A razão disso, provavelmente, é a crescente dependência de loops de feedback que eles têm. Muitas empresas, incluindo a Ford e a Volkswagen, ligam para cada um de seus clientes à noite, após uma visita de revisão. O operador que liga dita um roteiro e faz uma série de perguntas de múltipla escolha sobre sua satisfação com o serviço que acabou de fazer. A boa notícia é que esse serviço é coordenado pela montadora, não pela concessionária, portanto há uma abordagem consistente, e eles podem medir a resposta entre as concessionárias.

É muito fácil ver como essa pesquisa aparentemente inofensiva pode mudar radicalmente a maneira como um revendedor dirige toda a sua empresa. Se ele está tratando mal os clientes, o gerente de marca da montadora se preocupa muito e pode tornar a vida dele um inferno. Como resultado, os revendedores estão vivendo e morrendo pelos dados dessa pesquisa. Muitas notas baixas na "abordagem inicial" fazem o cara da recepção perder o emprego. Muitas ocorrências dizendo que "meu problema não foi resolvido" levam toda a equipe de mecânicos a passar por um curso de atualização.

Até aí, tudo bem. O cliente fica mais engajado e a organização de serviços da concessionária está sempre se esforçando para evoluir e ficar no topo das classificações.

O problema está, como sempre, na execução. Deixe-me falar sobre a Cityline Volkswagen, no Bronx, onde costumávamos fazer a manutenção do nosso Beetle.

Em nossa primeira visita, eles nos deixaram plantados de pé do lado de fora, na chuva, por quinze minutos e, depois, consertaram apenas dois dos três problemas que motivaram a ida até lá. O cara que nos ajudou foi simpático e prestativo, o que conta muito, mas, mesmo assim, quando ligaram naquela noite para fazer a pesquisa de satisfação, contei a eles sobre os problemas (me esforçando para também apontar as coisas boas!)

Quando levamos o carro algumas semanas depois, para que instalassem uma nova peça, o mesmo gerente de serviço estava de plantão. Acontece que a Volkswagen não entrega apenas a pontuação aos revendedores, ela entrega todas as pesquisas. O gerente de serviço nos viu entrar e disse: "Ei, vocês são os caras que me deram uma avaliação ruim." Então ele nos dispensou como clientes, explicando que não queria que sua classificação fosse prejudicada por pessoas como nós, e nos pediu para sair. Ele se recusou a instalar a peça ou a trabalhar em nosso carro novamente.

Liguei para o dono da concessionária (ei, estava fazendo uma pesquisa para um livro), mas ficou claro que essa estratégia, para ele, era boa. Seu objetivo era que a concessionária tivesse um grupo de clientes que não respondia à pesquisa ou que sempre dava notas altas.

Ele descobriu como manipular o sistema, que é o que acontecerá com a maioria dos sistemas, se você permitir. A Volkswagen queria que a Cityline evitasse obter classificações baixas, e a Cityline decidiu que a maneira mais fácil de conseguir isso era dispensar clientes que lhes dessem classificações baixas!

Mais comuns ainda são as situações em que a pessoa que está em posição de dar feedback não ganha nada por ser construtiva. Em uma cultura corporativa na qual o feedback é visto como crítica e reclamação, as pessoas têm vontade de obtê-lo e podem optar por evitar a fonte do feedback. Obviamente, isso também desencoraja as pessoas de oferecê-lo. O **Hotwash** é um exemplo de loop de feedback que força a organização a distinguir entre feedback e crítica e garante que os loops não sejam interrompidos.

Implementando o Hotwash

O exército é famoso por suas análises post-mortem. Depois de um jogo de guerra, generais e oficiais se reúnem e analisam tudo o que aconteceu. E fazem isso no mesmo dia, não uma semana ou um mês depois. É uma versão de um loop de feedback rápido, mas com implicações muito especiais.

Essas sessões de "hotwash" [lavagem a quente, em tradução literal] geram um terreno fértil para novos memes. Ao analisar o que acabou de acontecer, contorna-se a proibição social contra críticas, transformando-a em feedback. "Ei, fomos derrotados, vamos descobrir o porquê... e além disso, como agir melhor da próxima vez."

Se faz parte do processo e acontece sempre, é impossível ficar na defensiva. Não é possível interpretar isso como uma crítica pessoal porque todo mundo está passando pelo mesmo processo.

O mesmo hotwash pode funcionar para seus funcionários. Por que não fazer com que a equipe de vendas grave todas as ligações (isso é lícito na maioria dos estados norte-americanos). Grave as ligações em mídias de CD e peça aos vendedores que escolham as cinco favoritas. Faça com que grupos de seis ou sete vendedores passem uma hora por semana, cada um reproduzindo entre si as ligações selecionadas. A troca de memes será significativa. No final de cada mês, distribua as dez melhores ligações para cada um de seus vendedores.

Por que não fazer a mesma coisa com apresentações chatas de PowerPoint? Ao final de cada apresentação realizada dentro de sua empresa, reserve cinco minutos para que o grupo dê feedback sobre o processo e a execução da apresentação em si. Em algumas semanas, a qualidade das apresentações (e o raciocínio que as acompanha) melhorará radicalmente. Ao sancionar o processo de feedback direto, você está tornando o acontecimento da evolução muito mais provável.

A maioria das pessoas reclamará ao ouvir sobre uma ideia como essa. Não é seguro. Não é divertido. Isso torna o trabalho menos confortável (pelo menos por um tempo). Eu responderia a esse chororô contando a história dos mochileiros e do urso-pardo. Em nosso mercado competitivo, se houver outra empresa que está evoluindo com a adoção do hotwash, como será possível competir sem fazê-lo?

"A maioria das pessoas reclamará ao ouvir sobre uma ideia como essa."

Uma forma temida de feedback é a revisão anual. Por que perder tempo com elas? Nove em cada dez vezes, são um disparate. O chefe não quer admitir que esperou onze meses para dizer que alguém estava fazendo um trabalho horrível. O funcionário está na defensiva e no limite. Em vez disso, por que não fazer uma revisão "anual" todos os dias? Se o feedback for frequente, é muito mais fácil ser construtivo.

Obviamente, gerentes experientes se irritam com a ideia de um hotwash diário. Eles poderiam facilmente considerá-lo microgerenciamento. E é isso que acontecerá se for realizado da mesma forma que uma revisão anual. Considere, em vez disso, a ideia de usar hotwash como um loop de feedback rápido, baseado em índices aos quais todos estão de acordo. Agora, não é uma questão de opinião ou poder. São duas pessoas inteligentes trabalhando juntas para fazer um índice subir dia após dia.

Uma das principais armadilhas do hotwash é o desenvolvimento de uma sociedade de admiração mútua. Pode ser necessário implementar uma regra que seja o oposto de uma sessão de brainstorming: nenhum feedback positivo! A natureza raramente fornece feedback positivo para os animais — se você é apto, se alimentará; se não é, estará extinto — e gastar muito tempo valioso parabenizando todos em PowerPoints e visitas de vendas é divertido, mas não é produtivo.

Por favor, não confunda essas reuniões com um endosso à censura crítica disfarçada de feedback nas empresas atuais. As sessões de hotwash funcionam melhor quando o feedback é sobre o desempenho, não sobre quem desempenha a função. Elas funcionam ainda melhor quando o feedback é substancial e medido, e não uma opinião vaga. E funcionam totalmente quando alguém monitora quem está usando o feedback para melhorar e quem apenas aproveita a oportunidade para criticar outra pessoa.

Plano para o Sucesso... e para o Fracasso

Em muitas organizações, não é possível lançar uma nova iniciativa antes de explorar todas as ramificações do sucesso. "Como vamos construir estrutura suficiente? O que acontece se todos na empresa quiserem entrar? Tudo isso passou pelo jurídico?"

Se apenas um em vinte (ou trinta, ou cem) testes for bem-sucedido, isso significa que você está trabalhando muito mais do que precisa. Além disso, significa que você está dificultando o lançamento de novos testes — ou seja, menos testes serão feitos.

A chave para planejar o sucesso não é investir em todas as contingências. É saber que é possível intensificar condutas em um curto espaço de tempo, se for preciso. As empresas gastam muito tempo e dinheiro preocupando-se com o sucesso.

Temos medo da necessidade de recusar pedidos (e lucros) por motivo de pressa. Todavia, sabendo que o sucesso de qualquer teste é improvável, acho melhor correr esse risco do que explorar todos os caminhos com antecedência. No primeiro dia de funcionamento da via aérea, a Federal Express entregou menos de trinta pacotes. Eles tinham jatos sofisticados, um sistema lindamente projetado e nada para entregar. Talvez o lead time para jatos de carga seja tão longo que o alto gasto inicial tenha sido necessário. Mesmo assim, seu negócio é tão complexo assim? Duvido. Primeiro descubra uma estratégia vencedora provável. A logística seguirá.

"As empresas gastam muito tempo e dinheiro preocupando-se com o sucesso."

Parece loucura? Quando os investidores estavam tentando determinar se a CarsDirect.com tinha futuro, desafiaram o CEO a vender um carro online. Basta vender o carro, caminhar pela rua, comprá-lo em uma concessionária autorizada e entregá-lo ao cliente. Não era necessária uma "fábrica" (nesse caso, uma rede nacional de concessionárias autorizadas) para testar se a oferta ao consumidor funcionaria. No primeiro dia, venderam quatro carros. Já era o suficiente. Agora eles sabiam que precisavam construir as instalações para dar suporte à ideia.

O planejamento para o fracasso é mais difícil. Cada fábrica que você abrir, terá que ser fechada ou vendida. Cada funcionário contratado deixará a empresa ou será demitido. Em um país onde metade de todos os casamentos terminam em divórcio — e menos ainda celebram o acordo pré-nupcial — não é surpreendente que não gostemos de fazer planos para o resultado provável. Mas deveríamos.

Quando você aceita um emprego, quanto tempo espera antes de começar a se planejar para o próximo? Já que você vai partir mais cedo ou mais tarde, não faz sentido começar a procurar antes de decidir sair? Fazer o contrário cria um obstáculo para você mais tarde — "tudo ficou *tão ruim* que a hora de começar a procurar um emprego chegou?". Se você nunca tiver que fazer essa pergunta, sua estratégia de vitória ficará menos estagnada.

Capítulo 10

TÁTICAS PARA ACELERAR A EVOLUÇÃO

> Uma vez que a empresa entende a necessidade de zoom, ela pode começar a construir ferramentas que aumentem sua capacidade de se adaptar a um ambiente em mudança.

Aprecie a Charrette

Os arquitetos falam com carinho sobre a empolgante e louca explosão de energia pela qual passam pouco antes da hora marcada para uma apresentação. Você tem cinco ou dez pessoas motivadas e inteligentes, todas se esforçando febrilmente para terminar algo em que trabalharam durante meses. Na maioria das vezes, o melhor insight, as alterações mais importantes e as ideias mais inovadoras vêm no último minuto. O processo é tão importante e tão comum que deram um nome a ele. Eles chamam isso de charrette.

Por que charrettes são tão produtivas? Porque, com a pressão de prazos e a colaboração que nasce com o sentimento de "é isso", as pessoas são capazes de desistir de suas estratégias vencedoras. Melhor ainda, sem tempo para a aprovação de todos, coisas que são inteligentes de fato conseguem entrar no mercado.

Você pode criar charrettes envolvendo seu produto e processo? Um jeito de fazer isso é criar prazos que não existiam. É ótimo que sua equipe passe por uma charrette uma vez por ano antes da grande conferência, mas talvez valha a pena criar anualmente uma ou duas ocasiões a mais quando um prazo semelhante se aproxima.

Charrettes não se limitam a arquitetos, é claro. Os políticos passam por uma nas semanas que antecedem uma eleição. Os alunos descobrem seu poder quando o grupo de estudos do MBA tem apenas alguns dias para a apresentação.

O poder da charrette é que, quando há uma parada brusca em um projeto, as pessoas descobrem como priorizar suas objeções. Tente fazer este experimento simples: em sua próxima reunião de tomada de decisão, leve um cronômetro. Anuncie a decisão que será tomada, a menos que o grupo concorde com uma diferente antes que o tempo se esgote. Após passar pelo silêncio atordoante, você terá um grupo de pessoas muito motivado.

Você ainda está gerenciando o processo? Claro que sim, por isso deve iniciar o cronômetro. É preciso ter certeza de que as pessoas e as ferramentas certas estão na sala. E é preciso ter estabelecido um ambiente no qual elas possam criar sem medo. Então saia do caminho — os resultados o surpreenderão.

"Em sua próxima reunião de tomada de decisão, leve um cronômetro."

Animais Evoluem em um Cronograma Regular

Os genes mudam quando um organismo é concebido. Os memes, por outro lado, estão em fluxo constante, ou seja, parecem mudar mais gradualmente. A filha de Paul McCartney representa uma mistura dos genes do cantor com os de Linda. Paul criou milhares de canções no mesmo período em que levou para nascer, encontrar uma companheira e se reproduzir — e cada uma delas teve um passo memético sutil (ou drástico) removido da anterior.

Não há marcadores para a regeneração memética. Não há tempo natural para dar à luz uma nova ideia. Enquanto algumas pessoas são prolíficas (Paul McCartney não precisava de um incentivo para criar mais memes), outras se contêm, imaginando que sempre podem lançar essa nova ideia amanhã. É possível aumentar drasticamente o ritmo e o impacto da mudança memética ao criar marcadores artificiais — chame-os de momentos de nascimento. O lançamento de uma nova fábrica, de um novo site ou um novo escritório é uma ocasião para implementar uma série de novos memes de uma vez.

Assim como um organismo deve fazer toda a sua recombinação gênica de uma vez em antecipação a um próximo nascimento, sua organização pode ser pressionada a reorganizar o conteúdo do pool de memes a tempo de um marco temporal que se aproxima.

Criar essas oportunidades e aproveitá-las é um passo positivo para empurrar a organização para o zoom. O McDonald's abre uma loja nova todos os dias. Se eles usarem essas aberturas como oportunidades para implementar novos sistemas, podem cultivar radicalmente as lojas antigas assim que descobrirem o que funciona nelas.

O outro lado dessa abordagem é ter um prazo que sempre varia. Se o lançamento de um novo projeto puder ser estendido ("Nós queremos muito acertar"), então o ritmo da mudança memética acabará sendo freado. Alguém precisa empurrar essas coisas para fora da porta, porque, até que outras pessoas interajam com elas, não haverá um feedback substancial que ajude a melhorar o seguinte.

Se o custo de "lançar" uma nova geração de produto ou serviço for muito pequeno, é mais provável que seus colegas de trabalho puxem o gatilho. E uma vez que adquirem o hábito de lançar sem parar, as gerações se aceleram.

Traga de Volta os Anos-modelo

Sessenta anos atrás, a temporada de carros novos era um grande negócio. As pessoas faziam fila do lado de fora da concessionária Chevy local para dar uma olhada no novíssimo Corvette. Havia um ciclo definitivo em Detroit, com carros sendo projetados, fabricados, montados, vendidos e esgotados — e, então, tudo recomeçava.

Com o tempo, a ideia de anos-modelo desapareceu. As empresas perceberam que podem obter mais atenção da mídia e do consumidor lançando os carros um pouco mais cedo. O timing do mercado ficou nebuloso, e agora sempre há algo novo.

O que aconteceria se uma marca voltasse a usar um calendário que todos conheciam? Talvez ela anunciasse um novo design de carro todo mês, por exemplo. Imagine um anúncio da GM no verso da revista *Car & Driver*, apresentando um modelo novo e diferente a cada mês. Esse é um marco geracional para os engenheiros e o pessoal de marketing se empenharem.

Sempre há algo passando em cada um dos canais de TV. Os produtores nunca perdem um prazo. O noticiário noturno está sempre pronto. Eles não deixavam de transmitir um episódio de *Plantão Médico* por ainda estarem discutindo o script. Os produtores sabem que isso significa o fim da carreira. Contudo, também sabem que uma transmissão interessante que não é um sucesso total não é o fim do mundo.

Comece a apresentar novas ideias regularmente.

Alterne as Equipes que Trabalham em Novos Modelos

Um problema dos **momentos de nascimento** é que há uma tentação de aproximar o intervalo entre um e outro. Se um modelo de carro por ano é bom, dois deve ser melhor ainda. Entretanto, como agora eles acontecem com muita frequência, a equipe que trabalha nas apresentações não os verá mais como momentos de nascimento dignos de uma charrette. Em vez disso, verão como um processo constante. A charrette desaparecerá. As emergências irão embora e você estará de volta ao ponto de partida. O truque é encontrar um equilíbrio entre evolução e esforço constantes.

A Microsoft tem uma ótima solução. Eles têm duas equipes diferentes trabalhando em sistemas operacionais, cada uma lançando um sistema novo a cada dois anos. Portanto, as pessoas que criaram o Windows 98 não são as mesmas que criaram o Windows NT.

Esse sistema oferece uma ampla gama de vantagens. Primeiro, há uma tentação (incentivada pela gestão) de uma equipe roubar o melhor das ideias da outra. Mas não há um desejo equivalente de roubar as coisas ruins! Dessa forma, ninguém precisa tirar o seu da reta, fingindo que algum código elaborado por um engenheiro sênior da outra equipe é bom; eles podem ignorar isso e apenas selecionar o que funciona.

Melhor ainda, o sistema alternativo permite à Microsoft competir contra qualquer um que seja corajoso o suficiente para enfrentá-la nesse ramo. Ao lançar um sistema operacional novo totalmente desenvolvido a cada doze meses, eles são capazes de atualizá-lo com mais frequência do que qualquer empresa tradicional (o Linux é uma exceção, porque não é tradicional) e, portanto, tornam esse nicho pouco atraente para os concorrentes.

"Lembre-se de que escolher os números da loteria não aumenta suas chances de ganhar na loteria — comprar mais bilhetes, sim."

Ampliando essa vantagem, a equipe A pode ouvir o feedback público sobre o trabalho da equipe B e colocá-lo em prática imediatamente, enquanto a equipe B tem que esperar mais um ano antes de utilizar esse feedback. Sem ficar na defensiva (não é o código deles), o pessoal da equipe A pode usar o feedback construtivo para desenvolver seu trabalho antes mesmo que o público tenha acesso a ele.

Geralmente, uma equipe de design lida com um produto. Eles fazem isso para Corvettes, Palms, Macintoshes, franquias Starbucks e tênis Air Jordan. Ao alternar as equipes, a competição interna e os ciclos de desenvolvimento sobrepostos podem acelerar o processo de design e feedback de todos esses produtos. Lembre-se de que escolher os números da loteria não aumenta suas chances de ganhar na loteria — comprar mais bilhetes, sim.

O Melhor Ganha do Perfeito

A maioria das organizações hesita em implementar uma melhoria porque está esperando por algo melhor.

Isaac Asimov escrevia um novo livro a cada seis semanas. Alguns deles se tornaram clássicos, outros eram simplesmente bons. Todos eles, entretanto, eram muito melhores do que os livros que J.D. Salinger nunca escreveu.

Em um mercado competitivo, não existe perfeição. No momento em que você desenvolver o perfeito, sua concorrência terá mudado tanto o cenário que seu produto não será nem mesmo bom.

A Microsoft demonstrou por repetidas vezes que distribuir um produto medíocre acompanhado de uma versão muito melhorada (e evoluída) sempre derrotará um concorrente que ainda está ocupado trabalhando em sua primeira versão. Em um mundo em rede, consertar algo após o lançamento é muito mais fácil do que antes.

E isso se estende para além de computadores. Bob Dylan produziu mais de cinquenta discos, a agência Chiat Day lançou milhares de campanhas publicitárias e a Procter & Gamble tem mais de uma dúzia de variedades de sabonete Ivory.

Quando você adota o bom em vez do perfeito, torna sua empresa mais rápida. Por quê? Porque está disposto a tomar decisões com base em informações incompletas. Porque as pessoas estão dispostas a lhe dar mais chances de falhar. Porque está isento da responsabilidade de estar sempre certo.

Se você está parado esperando que algo seja perfeito, é muito difícil obter o feedback necessário para torná-lo melhor.

Desacelerar Não É o Oposto de Se Apressar

Em tempos de crise, quando o noticiário está à sua porta ou a falência está virando a esquina, muitas empresas conseguem se apressar e realizar mudanças drásticas. Elas descartam tudo, se desfazendo agressivamente do que fizeram enquanto correm para construir algo novo. Com muita frequência, essas mudanças de última hora são muito pequenas e surgem tarde demais.

A evolução não funciona dessa maneira. Enquanto houver competição (e sempre há), as espécies estarão evoluindo, testando novas estratégias adaptáveis de sobrevivência e tentando encontrar uma vantagem competitiva. Com o tempo, esses testes (combinados com a hereditariedade) podem representar uma vantagem significativa para a espécie.

Uma empresa que não enfrenta uma crise de vida ou morte não precisa desacelerar, precisa se apressar de uma maneira muito diferente — se apressar para evoluir, para testar.

A mudança não é uma torneira que deve ser aberta em uma emergência e, em seguida, permanecer tranquilamente fechada pelo tempo que restar. É um processo constante, uma ferramenta para vencer a concorrência.

Quando morávamos na fazenda, havia um limite natural para quanto cada um poderia trabalhar. Mais horas trabalhadas não significavam mais milho produzido. Mais meeiros não significavam uma renda maior. Havia um limite para o trabalho, baseado na produção da terra.

As fábricas mudaram isso. Em uma fábrica, quanto mais você trabalha, mais ganha. Melhor ainda, quanto mais seus funcionários trabalham, mais você ganha. Os industriais exigiam mais funcionários e mais tempo de cada um deles porque isso gerava mais lucros para os proprietários da fábrica. Os funcionários reagiram, se sindicalizaram e ganharam a semana de quarenta horas de trabalho.

> "A mudança não é uma torneira que deve ser aberta em uma emergência e, em seguida, permanecer tranquilamente fechada pelo tempo que restar. É um processo constante, uma ferramenta para vencer a concorrência."

As opções de ações e a nova economia condenaram a semana de quarenta horas. A maioria de nós está trabalhando em demasia. Não estamos fazendo o suficiente, mas trabalhamos por muitas horas. Funcionários de colarinho branco (e sócios-proprietários) acham fácil ignorar nossas objeções às horas extras. É viril trabalhar o tempo todo. Trabalhar presencialmente e virar a noite trabalhando parecem ser as melhores maneiras de alcançar sucesso. No entanto, não está claro para mim se as empresas cujos funcionários trabalham o tempo todo superam aquelas que não têm esse perfil. Certamente, há pouca correlação entre produtividade e horas trabalhadas, complexidade do trabalho e horas trabalhadas ou valor das ações e horas trabalhadas.

Não estamos mais no negócio de fazer coisas. As coisas não representam mais os grandes lucros nem a elaboração de estratégias de sucesso. Não criamos mais ferramentas; agora tomamos decisões. E trabalhar muitas horas não ajuda a empresa a tomar mais decisões nem a tomar as melhores decisões.

Na verdade, acredito que as longas horas são uma desculpa para evitar tomar decisões e uma maneira de gerentes nervosos restaurarem a visão do trabalho centrada na fábrica. Empresas com pessoas inteligentes que trabalham menos, mas que tomam decisões melhores, sempre vencerão.

E a primeira decisão que as empresas inteligentes tomam é: quando mudar. Se você trabalha para uma empresa que está muito ocupada agindo como uma fábrica, ela nunca encontrará tempo para evoluir. Mas, se houver a inserção de folgas (as folgas necessárias para que se tome boas decisões), abandonar a estratégia vencedora atual e abraçar a futura é apenas um bom negócio, não uma crise.

Quão duro você deve trabalhar? Se você está trabalhando demais para perder tempo mudando, acabou de responder à pergunta, não é? Tomamos decisões, não criamos coisas.

O que Fazer Se seu Pessoal Estagnar

Como é possível motivar um grupo de pessoas de sucesso a desistir de seu ponto de vista antes que seja tarde demais? Em muitos casos, não é. Eles estão muito inchados, felizes, muito certos de que sabem o que fazer e que não há outras respostas certas. Esses funcionários estão em um beco sem saída evolutivo e seu mDNA está calcificado. Eles querem ser servos, então deixe-os ser.

Monte equipes de novatos ingênuos, pessoas que trazem a mente de um iniciante para o problema. Eles não conhecem todas as vias impossíveis, portanto é muito mais provável que encontrem soluções que sejam ruins — e, então, motivados o suficiente para evoluir para outras que funcionem.

O PayPal, o sistema de pagamento online que é uma verdadeira história de sucesso na internet, não foi iniciado pela American Express. Isso me fascina porque é o produto perfeito para eles comandarem. E acredite, a Amex tinha centenas de pessoas trabalhando em novos projetos relacionados à internet quando o PayPal puxou o tapete debaixo delas.

O que aconteceu? O pessoal da American Express estava ocupado tentando fazer pequenos ajustes para defender uma estratégia vencedora de longa data. A Amex sabe como ganhar dinheiro de determinada maneira, e o PayPal rejeita muitas dessas técnicas. A Amex tem uma cultura de estabilidade e ninguém quer fazer mais do que ajustar a estratégia vencedora. A extravagância que o PayPal traz está fora de questão. Como a abordagem do PayPal é muito diferente (em comparação com as mudanças com as quais Amex se sentia confortável), os poderes constituídos na Amex nem sequer a tocaram.

O PayPal é uma mudança incremental na estratégia vencedora da Amex? A maioria das pessoas de fora concordaria que sim. Mas, do ponto de vista da gestão da Amex, é tão diferente quanto seria se vendessem sorvete.

Desde o lançamento do PayPal, cerca de dois anos atrás, eles inscreveram nove milhões de membros (com cartões de crédito ou contas correntes) e estão crescendo em quase 1 milhão de membros por mês. Durante esse período, mudaram sua interface com frequência, evoluíram de um sistema primitivo para outro mais leve e fácil de usar o tempo todo. Eles estão cultivando o processo, utilizando sua mutação inicial e tornando-a cada vez melhor.

Então, o que uma grande empresa pode fazer? A primeira coisa é remover os pessimistas do loop. Não havia ninguém no PayPal que precisasse ser convencido antes de haver permissão para lançar o produto. Todas as pessoas da empresa estavam lá porque já *acreditavam* nele. Cada vez que uma grande empresa realiza uma reunião destinada a obter adesão ou persuadir os reacionários, essa empresa está perdendo tempo, e seus concorrentes mais espertos, não.

Colocar os revolucionários nos próprios edifícios com prazos reais e protótipos frequentes é uma estratégia inteligente. Protegê-los de gerentes seniores com muita experiência, que podem lhes dizer o que não pode funcionar, é ainda mais inteligente.

"Remova os pessimistas do loop."

Uma Coisa que Vale a Pena Roubar do Supermercado

O leite vem com uma data de validade. Quem trabalha com laticínios sabe que, se os deixarem na prateleira para sempre, vai estragar e alguém ficará doente.

A mesma coisa acontece em sua empresa. Uma decisão é tomada e é muito mais fácil viver com ela para sempre do que reunir um quórum para desfazê-la meses ou anos depois.

Em vez de tomar decisões para sempre, por que não descobrir quais tipos de políticas e táticas devem expirar? Por exemplo, temos um bom panfleto, mas quero um novo dentro de dezoito meses. Ou então: determinado parceiro de distribuição é perfeito para nós, mas precisamos ter outros três operando até o final do ano.

Após definir uma data de expiração, atenha-se a ela. Determine uma data para o objeto (esta máquina será vendida ao ferro velho em 03/01/2023) ou mantenha um arquivo de fácil acesso em execução quando algo precisar ser descartado. Se você sabe que algo não é para sempre, é mais fácil começar algo novo. Casar é algo grandioso — lançar algo no trabalho, não. Observe que uma data de expiração não é um prazo. É a data em que haverá um vácuo — e a empresa terá apenas que implementar a próxima melhor estratégia disponível.

Existem dois tipos de expiração. A primeira e mais modesta abordagem é simplesmente ter uma data em que você reconsiderará uma política ou uma estratégia. A segunda, que leva a uma atividade muito mais evolutiva, é a promessa de descartá-la e exigir que a empresa apareça com algo melhor. Isso parece radical (e um desperdício), mas há muitos setores que continuam assim (moda, editorial, automobilístico). O fato é que esses setores desenvolvem certas partes de seus negócios com muito mais rapidez do que a maioria.

Por que o *New York Times* ainda publica as tabelas de ações? Alguém ainda as lê? Quer dizer, se você realmente se importa com o valor das ações da AOL, a internet é mais rápida e fácil de usar e tem letras maiores. Eles certamente não as veiculam por causa do lucro — praticamente não há anúncios nessas páginas.

A resposta é que é mais fácil publicar as tabelas do que lidar com todas as reuniões internas, bem como lidar com as mil cartas raivosas de leitores reacionários que sentirem falta delas.

Essa escolha (alguns chamariam de preguiça) está custando milhões de dólares por ano em papel desperdiçado ao *Times* e, pior ainda, impedindo-os de inventar outra coisa para colocar nas páginas que poderia dar lucro! No entanto, se elas expirassem, a história poderia ser muito diferente.

A Página da Web Eterna

Nos últimos cinco anos, as empresas criaram mais de 3 bilhões (com B) de páginas da web. A maioria desses sites permanecerá no ar, intocada e sem medidas, até que a eletricidade acabe.

Não há nada mais fácil de testar e evoluir do que um site. Os sistemas de rastreamento e alteração de sites são baratos ou gratuitos e não é necessário nenhum conhecimento especializado para descobrir que determinado layout ficou melhor do que outro. No entanto, quase nenhuma empresa desenvolve suas páginas.

"Se algo precisa de uma data de validade, é seu site."

O site médio permanece no ar por 44 dias antes de ser removido da web ou alterado. Para todos os efeitos e propósitos, isso é para sempre. Uma página da web deve ficar no ar por um dia, talvez dois.

A web nada mais é do que um meio de marketing direto, e cada página nada mais é do que uma página de oferta. Nenhum profissional de marketing que se preze deixaria uma página sem teste e sem alterações por 44 dias. Se algo precisa de uma data de validade, é seu site.

Imagine que uma empresa esteja pagando cinquenta centavos, em média, em custos de marketing para levar uma pessoa a uma página da web uma vez. Se 10 mil pessoas acessam essa página por dia, isso lhes custa US$5 mil.

Agora, imagine que 20% das pessoas que visitam essa página vão para a página seguinte e que 3% dessas pessoas se tornam clientes, com um valor vitalício para a empresa de US$80.

Um cálculo rápido demonstra que, todos os dias, esse processo está gerando cerca de trinta novos clientes com uma perda líquida de US$200 por dia.

Se a empresa começasse a testar, medir e desenvolver essas duas páginas, poderia conseguir obter o rendimento da primeira página em 40% e da segunda em 5%. Agora a matemática conta uma história diferente. O lucro líquido atual é de US$11 mil por dia. Mesmo sem ampliar o marketing, essas duas páginas podem gerar US$4 milhões por ano em lucros novos.

O custo total desse ajuste: uma hora por dia do tempo de alguém durante um mês.

Todo Mundo Faz Brainstorm

Apesar de sua simplicidade, quase todas as sessões de **brainstorm** dão errado. Em vez de permitir que 1 milhão de novos memes brotem, as sessões de brainstorming quase invariavelmente se transformam em reuniões nas quais a estratégia vencedora é imposta e reforçada.

Se você já disse "Não é assim que fazemos as coisas por aqui" durante uma sessão de brainstorming, você tem culpa no cartório. Na minha lista de ocorrências também consta: "Bem, posso poupar um tempo e dizer que isso não é possível."

O objetivo de uma sessão de brainstorming (há muitos livros que podem fornecer todos os detalhes de implementação de uma) é liberar o espaço ocupado pelas restrições da estratégia vencedora e permitir que novos memes circulem. Há muito tempo para abatê-los mais tarde. Quando você se sente livre para dizer algo tolo, é muito mais provável que diga algo profundo. Por quê? Porque seus censores internos se calam e libertam as ideias que você sempre teve medo de dizer em voz alta.

"Há muito tempo para abatê-los mais tarde."

Além de serem realizadas incorretamente, as sessões frequentemente envolvem precisamente as pessoas erradas. Em vez de convidar apenas os chefes de marketing para uma reunião de brainstorming de marketing, convide algumas pessoas da equipe de vendas, do chão de fábrica, de sua academia e, até mesmo, alguém que trabalhou para a concorrência.

Esses iniciantes ingênuos são muito mais propensos a esticar os limites do que você está pensando. Ao semear seus pensamentos com memes inadequados, essas pessoas estão lhe dando os elementos fundamentais necessários para que se construa algo melhor.

A Caixa de Sugestões Não Morreu

O modelo centrado na fábrica (de ver os funcionários como engrenagens de uma roda) levou a uma longa tradição de chefes ignorando os trabalhadores. Contanto que cheguem na hora certa e pressionem os botões certos, muitas empresas se darão por satisfeitas. No entanto, são os trabalhadores que conhecem as melhores maneiras de cultivar os sistemas que você implementou. A Eastman Kodak instalou a primeira caixa de sugestões em 1898, mas, por mais de cem anos, as empresas as têm usado como um paliativo, não como um mecanismo para mudanças.

Na fábrica de canetas Bic, as melhorias a nível de piso são um estilo de vida. As reuniões semanais analisam cada sugestão, e os funcionários ficaram tão envolvidos que, em determinado ano, 85% dos trabalhadores fizeram pelo menos uma sugestão, somando cerca de 3 mil ao longo do ano.

Todavia, as sugestões em si não são o ponto. A Bic não paga muito bem (US$100 pela melhor sugestão do mês), então essa enorme taxa de resposta não é pelo dinheiro. A razão de isso dar certo é que foi criado um ambiente onde todos os funcionários são ensinados a cultivar continuamente todos os seus sistemas. "Quando vim para a Bic, há vinte anos, o pensamento era: 'Só preciso pressionar esses botões; tenho engenheiros para pensar por mim'", disse um funcionário. Agora as pessoas pensam quando vão trabalhar.

A Procter & Gamble levou esse processo ainda mais longe. Ela construiu um site para sugestões (feedback rápido!) e, em seguida, adicionou um banco de dados. Agora, alguém que envia uma sugestão vê todas as outras sugestões que são semelhantes. O número de entradas no banco de dados chegou a 10 mil no início dos anos 2000. Ao fazer conexões entre esses memes, a P&G torna muito mais provável que as sugestões implementadas sejam eficazes.

A boa notícia sobre o site é que o CEO, John Pepper, teve a brilhante ideia de abri-lo a partir do pequeno departamento de P&D para toda a empresa. Usando o poder mundial da web, ele espalhou essa ideia por toda a parte. A má notícia é que é uma força muito menos poderosa para a mudança cultural do que a simples reunião da Bic.

A Bic mudou a postura de sua mão de obra. Ao incentivá-los a buscar melhorias e ao reforçar esse comportamento por meio de reuniões semanais, nas quais colegas e supervisores elogiam quem está melhorando o ambiente de trabalho, a Bic enviou uma mensagem poderosa. A P&G, por outro lado, está adotando uma abordagem muito mais clínica. Embora possa aproveitar mais as sugestões, não está claro se eles estão tratando a mão de obra de maneira diferente.

Faça o Teste da Lixeira

Uma das sugestões dos agricultores da Bic foi sobre a caçamba de lixo. Duas vezes por semana, uma empresa de transporte recolhia o lixo — embora a lixeira nunca estivesse mais da metade cheia. Ao mudar os dias de coleta para uma vez por semana, a empresa economizou milhares de dólares.

Portanto, temos uma pergunta: Se houvesse uma situação semelhante em sua empresa, quantas pessoas tentariam economizar dinheiro? Como elas fariam isso? Essas pessoas seriam vistas como criadoras de problemas ou como excêntricas por todas as demais com quem interagem?

Tudo isso remete à postura. A ideia de melhorar seus sistemas para encontrar maneiras de evoluir é óbvia, mas não é natural. O cara do setor operacional que está encarregado da coleta de lixo pode ficar ressentido por um estranho fazer essa sugestão. Afinal, há um bom motivo para que a frase "cuide da sua vida" tenha se tornado um clichê.

Em vez de fazer o gerente da fábrica gastar muito tempo tentando descobrir como economizar dinheiro na coleta de lixo, faz mais sentido gastar esse tempo mudando a cultura, de modo que centenas de pessoas comecem a se preocupar com a coleta de lixo.

Vivendo com Janelas Quebradas

Na obra *O Ponto da Virada*, Malcolm Gladwell escreve sobre o declínio abrupto do crime em certas partes da cidade de Nova York.

Ele ressalta que, ao consertar janelas quebradas e limpar pichações, o departamento de polícia criou uma nova atmosfera. Estudos demonstraram que, quando não há pequenos atos de vandalismo, as taxas de assassinato e roubo diminuem.

O motivo parece muito simples — se o bairro parece bem cuidado, é mais difícil realizar condutas que vão contra a lei. Se, por outro lado, você está vivendo no Velho Oeste ou em uma favela em ruínas, todos os resultados são imprevisíveis.

Mas o que isso tem a ver com a Verizon?

Se você mora no nordeste dos Estados Unidos, provavelmente teve que ligar para a Verizon para falar sobre seu serviço telefônico. Ao fazer isso, você é saudado por um sistema de processamento de voz que faz uma série de perguntas e diz: "Por favor, digite seu número de telefone." Então você digita os dez números e espera um pouco.

A parte seguinte desse processo é o que me surpreende. Todas as vezes em que liguei para algum atendente deles nos últimos três anos (umas vinte, talvez), a operadora diz: "Qual é seu número de telefone?" Então eu digo: "O número de telefone que o sistema acabou de me pedir para digitar?"

Nessa hora, o operador solta um suspiro profundo, me fala que todos dizem isso e explica que o sistema não funciona. (Lembre-se, esta é a empresa TELEFÔNICA!)

Ao longo dos anos, algumas operadoras de telefonia corajosas certamente encaminharam essa fonte comum de frustração aos poderes constituídos. E ao longo dos anos, os engenheiros sempre estavam com algo melhor para fazer do que consertar um sistema que irrita dezenas de milhares de pessoas todos os dias. Essa é uma decisão sobre prioridades que não posso tomar por eles.

No entanto, posso dizer que a Verizon está deixando bem claro para as pessoas que atendem aos telefones (as pessoas que lidam com seus clientes) que melhorar os sistemas não faz parte de seu trabalho.

Peça a dez operadores da Verizon para participar de uma sessão de brainstorming sobre como melhorar o atendimento ao cliente e tenho certeza de que você terá milhares de ideias excelentes. E tenho a mesma certeza de que a Verizon não faz zoom suficiente para ter sessões como essa. Ao deixar janelas quebradas em seu correio de voz, eles lembram isso a seus operadores e clientes todos os dias.

Vamos Testar Isso!

Em 1997, minha empresa estava enviando e-mails para 200 mil usuários. Nosso objetivo era fazer com que o maior número possível de pessoas abrissem o e-mail como um primeiro passo para que nos respondessem.

Um dos profissionais de marketing em nosso brain trust teve a ideia maluca de usar a seguinte frase como assunto do e-mail: Quantos engenheiros da Microsoft são necessários para trocar uma lâmpada?

"Quantos engenheiros da Microsoft são necessários para trocar uma lâmpada?"

Na maioria das empresas, uma sugestão como essa faria com que você fosse enxotado porta afora. Mas tínhamos uma mentalidade agrícola, então minha resposta foi muito diferente. Eu disse: "Ei, vamos testar isso." E, então, nós o enviamos para 10 mil pessoas dentro das 200 mil que receberiam o e-mail.

Adivinhe só: o e-mail da Microsoft obteve uma taxa de resposta *duas vezes* maior do que os demais. Descobrimos isso sem usar grupos de foco ou contratar empresas de consultoria caras. Fizemos isso por meio de testes.

A Macy's não pode reformar o primeiro andar de sua loja na cidade de Nova York sem gastar milhões de dólares e, em seguida, sofrer um grande impacto na receita se errar. A Amazon, por outro lado, pode mudar as coisas em sua página inicial em uma hora e reverter para o original em cinco minutos se errar.

Essa parece uma estratégia simples e óbvia para as empresas pontocom. Atualmente, no entanto, graças a uma ampla gama de inovações tecnológicas, pode-se lidar com praticamente qualquer trabalho exercido por um servo com a postura de um agricultor.

Os operadores de caixa do McDonald's têm acesso em tempo real à quantidade de clientes que pediram sobremesa? "E se tivessem?" E se eles pudessem ver, ali mesmo na caixa registradora, a porcentagem de clientes que compra uma torta de maçã em comparação com os outros caixas da franquia, ou em comparação com as outras franquias na região?

Com uma meta de "venda 20% mais tortas de maçã" e uma recompensa "e ganhe uma bicicleta grátis", bem como a liberdade de improvisar, minha aposta é que eles poderiam fazer esse número disparar. Imagine 10 mil operadores de caixa do McDonald's, todos exibindo sorrisos, chamando e atraindo clientes apenas para ganhar uma bicicleta. Para mim, isso é a cara da seleção natural.

E melhora ainda mais. Assim que o McDonald's encontrar alguns caixas que parecem ter talento para isso, eles podem gravá-los em vídeo e compartilhar essa abordagem com os demais. Uma postura de cultivo transforma esses 10 mil servos em agricultores ou, pelo menos, em aprendizes de agricultores.

Essa mudança de mentalidade, uma postura nova, é um elemento fundamental na criação de uma organização em zoom. Apresentei uma ideia a uma pessoa do setor editorial que conheço. Em vez de dizer "Quanto custará para descobrir se vai dar certo, quanto tempo demorará e qual será o tamanho do prejuízo se estivermos errados?", ela disse: "Isso nunca funcionará, e o editor nunca aceitará." Ponto-final. Ela é uma serva, não uma agricultora. Suas regras antigas a trouxeram até aqui, e ela não tem pressa de encontrar regras melhores.

Em meu trabalho com a AOL, parecia-me que eles nunca aprenderam a cultivar. Estavam tão ocupados com a caça e com a magia que nunca se preocuparam em testar. Por exemplo, a certa altura, a AOL era uma das maiores vendedoras de livros de informática do mundo. Além de vender livros de informática online, as operadoras da AOL ligavam para os usuários em casa (durante o jantar) e vendiam pacotes de livros por telefone.

Pensando como um profissional de marketing direto, a coisa óbvia a se fazer era testar todos os roteiros possíveis (para o telefone) e apresentações online que fizessem sentido. Nessa linha, roubando uma técnica dos grandes profissionais de marketing direto de nosso tempo, a outra estratégia inteligente era testar os livros antes de escrevê-los (ou aprovar a escrita deles). Ligue para mil pessoas ou veicule mil anúncios online e veja se o livro que está em sua mente venderia. Em caso afirmativo, apresse-se e escreva. Se não, passe para a ideia seguinte.

"Suas regras antigas a trouxeram até aqui, e ela não tem pressa de encontrar regras melhores."

Embora a parte econômica dessa ideia seja óbvia, os funcionários da AOL não pensavam como agricultores. Eles escreviam os livros primeiro e os vendiam depois.

O mDNA Deve Prescrever?

Não tenho certeza, mas acho que, em todos os episódios de *Jornada nas Estrelas*, ninguém nunca comemorou um aniversário. Se o fizessem, eu apostaria dinheiro que cantariam aquela musiquinha estúpida *Parabéns a Você*. Parecendo mais um canto fúnebre do que de celebração, *Parabéns a Você* é a música oficial dos aniversários nos EUA [e no Brasil, dadas as devidas adaptações]. Por existir há uns cem anos, é um padrão firmemente enraizado. Acho que nunca fui a uma festa de aniversário em que não se cantasse essa música, e não há sinais de que ela será deixada de lado.

Por que arriscar? Por que se dar ao trabalho de organizar uma festa de aniversário e acabar decepcionando o homenageado por não cantar *Parabéns a Você*? Não há dúvida de que poderíamos criar uma música melhor, mais engraçada, mais alegre, mais interessante. Mas é extremamente improvável que encontremos muitos compositores talentosos, ansiosos para aceitar esse desafio, com *Parabéns a Você* emperrando o sistema.

Provavelmente, o mesmo se aplica à sua empresa.

Existem rituais e estratégias de vitória que ninguém tem coragem de questionar, quanto mais substituir. Acesse Yahoo.com e clique no maior logotipo da página (o logo do Yahoo!). Por mais de cinco anos, esse logotipo está lá, dominando a página, e é clicado pelo menos uma vez (mais cedo ou mais tarde) por cada pessoa que o visita.

> "Por que se dar ao trabalho de organizar uma festa de aniversário e acabar decepcionando o homenageado por não cantar Parabéns a Você?"

Ainda assim, ao clicar no logo do Yahoo!, a página inicial não faz absolutamente nada.

Pense em todas as coisas que você poderia fazer com esse link. O maior logotipo de uma das páginas mais populares de toda a internet. Certamente, existem dezenas de maneiras de fazer essa propriedade render frutos. Em vez de apenas deixá-lo parado, por que o Yahoo! não desafia seus clientes a encontrarem usos interessantes para o link? E, então, teste-os, um por um, em amostras da população até que algo efetivamente dê certo.

Ou, então, veja o caso da United Way, que cresceu e se tornou uma das maiores instituições de caridade do mundo com a força de uma estratégia vencedora única: desconto na folha de pagamento. Vendendo para apenas uma pessoa em uma empresa grande, a United Way conseguiu centenas de milhares de doadores, cada um dos quais poderia fazer pequenas doações a cada contracheque. É brilhante!

Infelizmente, com a fragmentação da mão de obra, essas grandes empresas não respondem por tantos contracheques como antes. Cada vez mais pessoas trabalham para pequenas empresas ou como freelancers. De repente, a estratégia vencedora de arrecadação de fundos da United Way não era tão eficaz quanto antes.

Como a United Way parou de buscar novas estratégias vencedoras quando a que descrevemos decolou, o declínio que eles encaram atualmente nas doações esperadas é particularmente sofrido. Talvez eles pudessem ter adotado uma abordagem diferente. Se tivessem lançado uma nova tentativa significativa de arrecadação de fundos em cada um de seus Capítulos locais todos os anos, ao final de vinte anos teriam tentado mais de 3 mil novos esforços de arrecadação de fundos. Esse esforço constante e regular para substituir a estratégia vencedora atual teria gerado dezenas de unidades vencedoras, garantindo um crescimento estável para a instituição de caridade. Em vez disso, as pessoas viam a dedução na folha de pagamento como o *Parabéns a Você* — emperrado para sempre.

Caos Externo Significa Caos Interno?

Pode parecer que a melhor maneira de lidar com a turbulência da mudança é encorajar sua empresa a entrar em um estado de anarquia. Eu não acredito nisso. Embora não haja uma mão invisível guiando a natureza para longe de becos sem saída (como o ornitorrinco), é bastante evidente que a liderança inteligente é a distinção crucial entre uma empresa que atinge o sucesso e outra que simplesmente desaparece.

Existem quatro maneiras de evitar que uma empresa em evolução se transforme em uma massa enlouquecedora de projetos idiotas e de permitir simultaneamente a adaptação fácil de resultados de testes bem-sucedidos.

Primeiro mantenha seus projetos em baixo custo. Os experimentos que levam à seleção natural ou à mutação são essenciais, mas os experimentos baratos podem fornecer quase tantos dados quanto os caros. Barato, inclusive, também significa rápido. Se existe uma maneira rápida e barata de descobrir uma estratégia vencedora melhor, faça-a!

"Liderança inteligente é a distinção crucial entre uma empresa que atinge o sucesso e outra que simplesmente desaparece."

É necessário vigilância eterna para impedir que funcionários temerosos incluam todos os tipos de garantias e fiabilidades em seus experimentos. Se você vai falhar, falhe de forma rápida e barata. Não deixe que as pessoas criem forças-tarefas, planos de contingência e amortecedores em torno de seus esforços. Atire primeiro, faça perguntas mais tarde.

Em segundo lugar, responsabilize as pessoas. Não com aquela responsabilidade de vida ou morte disfarçada de accountability na maioria das empresas. Esse tipo de proposta praticamente garante que apenas um idiota se ofereceria para testar algo — é uma maneira segura de perder o emprego. A responsabilidade de que você precisa é rápida e direta. Se alguém prometer que um teste será feito na quinta-feira, pergunte a essa pessoa na quinta-feira pelos resultados. Se estiverem uma semana atrasados em um teste de duas semanas, cancele-o. A natureza não é gentil, nem as empresas em evolução.

Em terceiro, você ainda precisa liderar. Empresas bem-sucedidas derrotam empresas malsucedidas quando um chefe inteligente faz escolhas inteligentes. Não, isso não é genética. Alguém está no comando, em algum nível, e é você. Você decide quais projetos autorizar, quais recursos alocar, para qual empresa trabalhar, que trabalho realizar.

Quarto, os proprietários tomam decisões melhores. Quando a Hard Manufacturing deu a seus operários uma parte dos lucros, uma centena de experimentos ocorreu espontaneamente. Quase todos eles foram inteligentes, e a maioria se traduziu em melhorias bem-sucedidas na eficiência.

Você não pode abdicar de todas as tomadas de decisão para o mercado. Não acredito que a administração possa ditar o futuro por decreto, mas também sei que não ter cargo nenhum é abdicar de sua responsabilidade. Fazemos apostas todos os dias, e fazer muitas apostas é inteligente. Fazer apostas bem-sucedidas é brilhante.

"Fazemos apostas todos os dias, e fazer muitas apostas é inteligente."

O Foco Não É Mais Suficiente

Se você quiser abrir uma garrafa de champanhe, não adianta dar um puxãozinho na rolha, declarar que o teste foi um fracasso e, depois, passar para a próxima garrafa. Nesse ritmo, você não abrirá nenhuma.

Nos negócios, assim como nas garrafas de champanhe, o esforço intenso de um indivíduo (ou equipe) focado pode fazer uma enorme diferença. Um gene é implacável em seus esforços para se espalhar. No que diz respeito a esse gene, nada mais é tão importante quanto a propagação. É esse tipo de egoísmo que permite que o gene prospere. O mesmo se aplica a qualquer esforço empresarial. Os que têm mais probabilidade de ter sucesso resultam de um esforço incansável e focado que exclui quase todo o restante. Se alguém for mais focado e persistente, provavelmente triunfará.

Como, então, racionalizar o ditado de que as organizações em zoom acreditam em projetos frequentes e baratos? Será que podemos afirmar com certeza que essas organizações acabarão perdendo para um concorrente obcecado que apostará tudo no lançamento do produto A ou na defesa do mercado B?

Na teoria, isso é absolutamente correto. Grandes descobertas geralmente requerem uma combinação de investimento e persistência. Na prática, porém, não é isso que a maioria das empresas tradicionais faz.

Elas não focam. Não investem de forma inteligente. Em vez disso, investem excessivamente, como se isso fosse uma apólice de seguro contra falhas. O foco envolve a visão periférica, implica uma obsessão por um objetivo, mas flexibilidade quanto aos meios para chegar lá. A exclusão de alternativas, por outro lado, permite que uma empresa use antolhos e ignore todas as informações de que não gosta.

Quando visitei Jake Weinbaum e sua equipe no empreendimento online da Disney, fiquei surpreso. Foi por volta de 1997, nos primeiros dias online, e eles estavam extremamente confiantes. Seus enormes escritórios estavam sendo conectados com centenas de milhares de metros de cabos de rede codificados por cores. Havia linhas T1, cubículos sofisticados e um belo edifício corporativo. Eu me lembro de pensar na época: "É muito dinheiro gasto em um empreendimento totalmente não testado." Em retrospecto, eles provavelmente teriam se saído melhor usando o mesmo dinheiro para semear uma dúzia ou mais empresas com abordagens diferentes para a internet. A Disney investiu o suficiente, mas "focou" demais, e seu dinheiro foi desperdiçado.

"Grandes descobertas geralmente requerem uma combinação de investimento e persistência. Na prática, porém, não é isso que a maioria das empresas tradicionais faz."

Nossa tendência como gestores é tentar encontrar seguros. A ideia de lançar projetos que esperamos fracassar por completo (simplesmente não sabemos *quais deles* fracassarão) é um anátema para o modo de pensar da Harvard Business School. Portanto, quando proponho que uma empresa evolua com uma abordagem de portfólio, não acho que você vai exagerar e perder o foco. O instinto de fazer apenas o feijão com arroz é forte demais para ser integralmente abandonado.

A regra é investir o mínimo de tempo e dinheiro necessários — nem um centavo a menos. E, claro, nem um centavo a mais. Coloque cada dólar e pessoa necessária em um projeto... e, então, use o restante para compor um projeto que tenha uma visão muito diferente do mundo. A arte envolvida nesse processo surge quando a administração tem que decidir quanto é suficiente para investir em determinado esforço.

Focar um esforço não significa que sua empresa não possa se concentrar, também, em um esforço competitivo. Essa, de fato, é a diferença entre empresas e indivíduos. Uma empresa pode se concentrar em duas coisas ao mesmo tempo.

Juntando Tudo: Hora de Decisão no Environmental Defense Fund

Para dar uma ideia de como uma empresa que "entende da coisa" pode colocar o zoom e o pensamento evolucionário em prática, escolhi uma organização muito diferente da sua, que enfrenta decisões diferentes e um ambiente muito diferente. O motivo é simples: não quero que os detalhes atrapalhem a lógica simples que orienta a decisão.

Ao contrário da maioria das organizações sem fins lucrativos, o Environmental Defense Fund, ou EDF, não está preso a uma estratégia vencedora.

Fundado há cerca de trinta anos durante uma luta (vitoriosa) para banir o DDT, essa organização agressiva tem estado na vanguarda de novas ideias na batalha para salvar nosso meio ambiente. No início dos anos 2000, destacou-se no uso da internet para arrecadar dinheiro e coordenar ativistas. Organizações sem fins lucrativos mais antigas, maiores e mais bem estabelecidas têm ignorado o potencial da internet ou estrangulado a inovação com reuniões e compromissos intermináveis.

Até o momento em que este livro foi lançado, o EDF lançou uma série de sites. São eles:

www.actionnetwork.org

Este é um centro de ativismo online. O EDF realiza a inscrição de usuários e envia e-mails como este:

ALERTA DO ACTION NETWORK —

Prezado Fulano de Tal,

Como você sabe, há duas semanas o presidente Bush desistiu de uma promessa de campanha para reduzir a poluição por carbono gerada em grandes usinas de energia. Nesse anúncio, ele também questionou a ciência elementar sobre o aquecimento global, um ponto de vista muito distante da corrente principal da ciência. Você se juntou a mais de 12 mil membros da Action Network para registrar suas preocupações sobre essa má decisão.

Lamentamos informar que hoje ele foi ainda mais longe.

O governo Bush acaba de anunciar que abandonará o único esforço internacional de lidar com o aquecimento global — o Protocolo de Kyoto. Esse acordo representa o mundo se unindo para dar os primeiros passos rumo à limitação da poluição por carbono. Atualmente, é a melhor esperança do mundo para frear os efeitos do aquecimento global. Os Estados Unidos assinaram esse acordo em 1997 e têm trabalhado arduamente na negociação de sua implementação para torná-lo prático e viável. A decisão do presidente Bush anula o compromisso dos EUA com o restante do mundo e pode jogar fora o progresso internacional conquistado a duras penas nessa questão crucial.

MAS NÃO ESTAMOS DESISTINDO, ESSE PROBLEMA É MUITO GRAVE!

Você esteve conosco há duas semanas para exortar o presidente a levar o aquecimento global a sério. Precisamos redobrar os esforços. O governo deve começar a entender que isso não são apenas decisões políticas ruins, mas também um conjunto político ruim. Eles precisam começar a entender que o público não apoia e não apoiará esse tipo de decisão. Junte-se a nós novamente para deixar claro ao presidente: essas decisões não podem ser mantidas.

Sessenta por cento dos ativistas que receberam esse e-mail responderam e agiram. Sabendo que isso representa mais do que *cinquenta vezes* a resposta que você esperaria de uma mala direta, não é de se admirar que a internet tenha mudado a forma como o EDF faz negócios.

Com o rápido avanço inicial do EDF online, não é nenhuma surpresa que eles tenham ficado entusiasmados com o potencial de usar esse meio para expandir seus "negócios". Sem um investimento significativo ou uma diretiva de cima para baixo, a organização evoluiu para usar o meio de maneira produtiva — o que deixa muitos de seus "concorrentes" encabulados.

Por meio de um amigo em comum, os executivos do EDF pediram meu conselho. Eles testaram vários sites e aprenderam com os loops de feedback rápido que configuraram. O objetivo era saber como gastar muito dinheiro e realmente aderir a essa nova estratégia vencedora.

Eles indagavam: "Seth, quais empresas de marketing devemos usar? Quais desenvolvedores? Se conseguirmos que o conselho aprove um investimento significativo, o que devemos montar?" Essa é uma pergunta clássica e específica de gestão, algo que me perguntam o tempo todo.

Porém, desta vez uma luz se acendeu para mim. Desenhei uma imagem:

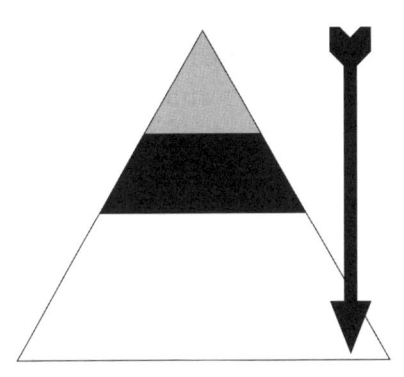

"A maioria das empresas deseja gerenciar de cima para baixo. Nesse caso, por exemplo, o EDF quer descobrir a resposta 'certa', se organizar, gastar muito, planejar e, depois, encaminhar para a média gestão, que pegará essa solução perfeita e a entregará ao pessoal nas trincheiras, que a implementará.

"A boa notícia é que você fez o dever de casa e tem certo tino para o que dá certo e o que não dá. Infelizmente, essa é uma abordagem centrada na fábrica e, em uma indústria fluida (qual indústria não é fluida atualmente?), simplesmente não funcionará."

Expliquei isso aos meus amigos do EDF e, então, continuei com minha dicotomia.

"E se olharmos para isso de forma diferente? E se fosse assim?

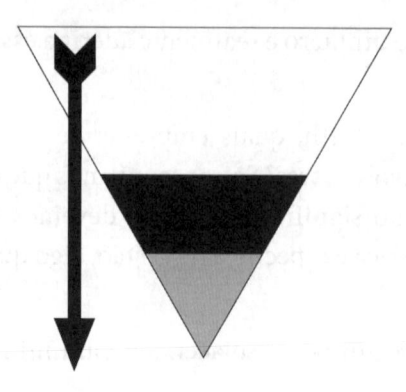

"Não é nem 'de baixo para cima', porque isso implica que o lugar onde o trabalho é feito é embaixo. É apenas o inverso. Assim, nós conduzimos o negócio em torno dos testes, e não o contrário. Os testes não são um espetáculo secundário que acontece na fábrica, e sim um espetáculo secundário que faz com que nossos testes funcionem melhor.

"E se você gastasse esse dinheiro construindo um sistema que facilitasse o teste de coisas importantes e, depois, passasse os dados adiante? Em vez de criar especificações de um sistema técnico rígido, o EDF poderia se organizar em torno da ideia de que tudo o que funciona online precisa ser aproveitado agora, porque amanhã pode não funcionar mais."

Fiquei satisfeito ao ver meus anfitriões mergulharem na ideia. Adam, um player-chave do grupo na internet, começou a desenhar círculos em cima da minha imagem em seu caderno. "Então, em vez de ter apenas um ou dois pequenos grupos de pessoas trabalhando em nossas ofertas online, poderíamos abri-lo para centenas de indivíduos ou grupos que querem nos ajudar a ter sucesso."

Ele acertou em cheio. Se o EDF começar a tratar o processo de obtenção de dinheiro e de ativistas online da mesma maneira que o Linux trata seu sistema operacional, terá um processo mais rápido e eficiente para construir sua organização. Eles criariam um sistema que custaria uma fração do preço de adivinhar a resposta certa, criar um banco de dados caro (essa etapa sozinha leva um ano), descobrir que não deu certo e, em seguida, iniciar novamente.

Em vez disso, o EDF pode descrever os elementos fundamentais (esse site adquire membros, é projetado para construir interações com ativistas) e, então, passar os dados e os índices um passo acima na hierarquia.

No nível seguinte, a gestão pode decidir quais estratégias estão funcionando e investir mais ativos nelas. Eles também podem intermediar relacionamentos entre os diferentes ativos. Digamos, por exemplo, que o grupo de arrecadação de fundos saiba que pode solicitar ativistas para doações, mas também sabe, por meio de testes, que 10% das pessoas contatadas não apenas não doam, como deixam de ser ativistas. Ao compreender essas relações, o EDF pode tomar decisões inteligentes sobre quais ativos usar e em quais investir.

Conforme novas táticas e técnicas emergem do uso implacável de testes e loops de feedback rápido, o sistema mudará. Com o tempo, ele se tornará algo muito diferente do sistema com o qual eles começaram. O EDF evoluirá, com a gestão definindo o objetivo e o próprio sistema se transformando constantemente para se tornar mais eficiente.

Se, de modo contrário, o EDF investir grande parte de seu orçamento em um sistema de software, eles ficarão presos a ele. Se der certo ou não, essa será sua estratégia vencedora.

Não é necessariamente mais barato montar uma empresa com uma estratégia em evolução, mas sempre gerará melhores resultados. Isso porque "Eu não sei" é a única coisa verdadeira que você pode dizer sobre o futuro.

Como eles estão construindo seu sistema em torno do "Eu não sei", têm a garantia de que estarão certos. O teste é o coração do processo, não um espetáculo secundário, uma distração ou um risco. O EDF executará o que dá certo, independentemente do que isso seja, mais vezes.

> "'Eu não sei' é a única coisa verdadeira que você pode dizer sobre o futuro."

O EDF entendeu isso. Eles perceberam que não podem gerenciar a mudança, mas que podem se tornar muito mais receptivos a serem gerenciados por ela. As táticas que implementam não são tão importantes quanto sua compreensão sobre a mudança.

Über-estratégia?

Michael Porter, guru da estratégia na Harvard Business School, apontou que a Nova Economia não é tão nova e que as estratégias antigas são tão importantes (se não mais importantes) quanto eram antes. Até certo ponto, ele está certo. Ninguém suspendeu as leis da economia.

Por outro lado, toda estratégia corporativa foi baseada em uma premissa fundamental: *Podemos prever o futuro e influenciar seu curso por meio de nossas ações*. Afinal, não vale a pena ter uma estratégia sofisticada baseada em uma combinação de ameaças competitivas, inovação tecnológica e regulamentação governamental se você não acredita que essas três coisas provavelmente acontecerão.

O papel do zoom na estratégia é simples. Baseia-se na ideia de que você não sabe o que vai acontecer. Portanto, uma estratégia nova e predominante agora é posicionada acima de todas as outras estratégias. Essa über-estratégia é simples: construir uma empresa que seja tão flexível e ágil, tanto em longo como em curto prazo, a ponto de não nos importarmos com o que vai acontecer. Enquanto houver muito barulho, desorganização e mudança, nós venceremos.

No mundo atual, apostar no caos me parece a aposta mais segura de todas.

AS QUESTÕES IMPORTANTES

> Uma maneira de começar a implementar essas ideias é fazer algumas perguntas difíceis. Aqui estão as que podem iniciar você, seu grupo e sua empresa no caminho para a construção de uma organização em zoom, que pode se adaptar e responder, em vez de reagir, às mudanças.

Por que?

Fazer essa pergunta simples repetidamente é a maneira mais rápida de entender a estratégia vencedora de uma empresa. Quando um gerente disser que você não pode fazer algo, pergunte. Em seguida, pergunte novamente, em resposta à sua resposta. E repita a pergunta até chegar ao meme central, a verdade básica que dirige seu negócio. E se essa verdade não for mais verdadeira, é hora de mudar sua estratégia vencedora.

Como você responde a mudanças pequenas e irrelevantes?

Se a gestão corporativa decidisse mudar o cargo de todos, a disposição das vagas de estacionamento ou o sistema de correio de voz, sua equipe perderia a cabeça ou seria apenas parte do trabalho? Existem regras sindicais ou políticas de longa data que tornam praticamente qualquer mudança um grande problema? As organizações que têm problemas para fazer zoom geralmente têm problemas com as pequenas mudanças.

Quantas pessoas precisam dizer "sim" para uma mudança significativa?

Uma das razões pelas quais o intraempreendedorismo raramente funciona é que as empresas maiores não resistem à criação de comitês. É claro que basta uma pessoa dizer "não", mas quantas pessoas precisam dizer "sim" antes que uma mudança ocorra?

Esta é uma ótima ideia: nomeie um CNO — diretor não executivo. Ninguém mais pode dizer "não" a uma ideia e deixar por isso mesmo. Se você quiser recusar algo, deve comunicar isso a seu chefe. Em seguida, ou ele diz que "sim" ou repassa para o chefe dele. Para um "não" ser executado, ele precisa ser aprovado pelo diretor não executivo e referendado por todos os gestores desse processo.

Você tem vários projetos em desenvolvimento que apostam nos lados conflitantes de um possível resultado?

As empresas gostam de se posicionar, ter um ponto de vista, moldar, de algum modo, o futuro como gostariam. Com que frequência sua empresa diz: "Não temos ideia do que vai acontecer, então vamos planejar os dois resultados"?

Você está construindo os cinco elementos de uma organização em evolução?

- Organizações em evolução aumentam seu alcance de zoom diariamente.
- Elas permitem que seus funcionários montem protótipos rápidos e baratos.
- Elas estão cientes de sua estratégia vencedora e a cultivam e a caçam regularmente.
- Elas transmitem instantaneamente o aprendizado por toda a organização, de modo que os memes vencedores sejam incorporados e os ruins sejam descartados.

- Elas praticam estratégias agressivas de seleção sexual, demitindo valentões com o mesmo zelo com que contratam novos funcionários.

Você está investindo em técnicas que incentivam a evolução memética rápida?

Em tempos de mudança, algumas empresas evoluem mais rápido do que outras. Aqui estão as dez principais táticas para empresas que desejam evoluir rapidamente:

1. Invista na exploração para encontrar os memes com maior probabilidade de sucesso.
2. Invista recursos extras, cuidando das pessoas que apresentam o melhor conjunto de memes.
3. Crie muitos memes e mate aqueles que falham.
4. Reconheça que a monogamia é ruim.
5. Tenha um curto período de gestação e alta periodicidade — use loops de feedback rápido.
6. Invista o mínimo possível no ato de criar cada meme novo — mantenha sua sobrecarga minúscula.
7. Não gaste muitos recursos dando suporte a memes que não tornam sua empresa mais apta, independentemente de quão historicamente estimados eles sejam.
8. Troque memes com outras pessoas.
9. Dependa mais da recombinação do que da mutação.
10. Alimente seus filhotes — invista nos memes que valem a pena espalhar.

O que alguém precisa fazer para ser despedido?

É mais fácil ter uma longa carreira na empresa se você mantiver a cabeça baixa, não criar ondas e desacelerar as coisas? Ou as pessoas enfrentam mais risco de carreira se forem de um projeto para outro, experimentando e fracassando com frequência? Se a primeira opção for a verdadeira, é de se surpreender que sua empresa seja tão lenta?

Quem são as três pessoas mais poderosas que estão entre as coisas que precisam mudar e a ação real de sua empresa?

Se você realmente precisasse realizar uma mudança em sua organização — encontrar uma maneira de evitar uma morte lenta mudando sua estratégia vencedora — quem se oporia a você?

E se você despedisse essas pessoas?

Agora, considere quais seriam os custos de longo prazo para a organização se você simplesmente demitisse essas pessoas e contratasse substitutos que não tinham uma estratégia vencedora para defender.

Qual é a estratégia vencedora de sua empresa?

Você sabe o que está defendendo? Até que todos entendam do que sua organização está lucrando, os funcionários podem estar defendendo a estratégia errada! Descrever sua estratégia e, então, expor suas fraquezas permitirá que você mude as partes que precisam ser mudadas sem se preocupar com tradições sagradas irrelevantes.

Cada gerente deve fazer com que sua equipe dedique parte do tempo à criação do futuro?

A maioria dos gerentes de nível médio supervisiona os funcionários que não fazem nada além de reagir ao mundo exterior? Eles estão todos tão ocupados sendo eficientes que não têm tempo para se tornarem mais eficientes na agricultura? Eles podem ser ensinados a responder ou, melhor ainda, a iniciar?

Você (pessoalmente) é um servo, um agricultor, um caçador ou um mago?

Como é o seu mDNA pessoal? Como você o está desenvolvendo e em que direção deseja que ele vá?

E as pessoas com quem você trabalha todos os dias?

Com quem você está trocando memes no trabalho? Você está absorvendo o mDNA deles ou eles estão absorvendo o seu?

Se você largasse o emprego hoje, poderia conseguir um emprego decente como agricultor ou caçador?

Se sua organização não permite que você desenvolva seu mDNA na direção desejada, por que não fazer planos para partir antes do fim do mês? Sem desculpas!

Se você pudesse contratar alguém no mundo para ajudar sua empresa, quem seria?

Jack Welch ou Bob Pittman como CEO? Ou um cientista pesquisador brilhante para o laboratório de P&D? Um supervendedor para explorar um novo mercado para você? Valeria a pena ter Albert Einstein em seus laboratórios? Se você não sabe, é extremamente improvável que essa pessoa simplesmente vá entrar pela porta da frente implorando por um emprego.

O que está impedindo você de contratar alguém tão bom?

As pessoas são atores independentes, capazes de tomar as próprias decisões. Se você puder criar um ambiente atraente para essa pessoa e espalhar a notícia sobre o ambiente excelente que está construindo, será mais provável que o tipo de pessoa que você deseja apareça para trabalhar na semana seguinte.

Se um mago onisciente entrasse em seu escritório, descrevesse o futuro e lhe dissesse o que fazer para se preparar para ele, sua empresa seria capaz de mudar em resposta à visão dele?

Aposto que a resposta é não. As empresas não deixam de mudar por falta de provas sobre o futuro. Não mudam porque estão estagnadas ou com medo.

Como sua empresa pode reduzir drasticamente o custo de lançamento de um teste?

Qual é a hora de se lançar ao mercado? Por quantos obstáculos alguém precisa passar para lançar um site, uma nova política ou para colocar um produto à venda? Em alguns de seus concorrentes, provavelmente é um dia e uma aprovação. Quão difícil é em sua empresa?

Existem cinco áreas em sua empresa que se beneficiariam de loops de feedback rápido?

Como você mede coisas que tradicionalmente considera incomensuráveis? Você pode usar TI e tecnologia sem fio para começar a rastrear coisas rapidamente que outros não estão rastreando? E após medir algo, quem obtém os dados? Quando?

Você está construindo todos os seus sistemas em torno de testes e ignorância?

É muito fácil inventar o sistema perfeito e, depois, insistir para que o mercado e os dados respondam ao seu conhecimento. É mais realista criar um sistema em torno de testes, mudanças e evolução e deixar o sistema responder ao mercado.

Você está se escondendo do mercado?

Um dos luxos de curto prazo de uma estratégia vencedora de sucesso é que ela permite que você se esconda do mercado. Um empresário com dificuldades sabe sobre cada uma das vendas perdidas. Ele está sintonizado com todos os seus concorrentes — reais e imaginários. Quando a concorrência começa a roubar contas, ele percebe imediatamente.

Muitas organizações de sucesso constroem níveis de isolamento suficientes para que não sintam a resposta do mercado ou, quando a sentem, ela surge abafada ou atrasada. Para que seus loops de feedback sejam eficazes, devem ser rápidos e ajustados de forma adequada. Isso não significa que toda a empresa deve pirar quando um único cliente é perdido para um concorrente, mas significa que críticas substanciais precisam ser circuladas em todos os departamentos relevantes da empresa.

Passo 1: Faça com que o presidente da empresa atenda às linhas de atendimento ao cliente por um dia.

Você já experimentou sushi?

Você não precisa comer isso o tempo todo. Mas já experimentou? Por que não? Está com medo? Se você tem medo de comida, a mudança no trabalho deve ser incrivelmente assustadora. E se você começasse eliminando os medos que são mais difíceis de justificar e, depois, fosse subindo o nível?

Se você pudesse adquirir o mDNA de outra empresa, qual você escolheria?

A maioria das grandes empresas pode adquirir uma ou mais empresas menores. Existem empresas em seu setor que você admira ou inveja? Empresas que apresentam uma estratégia vencedora melhor ou um mDNA mais atraente?

Por que você não faz isso?

Adquira-os. Se não puder, contrate alguns de seus funcionários que realmente "entendam da coisa" e lhes forneça os recursos de que precisam para divulgar o mDNA deles em sua organização. Não os sobrecarregue com responsabilidades operacionais avassaladoras que exigem reações dia após dia. Em vez disso, deixe-os caçar.

As economias de escala são realmente tão grandes quanto você pensa que são?

Anos atrás, quando eles construíram sua empresa, é provável que as melhores eficiências viessem de grandes execuções de produção e fábricas ocupadas. Muita coisa mudou. Quanto custaria para mudar para lotes e esforços pequenos? Cada decisão precisa ser grande?

Este projeto se beneficiará com o aprendizado que ele gera?

Na maioria das vezes, grandes projetos corporativos começam com uma estratégia vencedora já definida. O feedback que chega (do mercado e das pessoas que trabalham no projeto) é ignorado ou sofre reações, em vez de ser aceito e respondido. O feedback sobre o projeto é algo a se lidar em vez de ser usado?

Em quais mercados seus esforços de marketing poderiam entrar em fuga?

Onde estão os loops de feedback positivo em sua empresa? Como você pode tirar vantagem deles?

Quanto tempo a alta gestão gasta com clientes insatisfeitos?

O agricultor não vê um cliente insatisfeito como um servo. O modelo de corporações centrado na fábrica vê um cliente zangado como irritante, um inimigo potencial do sistema. Um agricultor, por outro lado, deseja passar o máximo de tempo possível com clientes decepcionados, percebendo que eles são uma vasta fonte de dados sobre maneiras de melhorar o sistema.

O que você faz com as reclamações?

Você as enquadra e as afixa com destaque? Ou contrata um funcionário de nível inferior para fazer o mínimo necessário para fazer a pessoa reclamante ir embora em silêncio? Talvez você deva atribuí-las a um caçador de nível sênior, com instruções para que o reclamante se envolva ativamente.

O que você está medindo?

O que está sendo mensurado será feito.

Um loop de feedback rápido não dá certo a menos que você esteja medindo algo que possa mudar. Escolher o que medir (seja específico!) é um passo inicial crucial na evolução.

Veja um exemplo simples da internet. Muitos sites continuam medindo os acessos aos seus sites. No entanto, um acesso é uma estatística vaga, facilmente manipulável e não tem correlação com o sucesso online. Alguns sites medem referências ou cliques. Outros medem os pedidos online ou a taxa de resposta dos clientes em potencial ao e-mail. E alguns medem as vendas vitalícias por cliente.

Cada uma dessas métricas pode ser justificada em algum nível. E escolher uma delas enviará seu site por um caminho evolutivo muito diferente do que escolher outra.

Você está sendo egoísta com seu mDNA pessoal?

Conforme você avança em sua carreira, a lealdade é uma excelente ferramenta para progredir em seu aprendizado. Fazer parte de uma empresa melhora seu mDNA, e a melhor forma de fazer parte de uma empresa é ser fiel a ela. No entanto, lembre-se de que cada reunião, trabalho e esforço que você faz afeta diretamente o mDNA que você está construindo e, em longo prazo, assim como com um gene, ser egoísta com seu mDNA é a maneira de alcançar sucesso.

O fato de seus genes serem egoístas não significa que você seja. Frequentemente, a melhor estratégia para um gene egoísta é cooperar.

Genes egoístas são valiosos porque (como efeito colateral) permitem que os organismos que os abrigam sobrevivam. Memes egoístas são iguais. A melhor maneira de fazer sua empresa crescer é torná-la um ambiente hospitaleiro para memes egoístas e para as pessoas que os carregam.

Você institucionalizou o processo de compartilhar o que aprendeu?

Aprendizado que não é transmitido não serve de nada. Embora um cão que pega a bolinha seja fofo, essa habilidade é inútil para as espécies de cães se o truque não pode ser passado para as gerações futuras. Se sua empresa está investindo em agricultura e caça, o esforço é perdido, a menos que você monitore isso e ensine o que está sendo aprendido. Lembre-se de que um meme egoísta não é algo particular — os melhores memes se espalham.

Você está se concentrando demais?

Qual é a menor quantidade de esforço que você precisa aplicar a uma iniciativa para que ela tenha uma probabilidade de sucesso mais eficiente? Muitas empresas investem muito em suas estratégias vencedoras vigentes na crença equivocada de que esse investimento aumenta a longevidade da própria estratégia. Tem certeza disso?

Você é a primeira escolha entre os candidatos a emprego que apresentam o mDNA que você procura?

Lembre-se do urso-pardo. Sua empresa não precisa ser o lugar perfeito para trabalhar — apenas ser melhor do que todas as outras opções. No minuto em que uma pessoa com mDNA bem-sucedido encontrar o melhor emprego disponível, ela o aceitará. Ser o número dois não é útil.

Você é a primeira escolha entre os empregadores que têm a estratégia vencedora que você busca?

O mesmo se aplica a quem procura emprego. Ser o melhor garante a você o prêmio de vencedor, o que abre muito mais opções e a probabilidade de encontrar o melhor emprego disponível. Se você não é o melhor, como redefine o mercado em que está caçando, a fim de se tornar o melhor?

O que você precisa fazer para se tornar a primeira escolha?

Qual é a análise de custo/benefício de investir o que for necessário para se tornar a primeira escolha entre os melhores candidatos a emprego (e os melhores empregadores)? Você é capaz de elaborar uma estratégia vencedora em que sua empresa vença mesmo que seus funcionários não sejam os melhores? Que tal uma estratégia de vitória pessoal na qual você pode ganhar pessoalmente, mesmo que seu mDNA não seja o melhor?

Você faz zoom?

Coloque uma letra "z" em seus anúncios ao contratar. Coloque uma letra "z" em seu currículo quando estiver procurando emprego. É um movimento. Se um número suficiente de nós começar a fazer zoom, entraremos em fuga e nada poderá nos impedir.

Glossário

Agricultores. Funcionários que usam testes e períodos de ciclo rápido para melhorar continuamente a estratégia vencedora de uma empresa. A agricultura está no centro da maioria das empresas — um número suficiente de agricultores pode criar melhorias previsíveis para uma estratégia vencedora e construir as barreiras protegendo seu nicho ecológico, o que pode gerar lucros por anos.

Aptidão (nos negócios). Probabilidade de sucesso de uma empresa com base em uma estratégia vencedora específica (o sucesso pode consistir em lucros, funcionários contratados, memes disseminados etc.) Repito, uma empresa pode ser desprezível, mas ainda assim apta.

Aptidão. Sucesso reprodutivo vitalício de um organismo individual. Isso não tem nada a ver com o fato de um organismo ser "melhor" do que outro. Limita-se a registrar se um organismo tem maior probabilidade de sobreviver e se reproduzir. A "sobrevivência do mais apto" é uma tautologia — se você sobreviver, estará mais apto.

Biologia evolucionária. O estudo de como a evolução afeta os organismos vivos.

Brainstorm. Um processo de reunião formal que envolve contornar o reflexo da crítica tradicional e identificar um grande número de alternativas, independentemente de sua praticidade. O brainstorm é difícil não porque o sistema seja difícil de entender, mas porque é incrivelmente difícil não criticar novos memes. Lutar contra esse instinto é o elemento essencial de qualquer tática de brainstorming bem-sucedida.

Cadeia de suprimentos. Os funcionários, fornecedores e distribuidores que trabalham em um produto desde a matéria-prima até a compra final.

Catraca de Muller (nos negócios). A diminuição contínua da aptidão de uma organização devido ao acúmulo de mutações que vêm da contratação apenas de pessoas que concordam com você e de trabalhar apenas para clientes que não o pressionam. Sem "sexo", as superstições são transmitidas como estratégias de vitória testadas.

Catraca de Muller. A diminuição contínua na aptidão de uma espécie assexuada devido ao acúmulo de mutações. Sem sexo, os genes defeituosos e mutantes são transmitidos de geração em geração.

Caçadores. Funcionários que trabalham para expandir a estratégia vitoriosa de uma empresa usando uma ampla variedade de técnicas. Os caçadores identificam novos mercados, criam novos usos para produtos antigos e testam agressivamente novas técnicas para encontrar e manter clientes.

Comprimento de geração. Quantidade de tempo entre os nascimentos. As moscas-das-frutas se reproduzem com uma geração muito curta, enquanto os humanos levam mais de quinze anos para ter seu primeiro filho. Organizações com uma longa duração de geração (que eu chamo de periodicidade lenta) tendem a evoluir mais lentamente.

DNA. A molécula que carrega o código genético (a frase é frequentemente usada por leigos para incluir, também, os efeitos proteicos desses genes). Se os genes são os dados digitais, o DNA é o meio de armazenamento.

Entropia. Uma lei da termodinâmica que afirma que as moléculas, a menos que sejam forçadas de outra forma, tornam-se mais aleatórias com o tempo. A entropia é a razão pela qual um frasco aberto de perfume logo empesteará uma sala inteira com seu cheiro. As empresas se organizam para obter lucro lutando contra as forças da entropia, mas esta é incansável em sua busca de desfazer tudo o que fazemos.

Espécies (em negócios). Uma empresa não é apenas um organismo nem apenas uma espécie, é ambos. Isso é confuso (desculpe). Quando uma empresa conduz seus negócios normalmente e usa seu mDNA, ela age como um organismo. Quando evolui contratando, demitindo, expandindo, encolhendo, adquirindo ou alterando deliberadamente seu mDNA, ela se torna descendente de si mesma, parte da mesma espécie, mas um organismo novo, diferente e, talvez, melhor. Uma empresa observada ao longo do tempo é, na verdade, uma série de organismos. Todos os dias (ou todos os meses) seu mDNA é alterado substancialmente o suficiente para que ela deixe de ser aquele organismo e passe a ser este. Quando isso acontece, o antigo organismo desaparece e é substituído por outro semelhante — um ser novo, mas parte da mesma espécie.

Espécies. Organismos que podem acasalar com sucesso uns com os outros e produzir descendentes que também podem fazer o mesmo.

Glossário

Estratégia vencedora estagnada. Uma empresa evoluiu a ponto de aceitar tanto sua estratégia vencedora que não tem o desejo, as ferramentas ou as pessoas para encontrar uma nova.

Estratégia vencedora. Os memes que fazem de uma empresa apta.

Evolução memética. A mudança nas ideias ao longo do tempo, à medida que se espalham de pessoa para pessoa e se combinam com outros memes. Os memes mais adequados sobrevivem, se espalham e se combinam com outros memes, e os inadequados desaparecem.

Evolução. Mudanças hereditárias dispersas por muitas gerações em uma população. As espécies evoluem, não os organismos. Os seres humanos quase sempre superestimam a rapidez com que as coisas podem mudar no curto prazo, mas frequentemente subestimam quantas mudanças podem acontecer com o tempo. Dê uma olhada nos últimos cem anos e você terá uma ideia de quanto poderia ter ocorrido em um período dez milhões de vezes mais longo (alguns bilhões de anos).

Fecundidade. Ter o atributo de fertilidade. Novos mercados podem ser tão fecundos quanto uma floresta tropical.

Fuga (nos negócios). Evolução rápida que ocorre quando uma empresa consegue encontrar novos funcionários que reforçam sua estratégia vencedora de zoom. Além disso, o crescimento rápido ocorre quando se entra primeiro em um mercado com uma oferta que encontra novos clientes que reforçam sua posição de liderança. Se você vê sua organização como uma entidade única e isolada, isso não faz sentido. No entanto, quando vemos uma empresa como um grupo de pessoas interagindo com outras, isso fica bastante óbvio.

Fuga. Evolução rápida que ocorre quando existe um loop de feedback positivo entre a seleção sexual e a herança. Termo cunhado por Sir Ronald Fisher. Penas de pavão, chifres de alce e, possivelmente, cérebros humanos evoluíram como resultado da fuga.

Gene. O elemento fundamental de um organismo. A unidade funcional da hereditariedade. Genes são dados — pequenos sinalizadores digitais que dizem às proteínas e a outros elementos do organismo como se desenvolver.

Genético. Um traço que é hereditário e embutido em um organismo.

Genômica. O estudo dos genes e de sua função.

Hereditário. Em geral, características que são transmitidas de pais para filhos. Especificamente em biologia evolutiva, refere-se à porcentagem de determinada característica que pode ser atribuída diretamente à transmissão genética de pais para filhos. A maior parte do que um funcionário faz não é hereditária, e é tarefa de uma empresa de sucesso descobrir como espalhar esses memes de um funcionário para outro.

Hotwash. Uma análise post-mortem detalhada, sem barreiras, realizada imediatamente após o teste de um meme.

Loop de feedback positivo. Um sistema no qual uma mudança em uma variável causa uma mudança em outra variável, que, por sua vez, altera ainda mais a primeira. Por exemplo, comer alimentos fritos em grandes quantidades engorda, o que, por sua vez, aumenta o desejo de comer mais frituras, o que só o deixa mais gordo.

Loop de feedback rápido. Um sistema no qual um funcionário ou sua empresa obtém dados facilmente mensuráveis e muito rápidos sobre a eficácia de uma nova tática. Fazer uma alteração em um banner da internet pode criar resultados demonstráveis em apenas alguns minutos. Os loops de feedback rápido incentivam as organizações a realizarem pequenos ajustes frequentes, tornando mais provável que cultivem (e desenvolvam) sua estratégia vencedora.

Magos. Funcionários capazes de criar memes que podem mudar drasticamente a estratégia vencedora de uma empresa.

mDNA. A soma de todos os memes e ativos (marcas, fábricas, pessoas talentosas, parceiros, patentes etc.) em uma organização. Os memes não são tão digitais quanto os genes — às vezes, um meme está vinculado à pessoa ou ao ativo que habita e não pode ser facilmente transferido.

Mecanismos de sinalização (no negócio). Sinais que exibem a aptidão de uma empresa a um funcionário, cliente ou concorrente em potencial.

Mecanismos de sinalização. Sinais que exibem a aptidão de um organismo a um parceiro ou competidor em potencial.

Meme. O elemento fundamental de uma ideia ou construção organizacional. A unidade funcional de transferência de ideias. A receita de tofu crocante é um meme, bem como a ideia de que o mundo é redondo.

Memeplexo. Um meme mais complexo que é feito de muitos memes menores.

Momento do nascimento. A data de distribuição de um produto, a decolagem real de um avião a jato e a primeira entrega de um serviço novo são todos momentos do nascimento. Esses são os eventos discretos que separam o estágio de desenvolvimento "ainda estamos trabalhando nisso" do estágio "pronto" de distribuição.

Mutação (nos negócios). Mudança abrupta na informação memética na estratégia vencedora de uma empresa. As empresas têm muito mais probabilidade de lucrar com a recombinação de memes bem-sucedidos do que com a expectativa de que ocorra uma mutação positiva.

Mutação. Erro na transmissão da informação genética. Geralmente deletério para o organismo, mas que ocasionalmente leva a uma mudança positiva. Embora seja provável que muitos avanços evolutivos tenham ocorrido como resultado de mutações positivas, a maioria são fracassos.

Nicho de negócios. Espaço no ambiente competitivo no qual uma empresa pode prosperar. Sua empresa tem uma estratégia vencedora em grande parte porque seu nicho é negligenciado pelos concorrentes que poderiam esmagá-lo se assim o desejassem. Quando o mercado muda, os nichos são expostos, a dinâmica é alterada e sua posição anteriormente segura pode ser ameaçada.

Nicho ecológico. Localização metafórica no ecossistema onde um organismo prospera. Existem nichos óbvios (como aqueles habitados pelos tentilhões nas Galápagos) e outros mais sutis, como o nicho de tempo/altitude/clima das libélulas no Canadá, de clima temperado.

O mais apto. Quando dois organismos competem por um nicho ecológico, o vencedor é, por definição, o mais apto. Mais apto não significa perfeito, apenas melhor.

Parasita. Um organismo que se alimenta e é protegido por um organismo diferente, mas não contribui em nada para a sobrevivência de seu hospedeiro. A pulga é um parasita.

Periodicidade. De forma análoga às gerações na evolução orgânica, a periodicidade de uma empresa é um indicador de quão rapidamente ela pode inventar um novo conjunto de memes, instalá-lo em uma organização e, então, expô-lo ao mercado para teste.

Pool de genes. As variações disponíveis para uma espécie por meio de acasalamento aleatório.

Pool de memes. As variações de negócios disponíveis para uma empresa. Quando um mago inventa um meme novo (como a venda de cartões de felicitações), esse meme fica disponível para qualquer pessoa que decidir tirá-lo do pool.

Rainha Vermelha (em negócios). A mudança competitiva no mercado criada pelas respostas à evolução de uma empresa e a coevolução que essa mudança cria.

Rainha Vermelha. A mudança competitiva no ecossistema criada pelas respostas de outras espécies à evolução de uma espécie e à coevolução que essa mudança cria.

Resistência à mutação (nos negócios). As empresas criam manuais e políticas para evitar a propagação descontrolada de mutações. Ao mesmo tempo, as organizações que resistem à mutação como algo natural estão em desvantagem em relação às que filtram de forma inteligente as mutações obviamente não vantajosas e testam as demais.

Resistência à mutação. As espécies evoluíram para limpar a maioria das mutações porque a suscetibilidade à mutação geralmente leva a resultados desfavoráveis.

Seleção artificial. Os humanos escolhem quais organismos de uma espécie procriarão, reforçando, assim, os atributos desejados na prole seguinte. Os cães foram selecionados artificialmente ao longo de milhares de anos, o que nos deu o Doberman e (nossa) o chihuahua. As empresas podem usar a seleção artificial para evoluir intencionalmente em uma direção estratégica.

Seleção natural (nos negócios). Somente estratégias vencedoras adequadas permitem que as empresas continuem a contratar pessoas e a ganhar dinheiro.

Seleção natural. Apenas animais aptos vivem o suficiente para se reproduzirem.

Seleção sexual (nos negócios). Muitas empresas têm regras sobre a forma como escolhem os funcionários que serão contratados ou demitidos. Essas regras influenciam, inevitavelmente, a evolução da organização, demonstrando o poder da seleção sexual no ambiente de trabalho. Escolher quem contratar (e quem despedir) é a forma mais eficaz de a maioria das empresas criar mudanças ao longo do tempo.

Seleção sexual. Muitas espécies têm regras sobre a maneira como os organismos escolhem um parceiro. Quando essas regras influenciam a evolução de longo prazo das espécies, a seleção sexual está em ação. Por exemplo, se a fêmea de uma espécie tende a escolher o macho mais alto, então a espécie provavelmente ficará mais alta com o tempo. Embora a seleção natural seja um indutor óbvio da evolução, a seleção sexual pode ser a responsável por muitas características únicas de certas espécies, incluindo o tamanho e a potência do cérebro humano.

Servos. Funcionários que querem que outros lhes digam o que fazer.

Teoria do Soma Descartável. A razão pela qual os genes programaram organismos para morrer em determinado ponto é que as gerações futuras não se beneficiam quando o mesmo organismo se reproduz repetidamente. A evolução ocorrerá mais rápido se as novas gerações (com novos genes) estiverem criando a próxima geração.

Teoria Soma Descartável (nos negócios). Empresas mais antigas com uma estratégia vencedora fixa são frequentemente substituídas por empreendedores que descobriram sua estratégia vencedora (mais apta) posteriormente. Se todas as empresas descendessem diretamente do laboratório original de Thomas Edison, teríamos muito menos variações do que temos agora. Seu negócio não viverá para sempre; porém, seus memes têm possibilidade de viver.

Tofu crocante. Essa receita é um meme. Você vai precisar de meio quilo de tofu firme, cortado em cubos de dois centímetros e meio e extremamente bem seco. Pegue a melhor panela antiaderente na cozinha e aqueça-a. Borrife a panela com uma mistura de metade de óleo de gergelim e metade de azeite de oliva. Doure um lado do tofu em fogo alto. Vire quando o lado de baixo estiver dourado, despeje uma colher de sopa de molho de soja sobre o tofu e misture na panela até que o molho de soja caramelize na parte externa do tofu. Sirva imediatamente com arroz.

Variação. Organismos (e empresas) com genes (e memes) semelhantes ainda exibem diferenças em sua aparência e em seu comportamento.

Zoom. Aceitar a mudança (causá-la e reagir a ela) como uma estratégia vencedora de sucesso.

Zoomers. Funcionários que fazem zoom.

Zoometria. O estudo do mDNA.

Nota do Autor

Os campos da memética e da seleção sexual apresentam controvérsias. Para utilizar uma metáfora convincente, fui mais breve e desprendido com alguns detalhes. Veja, por exemplo, a definição de meme de Aaron Lynch: "Um item de memória ou porção de informação armazenada neuralmente por um organismo, identificado fazendo-se uso do sistema de abstração do observador, cuja instanciação depende criticamente da causação por instanciação anterior do mesmo item de memória em um ou mais sistemas nervosos de outros organismos." Espero que você concorde que esse nível de detalhe não teria facilitado, para mim, expressar meu ponto de vista!

Conforme indiquei no Capítulo 2, não estou totalmente convencido de que os memes são uma analogia perfeita para os genes, mas acredito que a qualidade da analogia não vem ao caso. O conceito de memes torna muito mais fácil entender como as ideias se espalham e como as organizações estabelecem seus sistemas de crenças — e esta é razão suficiente para incluí-los.

Agradecimentos

Na fábula da "galinha vermelha", ninguém quis ajudar a galinha até que ela tivesse que terminar de assar seu pão. Escrever um livro também pode ser assim — você entende quem são seus verdadeiros amigos quando pede a alguém para ler o primeiro rascunho!

Tenho que assumir total responsabilidade por quaisquer erros ou futilidades contidos neste livro, mas, ao contrário dos livros anteriores, este passou por muitos ciclos. Sou grato a Lisa DiMona, Robin Dellabough, Karen Watts, Lynn Gordon, Lisa Gansky, Beth Polish, Susan Cohen, Barbara Johnson, Thornton May, Jerry Colonna, Eve Yohalem, Jonathan Sackner-Bernstein, Alex Godin e minha esposa, Helene, por lerem e comentarem as muitas, muitas versões deste livro. Paul Ryder dedicou tempo para me enviar páginas de perguntas ponderadas sobre vários rascunhos iniciais e, também, me forçou a aprimorar mais a parte científica. Alguns dos comentários mais surpreendentes e úteis vieram de Tamsin Braisher e Neil Gemmell, da Nova Zelândia — a internet é uma coisa maravilhosa. Linda Carbone também fez um ótimo trabalho ao revisar o rascunho de número sete. Stuart Krichevsky forneceu percepção, apoio e boa vontade cármica desde o início.

Alan Webber é o melhor editor com quem já trabalhei, e os trechos deste livro que estavam na *Fast Company* ficaram melhores por conta de sua habilidade notável. Não tenho dúvidas de que nunca teria escrito este livro, ou o anterior, se a *Fast Company* não tivesse sido a Rainha Vermelha, constantemente elevando o nível e nos empurrando para pensar mais rápido e de forma mais criativa.

Junto com Bill Taylor, eles criaram não apenas uma revista, mas um movimento.

Fred Hills e sua equipe na Free Press confundiram meu ceticismo em relação aos editores tradicionais. Ele é uma ótima pessoa para trabalhar — eu gostaria de sempre ter essa sorte.

Tão importante quanto as pessoas com quem interagi para escrever este livro, há uma dúzia de escritores e pensadores que me deram a base para começar. Daniel Dennett, Richard Dawkins, Susan Blackmore, Chris Meyer, EO Wilson, Geoff Miller, Colin Tudge, Jared Diamond, Matt Ridley e, mais especialmente, Tom Peters e Charles Darwin. Se você fizer alguma coisa após ler este livro (além de contar a todos os seus amigos), espero que leia alguns livros sobre a evolução. Eles são fascinantes e surpreendentemente úteis.

Por fim, muitos abraços a Alex e Max. Obrigado por todas as risadas, caras.

Índice

A

administração
   superstição da, 108
agricultores, 139, 145–147, 149–150, 154, 247
Amazon, 136
anarquia, 224
ansiedade, 13
AOL, 157
ativos, 73, 162

B

biologia evolutiva, 34, 251
   seis ideias da, 34–35
Bob Dylan, 114
brainstorm, 215, 247

C

caçador, 139, 156–161, 248
   diferença entre agricultor e, 156
   empresas com mais de um, 158
caçar, 157
cadeia de suprimentos, 22, 248
capitalismo, 20, 93
Catraca de Muller, 77
CEO, 33, 46
charrette, 203
Cisco, 28
coevolução, 87
commodities, 21
competição, 31, 34–36, 81–84
concorrência, 88
corporação criativa, 68
   Tom Peters, 68
crise, 117, 209
crítica, 51–55
   como barreira à mudança, 51
   corporativa, 52
   inovação e, 53
   Microsoft, 55
   negativa, 53

D

dados, 194
decisões, 17–18
demissão, 24, 99, 131, 170
Dilema da Inovação, 102–104, 162

E

ecossistemas, 19
empreendedores, 24
empresas, 71-74
    Catraca de Muller e, 77
    flexíveis, 72
    fuga e, 77
    mDNA e, 76
    meme e, 76
    mutação e, 77
    pool de memes e, 76
    rainha vermelha e, 77
entropia, 17, 249
espécies, 249
estratégia, 110
    vencedora, 106, 249
        estagnada, 249
    zoom e, 234
evolução, 31, 34, 45-48, 79
    memética, 249
        Picasso, 60
    táticas de acelerar a, 203
evolução memética, 38-39

F

fábricas, 20-21, 146
    centrado em, 21
    commodities e, 21
    infraestrutura, 20
falha, 164, 176
flexibilidade, 166
flexível, 72
folga, 164
fuga, 8, 27, 250
    definição, 27
    negativa, 102
futuro
    internet e, 22

G

gene, 34, 39-45, 204, 250-252
    genômica, 76
General Motors, 82
grande depressão, 28

H

hotwash, 251

I

IBM, 58-59
ideiavirus, 4, 37
infraestrutura, 20
inovação, 20
    críticas e, 53
    memes e, 36
inovações descontínuas, 102
intensificar, 115
internet
    caos e, 22
    memes e, 44
intraempreendedorismo, 236

J

Jack Welch, 99
Jeff Bezos, 137

L

lazer, 163
Lewis Carroll, Alice através do espelho, 87
Linux, 187
loop de feedback, 8
    positivo, 8, 27-31, 251
    rápido, 8, 145, 243, 251

M

magos, 139, 162, 251
marketing direto, 153
McDonald's, 141
mDNA, 251
    definição, 78
    mudança incremental e, 103-104
    mudar o, 124-125
    rainha vermelha e, 87
memes, 36-46, 111, 204, 252
    conflito entre genes e, 44
    evolução memética, 38-39
    inovação e, 36
    periodicidade da mudança nos, 40
    pool de, 253
    sucesso e, 44
memética

regeneração, 205
Metcalfe, lei de, 18
Microsoft, 55
momento eureka, 102
Moore, lei de, 89
morte, 56
mudança, 11-17
    comitês como barreira à, 50
    competição e, 33
    críticas como barreira à, 52
    empreendedores e, 24
    incremental, 103, 212
    medo da, 49
    sobrevivência e, 4
mutações, 128

N

negócios
    aptidão e, 247
    fuga e, 250
    inflexão, 46-47
    internet e, 230
    mudanças estruturais nos, 17
    mutação e, 252
    rainha vermelha e, 253
    resistência à mutação e, 254
    seleção natural e, 254
    seleção sexual e, 254
    teoria do soma descartável e, 255
    velocidade dos, 17
nova economia, 234

P

PayPal, 211
pergunta incisiva, 185
Peter Drucker, 16
Picasso, 60
pontocom
    colapso das, 88
    empresas, 172, 221
pool de memes, 37, 76, 205, 253
prazos, 166, 176
processo de zoom, 72
produtividade, 72, 210
prototipagem, 190

R

rainha vermelha, 75, 77
recombinação, 129, 237
reengenharia, 71

S

Seis Sigma, 114
seleção
    artificial, 98-99
    natural, 98-99
    sexual, 27, 118
    servo, 139, 141-142, 143, 171-173
    McDonald's, 141
sexo, 128-134
slack, 164
sobrevivência, 2, 4

sucesso, 44
    empresa de, 162
    transformador, 4

T

Ted Leonsis, 157
teoria dos jogos, 52
Tom Peters, 18

U

über-estratégia, 234

V

vocabulário, 179

W

Walmart, 136

Z

Zig Ziglar, 178, 185
zoom, 63-70, 256
    construir uma organização em, 175
    entrar em, 64
    processo de, 61
    zoomers, 256

Projetos corporativos e edições personalizadas
dentro da sua estratégia de negócio. Já pensou nisso?

Coordenação de Eventos
Viviane Paiva
viviane@altabooks.com.br

Assistente Comercial
Fillipe Amorim
vendas.corporativas@altabooks.com.br

A Alta Books tem criado experiências incríveis no meio corporativo. Com a crescente implementação da educação corporativa nas empresas, o livro entra como uma importante fonte de conhecimento. Com atendimento personalizado, conseguimos identificar as principais necessidades, e criar uma seleção de livros que podem ser utilizados de diversas maneiras, como por exemplo, para fortalecer relacionamento com suas equipes/ seus clientes. Você já utilizou o livro para alguma ação estratégica na sua empresa?

Entre em contato com nosso time para entender melhor as possibilidades de personalização e incentivo ao desenvolvimento pessoal e profissional.

PUBLIQUE SEU LIVRO

Publique seu livro com a Alta Books. Para mais informações envie um e-mail para: autoria@altabooks.com.br

/altabooks   /alta-books   /altabooks   /altabooks

CONHEÇA OUTROS LIVROS DA ALTA BOOKS

Todas as imagens são meramente ilustrativas.

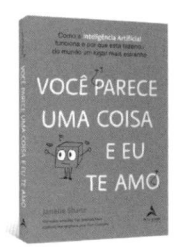

Este livro foi impresso nas oficinas gráficas da Editora Vozes Ltda.,
Rua Frei Luís, 100 – Petrópolis, RJ.